Semikolon-Verlag

Matthias Mesletzky
Mit der Feuerwehr nach Indien

1. Auflage

Satz: Semikolon-Verlag
Herstellung: Pro BUSINESS, Berlin
ISBN 3-934955-16-9

14,95 €

Matthias Mesletzky

Mit der Feuerwehr nach Indien

"Nothing happens unless first a dream."

Carl Sandberg

Meiner wunderbaren Frau Jacqueline, ohne
die dieses Abenteuer nicht möglich gewesen wäre.

INHALT

Vorwort

Nicht ohne einen gewissen Stolz, aber auch mit Wehmut stelle ich plötzlich fest, dass sich mir ein Lebenstraum erfüllt hat. Bestimmt können das im Laufe ihres Lebens nicht sehr viele Menschen wenigstens einmal von sich sagen. Befindlichkeiten und Zwänge geben so oft keinen Spielraum.

Einen Traum, der schon früh und über viele Jahre hinweg in mir schlummerte, ohne die geringste Chance auf eine Verwirklichung zu haben. Das Pech in ein politisches System hineingeboren zu sein, das solche Träume bis zum vermeintlichen Lebensende als diese belässt und dafür sorgt, dass inländische Gewerkschaftsherbergen und oft drittklassige Ostblockhotels das erreichbare Maß aller Dinge darstellte.

Dann viele Jahre der Vorbereitung mit der ständigen Ungewissheit, ob man derart immense finanzielle Mittel überhaupt zusammen bekommt. Ob eine bereits angeschlagene Gesundheit mitspielen würde und ob die Unterbrechung der beruflichen Tätigkeit eine reale Chance hergibt, auch im Nachhinein nicht am Rande der Existenzangst leben zu müssen..

Doch dann schließlich, für einen Familienmenschen wie mich, ein ganzes Jahr, das glücklicher, abwechslungsreicher und spannender nicht sein kann. Heute empfinde ich es als Geschenk, dass ich mit meiner Frau Jacqueline und mit meinen beiden Kindern Desiree und Sebastian über einen derartig langen Zeitraum rund um die Uhr zusammen sein durfte. Wenigstens einmal hatten wir Eltern das Gefühl, wirklichen Einfluss auf das Heranwachsen der Kinder zu haben.

Dieser Ausbruch aus der allseits im Land gelebten Alltags-Normalität hat natürlich seine Tücken. Die Schwierigkeiten bei Antritt der Reise waren vorprogrammiert. Die organisatorische Autorität des Vaters zu akzeptieren fiel allen schwer, besonders natürlich Sebastian mit seinen 19 Jahren. Zoff war an der Tagesordnung. Es dauerte seine Zeit, bis jeder seine meist täglich wiederkehrenden Aufgaben in und an der Feuerwehr mehr oder weniger selbständig erledigte. Besonders bei großer Hitze, und die hatten wir reichlich, ist das Zusammenspiel der Familie überaus wichtig, um keinen Frust aufkommen zu lassen.

Doch all das haben wir gelöst. Wir wurden von Monat zu Monat mehr und mehr ein richtiges Team.
Es fällt mir aus heutiger Sicht dennoch schwer, solch eine längere Familien-Expedition zum Nachahmen zu empfehlen. Der wunderbare Traum ist gelebt. Eine Wiederholung, so sehr man sie sich wünscht, lässt der Lebensweg der erwachsen werdenden Kinder nicht zu. Das Leben mit den tiefsitzenden Erinnerungen treibt besonders mir noch immer die Tränen ins Gesicht.

Wenn unsere Tochter Desiree gegen 23 Uhr plötzlich und wortlos ins Wohnzimmer der fernsehenden Eltern kommt und sich das gerahmte Bild der längst verkauften Feuerwehr von der Wand nimmt, wissen wir, dass sie anschließend im Bett liegt und weint, Weltschmerz und Fernweh miteinander vereint.

„Mit der Feuerwehr nach Indien“: das sind meine Frau Jacqueline (Ärztin), meine beiden schulpflichtigen Kinder Sebastian und Desiree und ich (Diplomingenieur), auf dem Landwege nach Indien und wieder zurück. 7 ½ Jahre Vorbereitung, 35.000 km, 12 Länder, 4 durchquerte Wüsten, 343 Reisetage , 3.600 Diapositive, 43 Stunden Film, Temperaturen zwischen –5 und + 53 Grad Celsius, Krankheiten wie Malaria, Dengue-Fieber, Amöben und Shigellen und jede Menge Durchfall, 3 vollgeschriebene Tagebücher, 9 verbrauchte LKW-Reifen, 71 Adressen von Menschen auf der ganzen Erde und 84 Stempel in jedem Reisepass – das ist die nüchterne Statistik dieser ungewöhnlichen Reise, zu der ich Sie in diesem Buch einlade.

Wir haben unsere Filme mit einer Profi-Kameraausrüstung gedreht, ohne vorher eine entsprechende Ausbildung absolviert zu haben. Daraus wurde in Zusammenarbeit mit dem Ostdeutschen

Rundfunk Brandenburg die erfolgreiche 2-teilige Dokumentation unter dem Titel, der auch diesem Buch zu Grunde liegt, die im Rahmen der Sendereihe „Länder, Menschen, Abenteuer“ für die ganze ARD produziert wurde. Bis heute wurden die beiden Filmteile (je 45 min) in den Sendern der ARD sieben mal gesendet. Weitere Ausstrahlungen werden sicher folgen.

Das Medieninteresse an unserer sicher aus dem Rahmen fallenden Familien-Reise war bis heute groß, was viele Veröffentlichungen in der Presse sowie Auftritte in Rundfunk und Fernsehen zur Folge hatte. Der öffentliche Bekanntheitsgrad des Titels "Mit der Feuerwehr nach Indien" wurde deutschlandweit immer größer, weshalb der Titel des Buches auch nicht anders lauten kann. (auch wenn er zugegeben nicht allzu glücklich gewählt scheint!) Das Interesse des Publikums sogar bis nach Holland und Österreich nach jeder Sendung und nach jeder Veröffentlichung war bisher ungebrochen.

Wir haben die Kopien unserer Filme, die wir an Privatpersonen geschickt haben, die Einladungen zum Essen (mit Erfahrungsaustausch), die beantworteten Briefe und Faxe, die Telefongespräche und das Angesprochen werden durch wildfremde Menschen sogar auf der Straße nicht mehr gezählt.

Immer wieder müssen wir im Grunde gleiche Fragen beantworten. Immer wieder werden wir nach einem Buch gefragt, das die spannenden Erlebnisse im Einzelnen wiedergibt und in dem ganz konkrete Hinweise zur Vorbereitung und Durchführung nachzulesen sind.

Hier ist es nun. Ich wünsche dem Leser eine vergnügliche, spannende aber hoffentlich nie langweilende Lektüre.

Anhang zum Vorwort – im September 2001

Kurz nach Abschluss dieses Buches, aber vor der ersten Veröffentlichung kam es zum Unglaublichen. Der Terroranschlag islamischer Fanatiker kostete in New York und Washington fast 3000 unschuldigen Menschen das Leben.

Der Islam als eigentlich friedliebende Religion ist durch die grausamen Taten besonders in der westlichen Welt noch weiter in Verrucht gekommen.

Erlebt und geschrieben vor dem 11. September 2001, der die Welt so nachhaltig verändern wird, ist es nach wie vor mein Anliegen, die Menschen so unterschiedlicher Traditionen und Kulturkreise einander näher zu bringen.

Wir haben es hautnah erleben können, wie in den von uns bereisten islamischen Ländern viele Millionen Menschen täglich ihrer oft schweren Arbeit nachgehen müssen, um ihre Familien und sich selbst zu ernähren. Da ist kein Platz für fanatischen Fundamentalismus. Im Gegenteil, das Zugehen auf die Menschen und unser Interesse an ihrem Leben hat uns überall Tür und Tor geöffnet. Nur so konnten wir eine Gastfreundschaft erleben, die in unseren Breiten zur Ausnahme geworden ist.

Bitte betrachten sie dieses Buch als Beitrag für Verständigung und Toleranz zwischen den Kulturen, auch wenn es leider Situationen gibt, bei denen dies schwer fällt.

Wir alle haben nur diese eine Welt – und zwar nur einmal!

Teil I

Die Idee, oder wieso eigentlich sein (!) Indien

„Träume, was Du träumen möchtest; gehe, wohin Du gehen möchtest; sei, wer Du sein möchtest, denn Du hast nur ein Leben und eine Chance, die Dinge zu tun, die Du tun möchtest!"

Sprichwort

Einen ersten, wenn auch herzlich unrealistischen Entschluss, mein realsozialistisches Heimatland einmal von weiter Ferne zu betrachten, fasste ich bereits im Jahre 1987. Damals war für die große Masse der Ostdeutschen ohne Westkontakte eigentlich schon eine Reise in den westlichen Teil Europas etwas gänzlich Unmögliches. Der durch Verwandtschaft oder herausragende und repräsentative Aufgaben privilegierte Rest verbrachte die Tage jenseits von Mauer und Stacheldraht mit dem Ausgeben des Begrüßungsgeldes in den glitzernden Tempeln westlichen Konsums. Nur sehr wenige nutzten die geliebten Devisen, um risikoreich und ohne die Genehmigung sozialistischer Behörden ferne Länder zu besuchen.

Über Jahre verschlang ich die wenigen Reisebücher über den Orient und den indischen Subkontinent, die in der DDR erhältlich waren. Als eines der letzten fiel mir „Mein Indien" von Richard Christ in die Hände. Ein durchaus fesselndes Buch aus der wahrlich nur kleinen Schar von privilegierten Reiseschriftstellern der DDR. Zwangsläufig stellte ich mir die Frage, wieso eigentlich **„sein"** Indien?

Offizielle Kontakte zu diesem zweitgrößten Land Asiens bestanden reichlich, man wollte der großen und brüderlichen Sowjetunion nicht nachstehen. Nicht wenige Inder studierten in der DDR.

Im Rahmen des regierungseigenen "Solidaritätskomitees der DDR" gab es auch eine sogenannte "Freundschaftsgesellschaft DDR-Indien". Freundschaft wurde nicht gelebt, sie wurde institutionalisiert. Also lag es für mich erst einmal nahe, diese aufzusuchen, eine gewisse Naivität meinerseits vorausgesetzt.

Wer sich an die Pförtnerlogen von staatlichen Einrichtungen erinnert, sieht die immer ernste, zuweilen bedrohliche und überaus wichtige Miene der "Einlassangestellten" noch vor sich. Fast immer waren sie Mitglieder der Staatssicherheit, Freundlichkeit gehörte nicht zu ihrem Schulungsprogramm.

Ein ihnen unbekannter Besucher, zu allem Übel noch einer mit etwas längeren Haaren, wurde sicherheitshalber erst einmal schroff abgewiesen. Trotzdem war ich um Freundlichkeit bemüht, versuchte mein Anliegen immer wieder zu schildern. Das war der Gipfel, ein gewöhnlicher Sterblicher ohne Empfehlung eines bedeutenden Parteikaders will nach Indien! Kein universitäres Forschungsthema, kein parteipolitischer Auftrag, ein rein privates Anliegen. Empörung kommt auf. Was ich mir einbilden würde? Gleicht derartiges Ansinnen in „unserem“ Arbeiter- und Bauernstaat nicht strafbarer Republikflucht ?

Also alles umsonst. Betreten und enttäuscht verließ ich den protzigen NS-Bau.

Später erfuhr ich, dass die Mitglieder dieser Gesellschaft so handverlesen waren, dass es nicht einmal einem Inder gelingen konnte, in der „Freundschaftsgesellschaft“ aufgenommen zu werden. Eigentlich absurd, doch die ausgewählten Mitglieder aus staatlichen Organisationen, Universitäten und Hochschulen waren unter sich.

Das hieß für mich erst einmal alle Ideen, waren sie in dieser Gesellschaft auch noch so verwegen, zurückzustellen. Doch mir war irgendwie klar, dass dies nicht bis zu meinem Lebensende so bleiben konnte. Die Ausreisewelle in den Westen rollte schon länger auf hohem Niveau, wenn auch noch nicht so stark wie nur zwei Jahre später im Herbst 1989.

Mit dem ersehnten Fall der Mauer, für den auch wir nicht erst zum Ende der DDR auf die Straße gegangen waren, verschwand 1989 das entscheidende Hindernis für einen realen Reiseplan.

Anstelle der Freundschaftsgesellschaft gründete sich bereits im Januar 1990, wohl auch des Überlebens willen, recht schnell die „Gesellschaft der Freunde Indiens“. Nun "durften" wir Gründungsmitglieder dieser, jetzt offenen Gesellschaft sein. Noch im selben Gebäude beheimatet, noch von den selben Leuten dominiert und noch von den selben Pförtnern bewacht, deren Wichtigkeit jedoch langsam abhanden zu kommen schien.

Der damals 81-jährige Heribert Fischer, langjähriger Botschafter der DDR in Indien und nun verdienter Ehrenvorsitzender der neuen Gesellschaft empfing uns. Er fuhr schon 1937, gegen alle Widerstände allein mit einem Fahrrad nach Indien. Und nun eine ganze Familie allein auf einer ähnlichen Route. Jahrzehnte später, doch bestimmt nicht weniger spannend - er war von unserem Vorhaben begeistert. Ein langer Abend mit einem Fußboden voller alter Karten und den tollsten Geschichten bestärkte besonders mich in unseren Plänen. Meine Phantasie arbeitete auf Hochtouren. Nun gab es kein zurück mehr. Doch es sollten noch viele Jahre vergehen.

Nur langsam ließ sich meine ganze Familie für ein derartiges Vorhaben begeistern. Mit Ausnahme Desirees. Noch zu klein, um sich unter dem Orient etwas vorstellen zu können.

Meine Mutter hielt mich wie vor jeder etwas ausgefallenen Reiseplanung für verrückt. Mein Vater wollte bedingungslos mit. Der Schwiegervater hatte das Gefühl, ich würde seine geliebte Tochter in grenzenlose Gefahr bringen. Einzig Schwiegermutter hatte eine gewisse Portion Vertrauen in meine Fähigkeiten zur Vorbereitung und in mein Organisationstalent.

Die Freunde verteilten ihre Meinungen zwischen „irre“ und „alles nur Gerede“.

Die Feuerwehr, oder: „Wie kommt man denn auf die Idee?“

Das riesige Lenkrad des Magirus-Deutz lässt sich spielend leicht bewegen. Man merkt kaum, dass die Feuerwehr fast neun Tonnen auf die Waage bringt. Und das, obwohl der massive Jalousie-Kasten in dem sonst Pumpen, Schläuche und Werkzeuge geordnet ihren Platz hatten, gänzlich abgebaut wurde. Die übrigen PKW auf den Straßen halten respektvollen Abstand. Der hoch erhobene Sitzplatz steigert mein Selbstbewusstsein enorm.

Nach der nur vorläufigen Übernahme ist das meine erste längere Fahrt. Der Termin für eine Durchsicht in der Werkstatt für LKW der Marken Magirus und Iveco soll die anstehende Kauf-Entscheidung erleichtern. Ist sie für unser Vorhaben wirklich geeignet ?

Ein dreiviertel Jahr habe ich unzählige Such-Anzeigen in vielen einschlägigen Zeitungen Deutschlands aufgegeben, habe bei ebenso vielen Verkaufsangeboten nachgefragt. Übliche Wohnmobile kamen in Erwartung der für das Fahrzeug sehr strapaziösen Reise nicht in Betracht. Also konnte nur ein robustes Expeditionsmobil die Lösung sein. Doch alle angebotenen Fahrzeuge stellten sich als ungeeignet heraus: zu klein, zu alt, zu hohe Laufleistung und in einem Fall zu teuer. Das Fax, das uns ins Haus schneite war verlockend: ein genialer Unimog mit allen erdenklichen Expeditionsausrüstungen, erst ein Jahr alt und wenig gebraucht. Ganz sicher war der Preis ein Irrtum. Die telefonische Nachfrage bestätigte sage und schreibe 380.000.- DM. Das sei fair, ein neuer kostet immerhin 450.000.- DM. Damit hatte sich das auch, wie schon so oft, erledigt.

Durch ein kleines Bild neben einer Verkaufsanzeige in einer Trucker-Zeitung schien endlich eine Lösung in Sicht. Ein Feuerwehrfahrzeug mit Doppelfahrerhaus, Allradantrieb, 6-Tonnen Seilwinde nach vorn und hinten und ein zulässiges Gesamtgewicht von 11 Tonnen. Trotz des 79er Baujahres erst elftausend

Kilometer gelaufen und in einem hervorragenden und gepflegten Zustand. Ursprünglich als blaues Servicefahrzeug für das technische Hilfswerk gebaut, wurde sie rot umgespritzt und schließlich als Feuerwehr über viele Jahre beim Katastrophenschutz Hamburg eingesetzt.

Vor den „Standschäden“ hatte ich keine Angst. Gummiteile und Simmerringe lassen sich austauschen. Doch der Zustand von Motor und Getriebe musste geprüft werden.

Der Service-Meister und der schon etwas ältere Monteur, der seinerzeit mit diesen LKW-Typen seine Lehre gemacht hatte, ließen sich nur schwer für unsere Expedition begeistern.

Letzterer mit einem befremdenden Blick: "Eine ganz persönliche Frage: Wie kommt man denn auf **so** eine Idee?“

Die Durchsicht mit einer ganzen Reihe von Tests bestätigt den Top-Zustand der Feuerwehr.

Der Kauf zu einem akzeptablen Preis wurde getätigt und wir hatten ein neues Familienmitglied. Der aufwendige Umbau zu einem ausgewachsenen Expeditionsfahrzeug konnte beginnen. Die Zeit bis zur geplanten Abfahrt raste.

Die Planungen und Vorbereitungen nahmen mehr und mehr konkrete Züge an, die unvorhergesehenen Schwierigkeiten nahmen ihren unbarmherzigen Lauf.

Hier nur die geschildert, die im Zusammenhang mit der Feuerwehr selbst stehen: Der hintere Jalousie- und Pumpenteil sollte gegen einen gebrauchten, aber isolierten Koffer ausgetauscht werden. Ein geräumiger Wohnteil sollte entstehen.

Doch der Monteur und Vermarkter von ehemaligen und im neuen Deutschland nicht mehr benötigten Fahrzeugen der NVA und anderer staatlicher Betriebe der DDR stellte sich als nicht besonders zuverlässig heraus. Nicht der auf Polaroid-Fotos angebotene Koffer, sondern ein heruntergekommener und leider viel größerer Servicekoffer eines alten W-50 der Post wurde montiert. Eine Isolierung gab es nicht. Gegebene Terminzusagen waren gegenstandslos. Viele Wochen vergingen ohne greifbare Ergebnisse.

In den folgenden Monaten bauten nach meinen Ideen und Studien viele kleine Firmen und eine ganze Reihe von Freunden die Feuerwehr zu einem Expeditionsfahrzeug um: eine gute Isolierung gegen die Hitze, eine Küche, Dusche, ein separater Raum für 4 Fahrräder und jede Menge Werkzeug und Ersatzteile, ein breites Doppelstockbett, Kompressorkühlboxen für Lebensmittel und eine leistungsfähige Solaranlage zur Speisung aller elektrischer Einbauten auf dem Dach. Der zu erwartende Sonnenschein sollte uns vom Bordnetz des Dieselmotors durch längere Standzeiten weitgehend unabhängig machen. Und dann das einzig erhältliche Trockenklo, vom Designer Colani gestylt. Es sollte sich, besonders in Indien als Fehlgriff erweisen. Doch dazu komme ich noch.

Eine ausgeklügelte Filteranlage für Trinkwasser, eine gepolsterte Sitzecke mit Tisch in der zweiten Reihe des Doppelfahrerhauses und ein Durchgang zum Schlaf- und Sanitärteil wurden eingebaut. Ein extra angefertigter Behälter für 400 Liter Wasser gab uns besonders in den Wüsten für längere Zeit ausreichende Sicherheit. Ebenso die Ersatztanks für insgesamt 530 Liter Diesel.

Die Versprechen der Ausbaufirmen zu günstigen Preisen, fachmännischer Arbeit und festen Terminen wurden zum Alptraum. Wochenlange Verzögerungen, unglaublicher Pfusch und Wucherpreise mit endlosen Diskussionen und Entschuldigungen zehrten besonders an meinen Nerven.

Das Brauchwasser floss nicht ab, der Haupttank verlor Kraftstoff, die Solartechnik funktionierte nur nach Laune, die Dach-Ausstiegsluke wurde verkehrt herum eingebaut, der Durchgang stand bei Regen unter Wasser und vom Schweißer, der die Innenausbauten des Fahrerhauses bauen sollte, verstarb die Tante. So ging es ohne Ende weiter. Viele der eingebauten Ausrüstungen der Feuerwehr konnten bestenfalls auf gutausgebauten westeuropäischen Campingplätzen bestehen. Das Lieblingsmaterial einer Firma war Silikonkleber. Jede Unzulänglichkeit, und es gab derer viele, wurde damit reichlich zugekleistert. Doch die gesamte Technik musste die zu erwartenden Strapazen auf unserer Route fernab der Heimat durchhalten. Jedem Handwerker war das bekannt, doch gehandelt hat danach kaum jemand.

Der Aufbau und das rote Dach des Fahrerhauses wurden in einem hellen beige gestrichen. Die seitlich angebrachten Sandbleche vermittelten den Eindruck von Wüstenpisten fernab von Asphalt. Doch sie mussten wieder abgebaut werden. Der deutsche TÜV monierte die Gefahr für Fußgänger.

Die hintere Einstiegsleiter musste abgetrennt und einige Zentimeter weiter innen wieder angeschweißt werden. Die Mängelliste war endlos. Trotz Behebung konnte sich der TÜV letztendlich nicht dazu durchringen, die ehemalige Feuerwehr als „Sonder-KFZ"-Wohnmobil zuzulassen. Also hieß es die Dienste der DEKRA in Anspruch zu nehmen, die sich dann weit weniger bürokratisch anstellte. Wir bekamen eine Zulassung mit einem Saison-Kennzeichen.

Schließlich durfte die Beschriftung nicht fehlen: vorn und hinten wurde der Namen unserer Reise, „family-orient-tour" und der Anfangs- und voraussichtlicher Endpunkt, „Berlin-Kalkutta" mit farbiger Folie angebracht.

Auf die seitlichen Feuerwehrschilder mit der deutschen Notrufnummer klebten wir eine Liste der Hauptstädte aller 13 zu durchfahrenden Länder. So konnte jeder Passant lesen, was wir hinter uns, bzw. vor uns hatten.

Trotz der vielen Schwierigkeiten nahm unsere Feuerwehr Schritt für Schritt die Züge eines richtigen Expeditionsmobils an. Langsam wurde unsere Reise auch für unsere Tochter Desiree greifbarer. Die Neugier auf ein Leben in einer so großen Feuerwehr überwog den aufkommenden Schmerz der Trennung von

Familie und Freunden.

Der Abfahrtstermin musste um 35 Tage verschoben werden. Doch auch das reichte nicht aus, wir wurden bis zum Aufbruch nicht fertig. Teile der Elektrik mussten unterwegs umgebaut werden. Erst in Rumänien ließen wir uns weitere dringend benötigte Regale zusammenschweißen und einbauen. Das optimale Verstauen unserer gesamten Ausrüstung gelang erst nach sehr häufigem und aufwendigem Umräumen. Trotzdem wurden wir von Reise-Station zu Reise-Station perfekter.

Unsere Feuerwehr im "Einsatz"

Die Vorbereitung

Wie hoch bürokratische Hürden sein können

„Es ist wichtig, für seine Träume ein paar Kämpfe durchzustehen. Nicht als Opfer, sondern als Abenteurer."

Paulo Coelho

Die langfristige Planung unseres Projekts begann im Jahre 1990. Das hieß vor allem: Über viele Jahre eisern sparen. Kein leichtes Unterfangen, angesichts der vielen neuen Verlockungen. Schließlich musste mit unseren anfangs 40 % des Westniveaus betragenden Gehältern auch noch Westeuropa entdeckt werden, zu groß war die Neugier. Erst dann konnte man daran denken entferntere Ziele anzusteuern.

Das noch vor der Währungsunion gegründete Westgeldkonto füllte sich nur mühsam und besonders anfangs mit geradezu lächerlichen Beträgen. Doch das Bewusstsein, dass die neugewonnene Freiheit zum dauerhaften Gut unseren weiteren Lebens werden würde, machte uns zuversichtlich.

Der Start-Termin wurde so festgelegt, dass Sebastian sein Abitur in der Tasche haben sollte. Unserem Unternehmen gaben wir den Namen „family-orient-tour", mit „Aufbruch und Begegnung" fanden wir ein Motto.

Freunde und Familie hielten uns für Phantasten, entdeckten sie doch – den niedrigen Preisen gedankt - erst einmal Mallorca und Tunesien. Schon unsere erste Sizilien-Rundfahrt mit unserer "Hulda", einem Lada, verbanden sie ausschließlich mit der Mafia, keinesfalls mit interessantem Urlaub.

Als kleine Generalprobe mieteten wir in einem Sommer ein Wohnmobil ohne Klimaanlage in der Türkei und testeten uns, wie wir bei über 40 Grad im Schatten auf engstem Raum zurechtkamen. Derartige Temperaturen ließ vor dem Fall der Mauer der erreichbare Reiseraum der sozialistischen Staatengemeinschaft nicht zu, man dachte sicher an alles.

Im gemieteten Mobil kamen wir nicht oft zum längeren Schlafen, gab doch das Fahrzeug die Hitze des Tages über den größten Teil der Nacht beharrlich lange in den Innenraum ab.
Dass wir in Indien Temperaturen bis zu 53 Grad Celsius im Schatten bekommen sollten, ahnten wir hier noch nicht.

Langsam wurde es Zeit, die Vorbereitungen zu konkretisieren.

Wie bei einer Bewerbung schrieben wir mit einem extra entworfenen Werbeprospekt Hunderte von Unternehmen, Banken, Zeitungen und Fernsehstationen als mögliche Sponsoren an.

Die meisten Firmen lehnten mit freundlichen Wünschen für unsere glückliche Wiederkehr ab. Ihnen erschien unser Unternehmen zu gewagt und manchen zu verrückt, um es zu fördern.

Die einzigen beiden wirklich ärgerlichen Absagen kamen vom französischen Reifenhersteller Michelin, dem es völlig absurd erschien gerade sie mit einer Bitte um Unterstützung anzuschreiben. Das Pharmaunternehmen MERCK hielt es für widersinnig, bei einem so groß aufgezogenem Unternehmen ausgerechnet an der medizinischen Ausrüstung zu sparen bzw. die Kosten dafür auf ihr Unternehmen abwälzen zu wollen. Nun gut. Eine ganze Anzahl von Pharmafirmen halfen uns mit Medikamenten und Impfstoffen, deren unverbrauchten Reste wir sicher auch in Ihrem Sinne in den riesigen Elendsvierteln von Delhi an das Rote Kreuz verschenkt haben.

Doch auch bei anderen Unternehmen hatten wir Erfolg: Größere Rabatte bei benötigten Ausrüstungsgegenständen, geschenktes Kamerazubehör – insgesamt ein Wert von über 24.000.- DM.

Die anfangs größte Freude über ein Sponsoring waren für unsere Feuerwehr acht kostenlose, nagelneue LKW-Reifen eines Berliner Herstellers. Doch leider währte diese Freude nur kurz.

Der erste Reifen explodierte gleich nach der Abreise, nur 30 km hinter Berlin, der zweite eine Woche später auf einer rumänische Landstraße. Die restlichen rollten nur mit großen Unwuchten. Durch die enormen Vibrationen der Feuerwehr konnten wir durch Rumänien und Bulgarien nur mit maximal 50 km/h fahren und erreichten Istanbul erst viel später als geplant. Türkische Freunde aus Berlin halfen uns einen Händler zu finden, der uns Dank seiner Begeisterung für unsere Tour fünf neue Reifen mit einem erheblichen Rabatt verkaufte.

Auch die Organisation der Reise selbst türmte sich zu einem Berg von scheinbar unlösbaren Problemen auf.

Die zu beantragenden Visa, die in jedem Land eine andere Geltungsdauer haben, wollten und wollten sich nicht kombinieren lassen. Indien zum Beispiel erteilte ein Visum mit Gültigkeit vom Tag der Aushändigung, wenn man das Land nach monatelanger Fahrt erreicht, ist es fast abgelaufen. Syrien erteilt zwar ein Visum ab dem Datum der Einreise, gestattet aber unserer Dieselfeuerwehr gerade mal eine Woche im Land zu fahren. Wie soll das funktionieren? Also suchte ich die Botschaften oder Konsulate persönlich auf und versuchte durch höfliches Bitten, ob nicht Ausnahmen möglich wären. Mal war mehr, mal weniger Erfolg beschieden.

Zu allem Unglück kam noch die Urteilsverkündung im Mykonos-Prozess dazwischen, welche die deutsch-iranischen Beziehungen tiefgreifend belastete. Die Erteilung eines iranischen Visums schien unmöglich, der einzig mögliche Landweg damit versperrt. Viele Male fuhr ich zum iranischen Konsulat nach Berlin-Dahlem, ohne eine verbindliche Antwort zu erhalten. Doch der Ersatzweg über die GUS-Staaten galt als gefährlich und war durch den Krieg in Afghanistan gänzlich verwehrt.

Ich musste nach anderen Wegen für uns und unsere Feuerwehr suchen. Ein Tipp erfahrener Expeditionsreisender als Ausweg? Die Fahrt über Syrien, Jordanien nach Ägypten und von dort mit dem Schiff nach Pakistan. Doch leider war die Feuerwehr für einen Containertransport zu groß. Wir mussten ein Schiff finden, dass die Feuerwehr auf Deck transportieren konnte. Unzählige Faxe und Anrufe bei Schiffsagenturen in alle größeren Städte Ägyptens – vergebens. Die ganze Tour schien gefährdet. Verzweiflung machte sich breit. Sollten die vielen Jahre umsonst gewesen sein?

Schließlich erteilte uns das iranische Konsulat ein 5-tägiges Transitvisum. Eigentlich hätte es für eine Durchquerung des Iran, sechs mal größer als Deutschland, mit unserer doch etwas behäbigen Feuerwehr nie ausgereicht. Doch mit wider erwartet problemloser fünfmaliger Verlängerung in allen Teilen dieses für den Reisenden so faszinierenden Landes, sind wir allein auf dem Hinweg über fünf Wochen geblieben.

Seit langer Zeit wussten Schüler und Lehrer in der Schule unserer Tochter von unserem einjährigen Vorhaben. Durch Desirees gute Leistungen befürworteten Direktorin und Klassenleiterin die damit verbundene Freistellung für ein ganzes Schuljahr. Doch der Antrag an das Landesschulamt wurde von der zuständigen Schulrätin ohne Erklärung abgelehnt.

Unsere Gründe für die Reise als Familie mit der Motivation, Menschen, Kulturen und Religionen gemeinsam mit unseren Kindern abseits der überfüllten Strände mediterraner Inseln ausgiebig kennen zu lernen, interessierte die Berliner Schulbehörde nicht.

Den Termin beim Schulamt werde ich so schnell nicht vergessen. Bei Eintritt in das zuständige Büro sitzen die drei Beamten gutgelaunt und lachend auf ihren Schreibtischen und trinken Kaffee. Als der für unseren Antrag verantwortliche das Problem erfasst, verändert sich seine Miene zusehends. Ernst und wichtig bedeutet er uns, dass „sie (das Schulamt!) dafür verantwortlich seien, dass die Eltern ihre Kinder nicht in unabwägbare Gefahren (wie unser Vorhaben!) bringen würden“. Jacqueline und mir fällt es schwer ruhig zu bleiben. „Was würden Sie tun, wenn die Genehmigung weiter versagt bliebe?" Würden wir es illegal tun, oder ohne Rücksicht auf unsere Kinder allein fahren. Jacqueline ist außer sich. „Wir fahren **mit** unseren Kindern!". Schließlich waren wir nicht die erste deutsche Familie, die mit schulpflichtigen Kindern eine längere Weltreise unternommen hatten.

Lange Diskussionen und der Hinweis, mit dieser Geschichte schonungslos an die Öffentlichkeit zu gehen, brachte nach mehr als sechs Wochen bangem Warten ein Einlenken des Schulamtes.

Die nächste Hürde: Unsere Krankenversicherung für ein Jahr im Ausland. Bei einem beruflichen Aufenthalt ist das einfach, doch wer sich privat und in dieser Zeit ohne Einkommen auf lange Reisen begibt, bekommt ein Problem, das die gesetzlichen Krankenkassen nicht vorgesehen haben. Zwar zahlen die privaten Auslandskrankenversicherungen für die Behandlung im Ausland. Doch wenn eine Weiterbehandlung nach außerplanmäßiger Rückkehr notwendig ist, wird man selbst zur Kasse gebeten. Die teure Lösung: Man muss auch ohne Einkommen für die Zeit im Ausland eine deutsche Familien-Versicherung weiter bezahlen.

Unser Stamm-Buchladen konnte sich über mangelnden Umsatz nicht beklagen.

Zur Vorbereitung gehörte die Anschaffung unzähliger Reise-Fachbücher und –Zeitschriften, vieler Karten sowie von Gesundheitsratgebern mit Verhaltens-Tipps in den tropischen und subtropischen Ländern. Aus Angst um unsere Gesundheit nahm Jacqueline ihre Verantwortung besonders ernst. Aus der Feuerwehr wurde eine Apotheke auf Rädern. Wie sich unterwegs jedoch herausstellen sollte, haben wir dafür keine Mark umsonst ausgegeben.

Das mitgeführte Satellitennavigationssystem (GPS), das uns in den zahlreichen Wüsten gute Dienste geleistet hat, bedingt viele gute Detailkarten. Dafür sind in Expeditionsläden in Deutschland sehr gute russische und amerikanische Generalstabskarten erhältlich.

Wir haben jedoch oft gehört, dass in einigen Ländern bei Zoll- oder Polizei-Kontrollen das Mitführen derartiger Karten zu ernsthaften Problemen geführt hat. Also ist gut "verpacken" die einzige Lösung.

Langsam wurde auch die übrige Familie zunehmend unruhiger. Von Anfang an nicht recht begeistert, bemerkten Eltern, Großeltern und auch Freunde, dass die einjährige Trennung immer näher rückte. Die Vorbereitungen ließen uns jedoch keine Zeit und Nerven über derartiges nachzudenken.

Trotzdem wir kaum Vorkenntnisse besaßen, beschlossen wir die Anschaffung einer recht teuren Kamera, deren Qualitätsstandard dem Fernsehen genügen musste. Nach einem Tipp von Freunden besuchten wir die Messe „Photokina“ in Köln. Doch die Orientierung an diesem für Laien recht unübersichtlichen Markt fiel uns schwer.

Erst unterwegs lernte Sebastian den Umgang mit der Filmkamera

Ein großer Elektronik-Konzern war begeistert. Sein neues Produkt auf dem Kameramarkt sei wie geschaffen für eine derartige Anwendung. Doch die optimistische Zusage zur Bereitstellung der digitalen Kamera verzögerte sich von Monat zu Monat. Vier Wochen vor Abfahrt endlich geliefert, hatte unser Kameramann Sebastian keine Möglichkeit mehr sich mit der neuen Technik vertraut zu machen. Auch das dringend notwendige Filmmaterial konnte nicht geliefert werden. Buchstäblich erst am letzen Tag vor der Abreise überbrachte man die notwendigen Spezial-Kassetten für insgesamt 50 Stunden Film. Also, wie so oft: Learning by doing – unterwegs.

Zu allen Übel erschien Sebastian nach einer Bierlaune mit Kumpels - mit Glatze. Alle Pässe und vor allem die Visa waren in vierfacher Ausfertigung mit unseren Passfotos versehen.

Davon Sebastians mit langen Haaren und mit einem Zopf. Mir schwammen alle Felle weg. Die Tränen von Wut und Enttäuschung konnte ich nicht mehr zurückzuhalten.

Die unsäglichen Schwierigkeiten, die Feuerwehr selbst als Expeditionsmobil reisefertig zu bekommen, wurden ja im vorhergehenden Kapitel bereits näher beschrieben.

Sieben Tage vor dem nun letzten Abfahrtstermin stieg die große Abschiedsparty auf einem Sportplatz im Grünen. Ungefähr 120 Gäste kamen, um sich die noch nicht ganz fertige Feuerwehr anzusehen und uns zu verabschieden. Ein Pressefotograf verknipste mehrere Filme, von denen nachher nur ein einziges Bild in der Zeitung erschien. Mehrere indische Familien brachten indisches Essen mit, ihre Kinder zeigten traditionelle Tänze. Der Höhepunkt war die professionelle Tanzdarbietung einer jungen indischen Frau, die es in Deutschland schon zu einiger Berühmtheit gebracht hat.

Die Vorbereitung und Durchführung dieses Riesenfestes stresste abermals. Mit buchstäblich letzter Energie hielt ich eine holprige Rede an die Gäste. Alles, was in der Vorbereitung schief ging oder was unheimlich viel Kraft erforderte zu schildern war unmöglich. Wohl mehr aus Höflichkeit wurde geklatscht. Ich wollte nur noch weg.

Doch endlich brachen wir zu unserem langersehnten Abenteuer auf, völlig entnervt und erschöpft, trotzdem voller Spannung auf unsere "family-orient-tour".

Teil II

Die Abfahrt. Abschied für ein Jahr

„In die Welt hinaus! Außer dem Haus ist immer das beste Leben;
Wem's zu Hause gefällt, Ist nicht für die Welt – Mag er leben !"

J. W. v. Goethe

Der 5. August. Noch am Vormittag laufen die letzten Vorbereitungen. Unsere untervermietete Wohnung entsprechend vorzubereiten schaffen wir nicht mehr. Gott sei Dank bieten die Omas ihre Hilfe an.

In der Feuerwehr hat noch längst nicht alles seinen Platz. Doch uns zieht es endlich los.

Ein paar gestellte Aufnahmen, postiert vom Fotografen der BZ und ein paar Gläser Sekt zur Taufe der Feuerwehr auf den wie nur ich fand etwas einfallslosen Namen „Feuerwehr". Mein Vorschlag, unser rollendes Haus auf den Namen „Sophia" zu taufen wurde vom Rest der Familie als nicht angemessen abgelehnt.

Fast die gesamte Familie und etliche Freunde sind erschienen. Tränen gehören sich bei einem Abschied für ein Jahr. Wir eher gespannt was denn alles kommen würde, der Rest mehr entsetzt angesichts unseres „waghalsigen" Vorhabens.

Die Vereinbarung mit Berlins größtem Boulevardblatt, über unsere Reisestationen regelmäßig zu berichten, haben wir widerrufen, als uns der erste Artikel über unsere Abfahrt von Freunden nachgeschickt wurde. Diese Art Sensations-Journalismus hat uns dann doch nicht vorgeschwebt, obwohl ein paar zusätzliche Mittel sicher nicht schlecht gewesen wären.

Der kräftige Motor springt an. Bei der Ausfahrt wird die erste Bordsteinkante mitgenommen. Ich erinnere mich an meine LKW-Fahrschule – wie peinlich.

Auf der Autobahn, 30 km haben wir Berlin hinter uns gelassen, werden unsere doch etwas mulmigen Gefühle durch einen unglaublichen Knall jäh unterbrochen. Uns wurde noch mulmiger, als wir sahen, dass ein linker hinterer Zwillingsreifen von einer Explosion regelrecht zerrissen wurde. Der nächste Service im Spreewald bescheinigte recht derb, dass unser Stolz auf die acht nagelneuen gesponserten LKW-Reifen nicht gerechtfertigt ist. Die acht kostenlosen Reifen seien allesamt „Scheiße". Warum könne er nicht sagen, aber bis Indien und zurück würden wir damit niemals kommen. „Wenn ein Reifen auf der Vorderachse derart „abgeht", ist eure Feuerwehr nur noch Schrott. Von Euch zu reden erspare ich mir. Kauft Euch in der Tschechei wenigstens zwei vernünftige Vorderreifen von BARUM." Wir bedanken uns für seine klaren Worte, seinen Rat und seine kostenlose Hilfe. Und sind erstaunt, dass es derart uneigennütziges Handeln in Deutschland noch gibt.

Prag ist erreicht – wie empfohlen mit neuen Reifen. Im tschechischen Reifenservice fällt die Beurteilung der übrigen Sponsor-Reifen ähnlich niederschmetternd aus. Die erste außerplanmäßige Belastung unserer recht streng kalkulierten Reisekasse ist perfekt. Ein ausgiebiger Besuch der berühmten Schwarzbierkneipe „U Fleku" spülte den unglaublichen Stress der letzten Vorbereitungs-Tage und Wochen scheinbar erst einmal herunter. Die anschließende ruhige Nacht auf einem Parkplatz an der Moldau tat gut.

Die uns vor der Wende durch unzählige Auto-Rundreise-Ferien in den Staaten Osteuropas so vertraute Autobahn in Richtung Ungarn hatte nun plötzlich eine weitere Grenze. Die Slovakei, mittlerweile ein souveräner Staat, nutzt sein Recht auf eigene Grenzkontrollen und eine eigene Währung. Wir fühlen uns ein bisschen zurückversetzt in unser früheres Leben in einer sozialistischen „Staaten- und Menschengemeinschaft" mit seinen für ihre Bürger so schikanösen Grenz-„Abfertigungen". So sind wir doch sehr stolz auf die Reise-Erleichterungen, die das westliche Europa trotz aller Querelen für seine Bürger erreicht hat.

Von allen Zollstationen stellten sich die Ungarn am umständlichsten an, besonders wenn es um die Abfertigung unseres Carnet ATA, des recht seltenen Ausrüstungs-Carnets für die Foto- und Kameraausrüstung, ging. Schon hier beginnen die an jeder Grenze sich wiederholenden Diskussionen mit den Vorposten, die uns angesichts der Größe der Feuerwehr immer wieder in die LKW-Warteschlangen einreihen wollen, was dann mitunter Tage gedauert hätte.

Der Plattensee, oder wie im alten DDR-Sprachgebrauch als Konkurrenz zu den zahlreichen West-Urlaubern ausschließlich Balaton genannt, bringt uns ein paar Tage Ruhe. Doch das Zittern meiner Hände als Reaktion des unglaublichen Stresses legt sich nur sehr langsam. Die vielen Warzen an Sebastians Händen, aus gleichem Grunde entstanden, sollen erst nach etwa sieben Wochen verschwinden.

Der Balkan

Berlin
Magdeburg
WEIßRUSSLAND
POLEN
DEUTSCHLAND
Jena
Dresden
UKRAINE
Prag
TSCHECHISCHE REPUBLIK
SLOWAKEI
München
Wien
Bratislava
ÖSTERREICH
Budapest
Insbruck
Györ
MOLDAVIEN
UNGARN
Szeged
RUMÄNIEN
Trient
SLOWENIEN
Pécs
Deva
Timisoara
Sibiu
Venedig
KROATIEN
Pitesti
BOSNIEN-
HERZEGOWINA
Bukarest
Ruse
SERBIEN
ITALIEN
Sofia
BULGARIEN
Rom
MAZEDONIEN
Corlu
ALBANIEN
Tyrhennisches Meer
Ägäisches Meer
GRIECHENLAND
TÜRKEI
Hintour
Rücktour
Ionisches Meer
Patras
Athen
Izmir

Wie ein Löffel vor Erdbeben warnen soll

Der kleine Zeltplatz im ungarischen Mako, direkt an der Grenze zu Rumänien gelegen, war in Vorwendezeiten jede Nacht überfüllt. Motorisierte DDR-Bürger legten hier auf dem Weg zur bulgarischen Schwarzmeerküste ihre letzte Rast im „zivilisierten“ Teil Osteuropas ein.

Wildfremde Menschen standen hier jeden Tag aufs neue spontan beieinander, um sich die neuesten Grusel-Geschichten aus dem ungeliebten Rumänien des Diktators Ceaucescu zu erzählen. Den Wahrheitsgehalt dieser Geschichten konnten wir immer als gering bezeichnen. Zu oft sind wir bei unseren unzähligen Reisen kreuz und quer durch dieses arme aber wunderschöne Reiseland gefahren. Nie haben wir wirklich schlechte Erfahrungen gemacht, immer waren wir von der natürlichen Gastfreundschaft der Menschen begeistert. Sicher wurden wir von den sozialistischen Behörden auch schon einmal verhaftet, doch durch kleine Gaben unseres vergleichsweise hohen Lebensstandards schnell und überraschend herzlich wieder freigelassen.

Diese Geschichten sorgten jedoch dafür, dass fast alle Reisende die 450 km zur bulgarischen Autofähre meist ohne den geringsten Zwischenaufenthalt mehr oder weniger panisch absolvierten. Und das leider ohne von den landschaftlichen und ethnographischen Schönheiten Notiz zu nehmen.

Unser Weg führt auf mittlerweile sehr gut ausgebauten Europastraßen direkt nach Sibiu oder zu deutsch Hermannstadt, der altehrwürdigen Hauptstadt Siebenbürgens. Wir sind verabredet mit einem rumänischen Ärzteehepaar, zu denen wir seit einer schweren Krankheit unserer damals dreieinhalbjährigen Tochter Desiree engen Kontakt gehalten haben.

Doch erst einmal reißt mich ein nun schon bekannter „Urknall“ aus dem Schlaf, während Sebastian fährt. Wieder einmal verabschiedet sich ein hinterer Zwillingsreifen auf diese erschreckende Art. Langsam, sehr langsam geht es weiter nach Sibiu, auf die Hilfe unserer Freunde hoffend.

Wir werden an eine mit deutschen Mitteln geradezu supermodern ausgebaute LKW- und Buswerkstatt vermittelt, welche die Ursachen unserer Reifenplatzer herausfinden soll. Die Vibrationen der gesamten Feuerwehr bei Geschwindigkeiten ab 60 km/h deutet auf eine unwuchtige Hinterachse hin, bei der die Zwillingsreifen die Kräfte nicht mehr aufnehmen können. Das jedoch wäre eine regelrechte Katastrophe. Der Differentialkasten wird mittig aufgebockt und ich gebe leicht Gas. Die korrekte Drehung der Hinterachse macht es deutlich: die Achse ist in Ordnung, die gesponserten Reifen sind unwuchtig. Trotz der hohen Kosten, die durch neue Reifen nun auf uns zukommen, sind wir selig, hätte doch eine durch jahrelangen Stand verformte Hinterachse einen vorläufigen Abbruch unserer Reise bedeutet.

Die Größe der Reifen, die unsere Feuerwehr benötigt, hätte erst bestellt und aus Deutschland geliefert werden müssen. Das hätte eine Verzögerung von annähernd zwei Wochen bedeutet. Wir entschließen uns entsprechend langsam bis nach Istanbul zu zuckeln, um dort für zuverlässigen Ersatz zu sorgen.

Die wütende Ansichtskarte an den Reifenhersteller, der uns diese Reifen freundlicherweise kostenlos zur Verfügung stellte, habe ich auf diesem unendlich lang erscheinenden Weg zigmal neu formuliert. Die maximale Geschwindigkeit von 40 bis 50 km/h über mehr als 2.000 km zehrt an meinen Nerven.

Als wir am ersten Tag in Sibiu den Treppenaufgang des etwas wackelig anmutenden Neubaublocks heraufkommen, steht vor der geöffneten Wohnungstür unserer Freunde ein Beamter des Katastrophenschutzes Sibiu. Er informiert die Ärzte über vertrauliche Codewörter und Sammlungspunkte angesichts eines in wenigen Tagen zu erwartenden Erdbebens im Karpatenbogen. Amerikanische und japanische Seismologen sagten unabhängig voneinander ein Beben der Stärke 7 bis 8 voraus, bei dem davon auszugehen ist, dass 40 % der Häuser zerstört würden.

Mir kommen die verheerenden Folgen des verheerenden Erdbebens im Jahre 1970 in Erinnerung, bei dem in der Hauptstadt Bukarest und mehreren anderen Städten südlich des Karpatenbogens viele tausend Menschen ums Leben kamen.

Bei unserem Anblick werden die Gesichter unserer Freunde noch ernster, als es die Situation ehedem schon hervorbrachte. Unser Telegramm aus Ungarn mit dem konkreten Termin unseres Eintreffens hatten sie nicht erhalten.

Bei dem obligaten Rundgang durch die enge Wohnung unserer Gastgeber sind wir doch froh in unserer Feuerwehr ein mobiles und nicht einsturzgefährdetes Heim zu besitzen. Das uns dies nichts nützten sollte, stellt sich schnell heraus.

Das für rumänische Verhältnisse wohlhabendere Arzteehepaar hat ihre Zweit-Eigentumswohnung, natürlich in ebensolch einem maroden Neubaublock gelegen, für unseren Aufenthalt hergerichtet. Eine Wiederrede, selbst mit dem Argument des erwarteten Erdbebens hilft nichts. Die Gastfreundschaft lässt einen für sie zigeunerhaft anmutenden Schlafplatz in der Feuerwehr im Angesicht der eigenen ungenutzten Zweitwohnung nicht zu. Fast kommt es bei unserer beharrlichen Weigerung zu einem Eklat. Ängstlich lassen wir uns breitschlagen. Die letzte Idee, des Nachts einfach zu fliehen, fällt aus, weil unsere Anwesenheit per Telefon überwacht wird.

Doch irgendwie sind wir dann doch ganz dankbar, als Eltern ein eigenes Schlafzimmer zu haben. Die ersten beiden Wochen verbrachten wir jede Nacht zusammen mit den Kindern im gleichen Schlafraum der Feuerwehr. Viele Wochen und Monate sollen noch folgen.

Unterdessen bereitet Desiree die Wohnung unaufgefordert und ganz praktisch auf den möglichen Ernstfall vor.

Jedes der drei Zimmer bekommt eine Wasserflasche, eine Taschenlampe und eine Keramikschüssel mit einem Löffel darin.

Sie ist fest davon überzeugt, dass wir durch die scheppernden Geräusche der Schüssel-Löffel-Kombination rechtzeitig wach werden würden, um noch rechtzeitig das Haus verlassen zu können. Wir Großen verbergen unsere eigenen mulmigen Gefühle in der Magengegend und loben Desiree aufmunternd. Wir sind stolz auf ihr Verantwortungsgefühl und ihr Improvisationsvermögen. Erdbebenvorbereitung gehörte ja bisher nicht zu unserem Erziehungsprogramm.

Jeder nächtlicher Besuch der Toilette in diesem recht klapprigen Neubaublock verbinden wir mit dem Berühren der Wände, um vielleicht kleinste Erschütterungen zu spüren.

Die folgenden fünf Nächte sind im Angesicht der Erwartung eines Erdbebens nicht sonderlich erholsam. Erst nach unserer Abfahrt aus Sibiu und der anschließenden Überquerung der Karpaten kommen wir langsam zur Ruhe. Die ersten Nächte schlafen wir wie die Toten, der Mangel muss ausgeglichen werden. Dabei machen uns unsere Freunde den Aufenthalt so angenehm wie möglich. Leckeres Essen, das Schlendern durch die historische Altstadt, in der wir auch die gewölbten Dachluken der mittelalterlichen Häuser des Marktplatzes sehen, aus denen die Securitate des untergehenden Ceaucescu-Regimes auf die demonstrierenden Menschen geschossen hatte. Das Denkmal der Ermordeten ist nach sieben Jahren noch immer mit frischen Blumen geschmückt. Restaurants, Bierstuben und Imbiss-Buden zeugen von einem beginnenden Verständnis eines erwachenden Kapitalismus, dessen horrende Preise vom Großteil der Bevölkerung jedoch kaum bezahlbar sind. Doch die vielen zu spürenden Aktivitäten lassen für eine bessere Zukunft hoffen.

Spannende Ausflüge mit einem abenteuerlich klapprigen Jeep in die nahe bei Sibiu gelegene Hochgebirgsbergwelt des Forgarascher- und des Zibingebirges lassen tagsüber unsere Angst vor dem Beben verfliegen.

Als wir Wochen später erfuhren, dass die Katastrophe von den gleichen Experten abgesagt wurde, die es angesagt hatten, sind wir froh, dass den rumänischen Menschen dieses Leid erspart blieb. Wenn auch niemand weiß, wie lange.

Am letzten Tag unseres Aufenthaltes wird uns ein besonderes, weil landestypisches Abendessen versprochen.

Wir holen Dan mit seinem Jeep von der Klinik ab. Er setzt sich ans Lenkrad und hält uns freudestrahlend eine durchsichtige Plastiktüte voller blutiger Innereien vors Gesicht. Seine Bemerkung: „Its my work for today". Wir wissen, dass Dan als Gynäkologe in einer Frauenklinik fast täglich operiert und werden kreidebleich vor Entsetzen.

Er bemerkt unseren Irrtum, lässt uns merklich amüsiert noch etwas in unserem Glauben. Schließlich klärt er uns auf. Rinderhoden, von Ofelia süß-sauer zubereitet, wären eine Köstlichkeit.

Dan und Ofelia sind beide Ärzte und erzählen, dass das monatliche Gehalt an ihren staatlichen Krankenhäusern trotz des Arztberufes äußerst mager ist und es daher in ganz Rumänien üblich sei, von den Patienten ohne Skrupel als kleines Nebeneinkommen Naturalien anzunehmen. Säcke voll Mehl und Salz, Eier, geschlachtete Hühner, Fleisch und manchmal eben Rinderhoden.

Nicht so recht an solcherart Kost gewöhnt, essen wir nur, um unsere Gastgeber nicht zu enttäuschen. Unsere ungläubigen Gesichter nehmen sie uns nicht übel.

Das äußere Erscheinungsbild Bukarests hat für uns leider nur flüchtig Durchreisende, bis auf die unzähligen und noch immer sehr heruntergekommenen Neubaublocks, nur noch wenig mit dem der Ceaucescu-Ära gemein. Quirliges Leben, bunte Werbung und die allseits präsente amerikanische Klopskette sind in dieser Großstadt angekommen. Die größenwahnsinnigen Prachtbauten der letzten Jahre des Diktators Ceaucescu, für die ein großer Teil der Altstadt Bukarests geopfert wurden, tun wir uns nicht an. Es zieht uns rasch weiter in Richtung Orient. Doch mit dem festen Vorsatz, bei einer späteren Reise für Rumänien wieder einmal etwas mehr Zeit einzuplanen.

An der Grenze zu Bulgarien bei Russe wundern wir uns über eine eigenartige Umweltschutzabgabe, natürlich in DM zu zahlen. Dank unserer Belastung der Umwelt ist sie obligatorisch zu entrichten. Protest hat keinen Sinn. So müssen wir uns immerhin nicht entschuldigen, dass wir das Land mit unserem Besuch verschmutzt haben. Die riesige Donaubrücke aus stalinistischer Zeit entlässt uns aus Rumänien.

Ebenso kurios empfängt uns Bulgarien mit einer Desinfektionsabgabe, unabwendbar und wie immer in DM zu zahlen. Unsere Beteuerungen keine Seuchen mit uns zu führen, nutzen auch hier nichts.

Hier nun ein ganz anderes, uns erstaunendes Bild. Im Gegensatz zu Rumänien das Gefühl, das Land würde irgendwie schlafen. Eine eigenartige Traurigkeit geht vom Straßenleben in den Großstädten Russe und Varna aus, genauso im südlichen Burgas. Ein fast unverschämt zu bezeichnender Umtauschkurs zur DM drängt uns den Eindruck von Abzockerei westlicher Touristen auf. Doch selbst im ehemals so renommierten Schwarzmeerkurort Nessebar ist deren Zahl drastisch geschrumpft. Geschlossene oder heruntergekommene Hotels und Restaurants sind die Regel. Die Einheimischen, vielleicht auch ein Vorteil, haben einen Großteil ihrer Küste zurückgewonnen. Das ehemals internationale Flair erscheint weitgehend entschwunden.

Der uns durch viele Sommerurlaube so bekannte Campingplatz Kavazite/Smokina an einer der schönsten Buchten der Südküste macht einen traurigen Eindruck. Viele der ehemals umlagerten Verkaufsstände und Restaurants sind geschlossen und verfallen zusehends. Die gefürchteten Steh-Toiletten sind so verstopft wie vor acht Jahren, der Wassermangel kommt uns auch bekannt vor. Schwierigkeiten mit dem regelmäßigen Kauf von Lebensmitteln locken keine Touristen mehr an. Früher vor allem mit Tausenden DDR-Bürgern, aber auch Ungarn, Tschechen und

Slowaken immer dicht belegt, sind Ausländer heute eher die Ausnahme. Durch den Leva-Kurs exorbitant teuer geworden, sonnt man sich bei diesen Preisen lieber in den Gefilden des auch näheren Mittelmeeres. Die Marktwirtschaft ist hier ganz offensichtlich noch nicht angekommen. Wenige Ausnahmen soll es geben. Immer noch ist jedwede Organisation in staatlichen und damit in restlos uneffektiven Händen

Zu lange hat sich Bulgarien auch nach dem Zusammenbruch des Kommunismus noch an die alten Funktionäre mit ihren Strukturen geklammert. Damit wurde über viele Jahre verhindert, dass durch entsprechende Gesetze der Weg für eine Marktwirtschaft im Lande freigemacht wurde und ausländische Investitionen die Wirtschaft ankurbeln.

Wir können uns noch sehr gut an die Überheblichkeit vieler Bulgaren gegenüber Besuchern wie uns aus sozialistischen Ländern erinnern, angesichts der vielen westlichen Billig-Touristen im Lande. Deren Währung machte uns fast überall zu Gästen zweiter Klasse. Ganz zu schweigen von den teilweise hämischen Beurteilungen der armen rumänischen Nachbarn, wenn wir nach dem Weg durch das verteufelte Ceaucescu-Regime angesprochen wurden.

Wir finden es wirklich schade, hat doch die Natur und das Klima ideale Voraussetzungen, um durch entsprechend viele Gäste dem Land Einnahmen zu sichern und eben auch vielen Bulgaren ein gutes Auskommen zu geben.

Nach nur sechs etwas bedrückenden Tagen verlassen wir Bulgarien in Richtung Istanbul.

Türkei

Istanbul

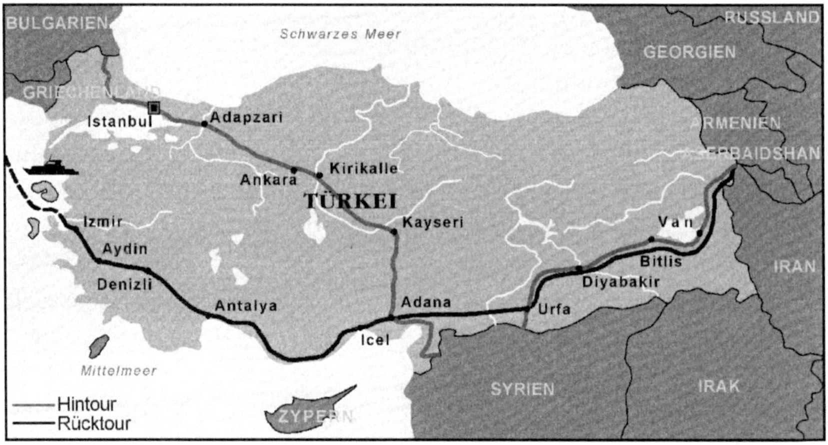

Von einem Müllhaufen gen Mekka

Bei der Anfahrt auf der Autobahn bekommt man schon von Weitem einen Eindruck von der Größe dieser Metropole mit seinen geschätzten 20 Millionen Einwohnern. Als „Tor zum Orient" kann man sich diesen äußerst europäisch anmutenden Moloch hier noch nicht vorstellen. Das sollte sich in den geschäftigen Basars der Altstadt mit seine vielen Moscheen jedoch ändern.

Hier einen möglichst sicheren Schlaf- und Standplatz für unsere Feuerwehr zu finden, scheint eine schier unmögliche Aufgabe zu werden.

Mit dem Stadtplan versuchen wir uns durch den irrsinnigen Verkehr in die Nähe des Bosporus zu manövrieren. Unzählige Male bleiben wir mit unserem 9-Tonnen-Mobil in den engen Straßen und Gassen stecken. Wir brauchen Hilfe von Einheimischen. Nach Stunden führen uns zwei junge Türken zu einem verdreckten LKW- und Busparkplatz inmitten von verkommenen Neubauten, den wir selbst wohl nie gefunden hätten. Doch das Zentrum liegt nur wenige Taximinuten entfernt. Wir sind trotz der Berge von Müll froh, einen sogar bewachten Platz zu haben. Von nun an sind wir „bereit" für den Orient.

Was wir nicht ahnen, ist die Funktion dieses Platzes, die sich erst nach Anbruch der Dunkelheit offenbart: Der Parkplatz füllt sich bis auf den letzen Stellplatz mit zum Teil undefinierbaren kleineren und größeren Vehikeln mit Kennzeichen aus Rumänien, der Ukraine, Russlands, Bulgarien und anderer ost- und südosteuropäischer Herkunft. Danach kommen ebenso viele ausschließlich türkische Transporter und laden in Windeseile eine Unmenge von riesigen in Papier und Folie verschnürte Warenballen ab. Diese werden von wenigen Türken, einer Art „Managern", zu den zuvor beschriebenen Kunden dirigiert, die durch ihr lautstarkes Gestikulieren eher an die New Yorker Börse erinnern. Diese vielen Waren werden jetzt von den osteuropäischen Kunden, sehr viele Zigeuner sind darunter, auf zum Teil abenteuerliche Art und Weise auf ihre „Fahrzeuge“ geladen und verschnürt. Die nicht benötigten Verpackungsmaterialien sowie eine Unmenge Müll werden einfach liegengelassen. Dazwischen tauchen immer wieder buntbemalte türkische „Dienstleisterinnen“ auf, die versuchen, von den gleich ausbezahlten Löhnen der Fahrer ihren Teil abzubekommen.

Mitten in diesem chaotischen, aber offensichtlich perfekt funktionierendem babylonischen Sprachgewirr steht unsere Feuerwehr. Keiner nimmt von uns Notiz, keiner stört sich an uns.

Wir sind sprachlos.

Ein etwa 60 Jahre alter glatzköpfiger Mann (beim Alter kann man sich hier sehr verschätzen) schiebt direkt vor der Feuerwehr etwas Müll beiseite, breitet ein paar Pappen aus, zieht sich die Schuhe aus und beginnt daraufhin gen Mekka zu beten. Sebastian und ich gehen aus Rücksicht etwas zurück und stehen fast in einer mit einer grellen Glühbirne erleuchteten Wellblechhütte, die von zwei schmutzigen, aber sehr freundlichen Jungen bewohnt wird. Der eine zückt sofort seinen Schuhputzkasten und will mir inmitten diesen Knie hohen Drecks die Schuhe putzen. Ich muss lachen und gebe ihm auch ohne seine Dienste einige Lira.

Mit Sonnenaufgang gegen 3 Uhr 30 ist der Spuk vorbei. Der Platz ist bis auf die Berge von Verpackungsmüll wieder leer. Wir können endlich schlafen, bis uns die Hitze gegen 7 Uhr bereits wieder zum Aufstehen zwingt.

Anstelle einer Beschreibung der unglaublich vielen Sehenswürdigkeiten dieser faszinierenden und gleichzeitig völlig chaotischen Stadt verweise ich an dieser Stelle auf die zahlreichen einschlägigen Reiseführer.

Natürlich sehen wir uns vieles an, was man beim ersten Besuch in dieser Stadt unbedingt gesehen haben muss. Den riesigen Basar mit seinen fast 4000 Läden, der zwar eine sehr orientalischer Atmosphäre hat, aber dennoch schon sehr auf den Geschmack des Massentourismus orientiert ist. Auf dem weiteren Weg haben wir weitaus ursprünglichere Märkte gesehen. Die Blaue Moschee, die Haghia Sophia, den Topkapi-Palast und natürlich die obligatorische Schiffsfahrt auf dem Bosporus sind wirklich eine Reise wert.

Was uns auffällt, sind die vielen Russen, die aus den täglich anlegenden Kreuzfahrtschiffen über das Schwarze Meer kommen. Zu Tausenden bevölkern sie die Gegenden der Stadt, in denen akribisch nach Stadtvierteln geordnet, Textilien, Lederwaren, Unterhaltungselektronik oder Autoersatzteile in verschwenderischer Fülle angeboten werden. Die Reklametafeln der meisten Läden sind neben türkischen ebenso mit kyrillischen Schriftzeichen bemalt. Man hat sich, der wirtschaftlichen Bedeutung bewusst, auf die Bedürfnisse dieser ausschließlich „Geschäftsreisenden" eingestellt.

Wir werden unentwegt in russischer Sprache angesprochen, um uns in die Geschäfte zu locken. Durch unsere Sprachausbildung in der DDR können wir das meiste sogar verstehen. Doch wir antworten lieber auf deutsch, um dieses Missverständnis sogleich aufzuklären.

Hier, in Istanbul, beginnen wir, mit unserer professionellen Kameraausrüstung nach ersten Versuchen auf dem Balkan bewusster zu filmen. Schließlich ist das Motto der Expedition „family-orient-tour" und hier fängt er an, der Orient.

Ich setze Sebastian am Fuße der riesigen Hängebrücke ab, die mitten in der Stadt die Überfahrt über den Bosporus von Europa nach Asien ermöglicht. Er soll die Bewegung der Feuerwehr auf diesem eindrucksvollen Bauwerk von einem zum anderen Kontinent festhalten. Anschließend soll er mit einem Taxi nachkommen, um uns auf dem ersten möglichen Parkplatz nach der Brücke wieder einzuholen. Unsere extra angeschafften Sprechfunkgeräte funktionieren einwandfrei. Was wir nicht wissen ist, dass die Überfahrt für LKW verboten ist und dass die Auffahrt zur

Brücke viele Kilometer umfasst. Die Reichweite der Geräte reicht nicht mehr aus.

Istambul. Brücke über den Bosporus

Die weiträumige Auffahrt ist voller entsprechender Verkehrsschilder. Doch ich muss hinüber, wenn wir Sebastian mit seiner Kamera je wiederfinden wollen. Das Hupkonzert der PKW-Fahrer ignorierend, schaffe ich es bis zum Mautpunkt am anderen Ende der Brücke. Die Polizei ist sehr freundlich, besteht aber trotz ordnungsgemäßer Zahlung der Überfahrtsgebühr auf weitere 72 Millionen Türkische Lira Strafe. Endlose Entschuldigungen und Erklärungen mit dem nicht alltäglichen Ziel unserer Reise scheinen nichts zu nutzen. Erst unser farbiges und sehr aufwendig gestaltetes dreifach gefaltetes Werbeprospekt, mit dem wir auf Sponsorensuche gegangen waren, bringt Bewegung in unsere Diskussion. Auch der zweite Beamte bekommt eines und freut sich. Plötzlich geben sie sich mit 23 Millionen Lira zufrieden.

Mein erster orientalischer Handel, ich bin tief befriedigt. Inzwischen kommt Sebastian mit dem Taxi angefahren. Eine herzliche Verabschiedung mit besten Wünschen für die Weiterfahrt folgt und wir können Istanbul auf direktem Wege auf die Autobahn verlassen.

Die Heimat liegt bereits weit hinter uns.

Auf dem weiteren Weg nach Mittelanatolien geben uns die hier gekauften, nagelneuen Reifen ein Gefühl der Sicherheit.

Syrien

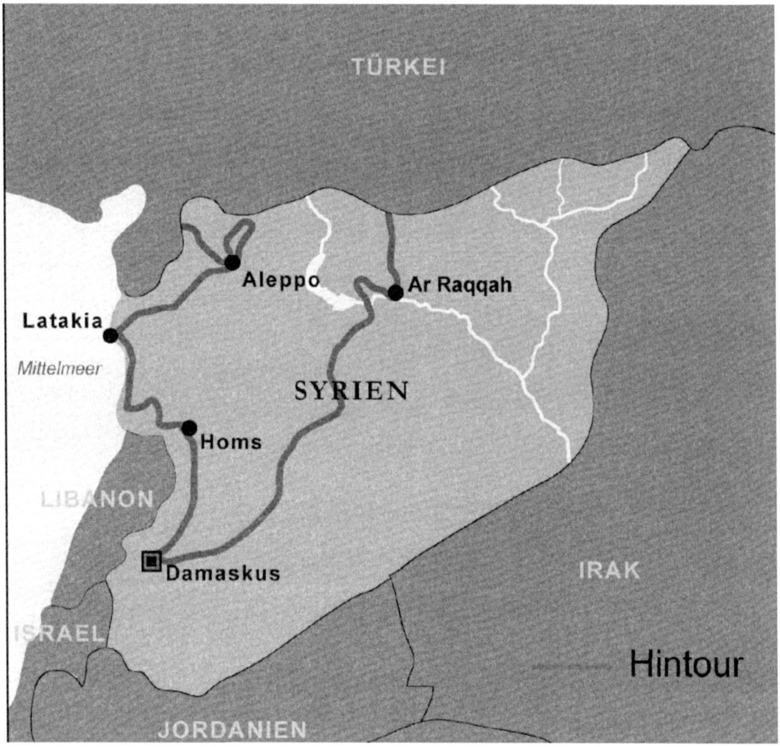
TÜRKEI
Aleppo
Ar Raqqah
Latakia
Mittelmeer
SYRIEN
Homs
LIBANON
Damaskus
IRAK
ISRAEL
Hintour
JORDANIEN

Ein Bad in der Wüste

„Syrien ist das beste der Länder Gottes; für Syrien wählt er die Besten seiner Gläubigen aus."

Yaqut al-Himsi

Der weitere Verlauf der Reise bis nach Syrien war recht unspektakulär und würde sich von den typisch touristischen Urlaubsschilderungen ihrer Nachbarn wenig unterscheiden, was den Leser sicher genau so langweilen würde. Gewiss, die für eine offenbar sehr ferne Zukunft überdimensioniert gebauten türkischen Autobahnen waren gut und wenig befahren, Kappadokien ist ein landschaftlich wirklich traumhaftes Reiseziel, besonders während der Vor- und Nachsaison. Die Hauptstadt Ankara kann man besuchen, muss man dennoch nicht unbedingt gesehen haben. Ebenso wenig wie das stinkende und qualmende Industriegebiet direkt am Golf von Iskenderun. Der Anblick der hier so sehr geschundene Küste des Mittelmeeres tut einem in der Seele weh. Die Türkei insgesamt jedoch ist ein lohnendes Reiseland für jede Art kürzeren oder längeren Urlaub. Eine Unzahl sehenswerter landschaftlich und kultureller Highlights, wirklich freundliche Menschen, eine gute Küche und die moderaten Preise besonders außerhalb der Touristenhochburgen Alanya, Bodrum und Marmaris sind immer eine Reise wert.

Die Grenzstation der Syrischen Arabischen Republik, so der offizielle Sprachgebrauch, offenbart uns mal wieder die Einreise in eine staatliche Diktatur. Ob arabischer, streng islamischer oder kommunistischer Prägung macht hierbei hinsichtlich der Bürokratie wie aber auch in der geschmacklichen Gestaltung keinen großen Unterschied. Sie funktionieren schließlich alle nach den gleichen Gesetzmäßigkeiten.

Alles ist über und über mit Fahnen und Emblemen des Staates

geschmückt. Die Bildnisse des Staatspräsidenten und seiner regierungsbeteiligten Familie hängen in verschwenderischer Fülle an den Wänden und die zur politischen Argumentation so wichtigen Spruchbänder und Wandzeitungen zieren jeden restlichen, dann noch als ungeschmückt empfundenen Platz. Auch Blumen haben ihren Gestaltungsauftrag, erreichen jedoch bei weitem nicht die Pracht personeller und unmittelbar argumentierender Insignien.

So unbekannt kommt uns diese Art nicht vor. Schließlich sind wir gelernte Bürger der ehemaligen DDR. Damit waren wir zu den vielfältigsten politischen Großereignissen wie aber auch im Alltag im Ausschmücken mit derlei Zierrat immer wieder geschult worden. Auch die Ausuferungen im Personenkult eines Leonid Breshnew, besonders aber eines Nicolaie Ceaucescu konnten wir seinerzeit gebührend bewundern, die Unterschiede zum Iran eines Ajatolla Chomeni oder dem heutigen Syrien sind nicht wesentlich.

Die Abfertigung der syrischen Grenzbehörden ist trotz der wenigen Menschen, welche die Grenze passieren, äußerst langwierig. Der Durchlauf durch die vielen verschiedenen Stationen bei der Abkassierung der recht heftigen Gebühren für Zoll, obwohl nichts zu verzollen ist, der obligaten Dieselabgabe, weil unsere Feuerwehr einen Dieselmotor hat, und der Versicherung, alles in US-Dollar und bar zu bezahlen, braucht seine Zeit. Endlose Diskussionen über Probleme dienstlicher, politischer oder privater Natur, leider sprachlich von uns nicht nachzuvollziehen, haben Vorrang vor unserer Abfertigung. Doch irgendwann werden wir beachtet und man wendet sich uns zu. Die Beamten sind freundlich, wir werden immer wieder mit frischem Tee versöhnt.

Schon die ersten Kilometer auf den Straßen Syriens offenbaren das Bild eines arabischen Vielvölkerstaates. Die Kleidung der Menschen ist durchweg traditionell und oft sehr farbig.

Einfache und schlichte Behausungen der Beduinen in den vielen von Wüste geprägten Landesteilen wechseln mit den schmucklosen Quartieren der Bauern und Handwerker. Das Äußere, oft in der Form einfacher Steinquader gebaut, ist zugeschnitten auf das Leben in Großer Hitze.

In den Peripherien der Städte bekommen wir immer wieder große, zum Teil sogar riesige Villen zu Gesicht. Die Vertreter der Staatsmacht leben in diesen verschwenderischen und kitschigen Heimen deutlich über dem Standart des übrigen Volkes.

Wir erreichen die Großstadt Aleppo, eine der ältesten Städte der Welt. Seit alters her wird sie „Ash-Shaba", die „Aschgraue" genannt, weil die Häuser, egal aus welcher Epoche sie stammen, meist aus dem gleichen grauen Baumaterial Naturkalkstein errichtet sind. Der Blick von der hoch oben und inmitten der Altstadt gelegenen Zitadelle bestätigt diese Bezeichnung anschaulich.

Hier befindet sich der mit 12 km Länge größte überdachte Basar der gesamten orientalischen Welt, auf arabisch Souk genannt. Unser Besuch ist ganz praktischer Natur, wenngleich man dieses faszinierende Gewusel in halbdunklen Gassen und Gängen, die Düfte der Gewürze, das Handeln und Feilschen der Händler erlebt haben muss. Dieses scheinbare Chaos und die quirlige Atmosphäre zieht auch uns sofort in ihren Bann. Trotz anfänglich großer Schwierigkeiten bei der Orientierung hilft mit der Zeit die perfekte Ordnung des Souks, die territoriale Teilung in Bereiche für Kleidung, für Töpfe und Hausrat, für Werkzeuge, für Fleisch oder Gewürze.

Wir wollen hier unsere Mädchen (Mama und Tochter) für den Besuch des Iran vorbereiten, bei dem im Gegensatz zu Syrien auch für weibliche Touristen das Tragen islamischer Bekleidung vorgeschrieben ist.

So können sich Jaqueline und Desiree die Stände mit Tschadors und Kopftüchern unter einer schier unübersehbaren Fülle aussuchen. Noch können sie sich überhaupt nicht vorstellen mehrere Wochen lang bei jedem Austritt aus der Feuerwehr sich derart zu „verkleiden“. Dass es recht schnell zur Normalität wurde, weil alle weiblichen Wesen sich strikt an die strengen Vorschriften halten, war hier noch nicht abzusehen. Sebastian und ich können sich bei den Anproben der ungewohnten Kopfbedeckungen und der weiten, mantelartigen Umhänge jedenfalls köstlich amüsieren.

Von Aleppo aus fahren wir in das nördliche Gebiet der 500 „Toten Städte“, allesamt aus der frühchristlich-byzantinischen Epoche Syriens. Das Simeon-Kloster ist unser Ziel, ein Wallfahrtsort des ersten Säulenheiligen der Kirchengeschichte. Für uns ein bisher nie gehörtes Novum in der christlichen Mythologie. Die holprige Fahrt dauert fast eine ganzen Tag, weil wir uns mehrfach verfahren. Eine besondere Ausschilderung gibt es nicht. Die verschnörkelten arabischen Schriftzeichen machen anfangs eine Orientierung unmöglich. Erst nach und nach spezialisiert sich Sebastian auf deren Entzifferung.

Uns amüsiert seine kurios anmutende Aussprache, die Einheimischen verstehen ihn trotz großer Mühe meist überhaupt nicht. So ist es einfacher die Fotos aus den Reiseführern zu zeigen uns sich den Weg mit Unterstützung von Händen und Füßen zeigen zu lassen.

Selbst das ist manchmal nicht so einfach. Vier Männer, die sich mitten auf einer Kreuzung lebhaft unterhalten, zeigen nach meiner Frage alle in eine andere Richtung. Unser Gelächter finden sie nicht so gut, ist sich doch jeder sicher, seine Richtung sei die richtige.

Erst spät abends erreichen wir das wunderschön gelegene und sehr romantische Ruinen-Gelände, gelegen auf einem festungsartigen Berg und mit einem grandiosen Ausblick versehen. Der Sonnenuntergang in dieser Kulisse ist einer der schönsten, den wir bisher erlebt haben.

Der heilige Simeon hatte hier bis zu seinem Tod im Jahre 459 insgesamt 30 Jahre auf einer einzelnen Säule gelebt. 19 m hoch über dem Erdboden, hat er sie niemals verlassen. Deshalb wurde der Asket schon zu Lebzeiten von unzähligen christlichen Pilgern besucht. So baute man nach und nach um die Säule herum eine Basilika, deren gigantischen Ausmaße selbst als Ruine noch beeindrucken. Unsere Vorstellungen von der Logistik eines so viele Jahre umfassenden Unternehmens ruft unter uns eine amüsante Diskussion hervor. Es geht noch, wenn es darum geht, das tägliche Essen dem heiligen Mann die vielen Meter hoch zu reichen. Doch deren verarbeiteten Reste mussten die hohe Säule schließlich wieder verlassen. Sebastians Einfallsreichtum bei der theoretischen Lösung dieses Problems ist immens.

Schon seit mehren Tagen fallen, Gott sei Dank abwechselnd, unsere Kompressorkühlboxen aus. Besonders die mit den zu kühlenden Medikamenten macht uns Sorgen. Über die Fülle an Pillen, Salben und Impfstoffen, die wir an Bord haben, wird Jacqueline in einem eigenen Kapitel fachmännisch qualifiziert berichten. Viele Freunde und Bekannte, die in medizinischen Einrichtungen arbeiten, haben in der Vorbereitung durch ihre „Spenden" unsere Feuerwehr zu einer „fahrenden Apotheke" gemacht.

Bei den wirklich notwendigen und teueren Impfstoffen darf die Kühlkette nicht unterbrochen werden. An eine Reparatur ist bis ins ferne Damaskus nicht zu denken. Jacqueline wird langsam unruhig, als plötzlich beide Kühlboxen gleichzeitig ihren Dienst versagen. Und so zieht sie erst einmal die nächste Tollwutimpfung vor. Als erste sticht sich Jacqueline selbst die Nadel in den Arm. Wir drei warten vor der Feuerwehr wie im Wartezimmer schön nebeneinander sitzend und diszipliniert auf unseren Einstich. Hinter uns die grandiose Kulisse des alten Klosters, auf uns gerichtet die fassungslosen Blicke einiger Einheimischer. Wir lassen uns wortlos die kleinen Piekser gefallen, angesichts der viel größeren Leiden des alten Simeon.

Die ebenfalls etwas ungläubig dreinschauenden Mitarbeiter

des Restaurant nahe der alten Klosteranlage nehmen uns freundlicherweise die wichtigsten Medikamente ab, und lagerten sie zusammen mit allerlei toten Lammteilen schön verpackt in einem riesigem Kühlschrank. In der Nacht wacht Jaqueline als erste auf, weil das bisher hell erleuchtete Gelände des Restaurants plötzlich stockdunkel ist. Stromausfall, der häufiger vorkommt und über den sich hier niemand aufregt. Dass das langsam auftauende Fleisch im Kühlschrank diversen Gästen im günstigsten Fall wieder einmal einen Durchfall beschert, wie mir einen Tag später mit heftigen Krämpfen und sogar Fieber, stört uns bis dahin noch wenig. Aber der Gedanke an unsere wertvollen Impfstoffe für das im Wesentlichen noch vor uns liegende Jahr machen uns doch Sorgen.

Auf dem weiteren Weg heißt es ständig umpacken, je nachdem, welche der Boxen gerade einmal länger läuft und kühlt.

In Damaskus ermöglicht dann die deutsche Botschaft einen Faxverkehr zum Hersteller der Kühlboxen, der uns sofort entsprechende Reparaturhinweise übermittelt. Dankbar über so viel Service eines deutschen(!) Herstellers können wir dieses Problem, Gott sei Dank ohne allzu großen Aufwand, dauerhaft lösen.

Bevor wir die Hauptstadt Damaskus erreichen, wollen wir uns in der immer noch großen Septemberhitze an der syrischen Küste des Mittelmeeres ein wenig abkühlen. Dieses Ansinnen soll jedoch vollständig scheitern. Die nördliche Küste bei Latakya wird von den Einheimischen durchaus als Erholungsgebiet genutzt. Einen Badeurlaub im europäischen Sinne machen Syrer jedoch nicht. Strände dienen eher als Möglichkeit Abfall praktisch zu entsorgen. Im Abstand von oft wenigen Metern leiten Rohre, zum Teil direkt auf dem Sand verlegt, Fäkalien ungeklärt ins Meer. Die bräunliche Färbung des Meeres um die Ableitungen herum und der dazugehörige Geruch stört die flanierenden Familien mit ihren Kindern offenbar wenig. Teilweise sehen wir die Jungen sogar darin baden.

Die übrige Küste wird fast überall für die Ansiedlung von Industrie genutzt. Die wohl überwiegend ohne Filter heftig qualmenden Schlote lassen keinen Gedanken an ein Bad im Meer aufkommen.

Wir sind die gesamte Küste abgefahren und haben keine geeignete Stelle zum Baden gefunden. Erst im Süden, nahe Tartous sind wir hoch erfreut laut großem Werbeschild einen richtigen Campingplatz mit Duschen, Toiletten und einem kleinen Restaurant direkt am Strand zu finden. Doch beim näheren Ansehen suchen wir fluchtartig das Weite. Einzelne Zelte stehen zwischen Müllhaufen, die Heringe stecken bereits mittendrin. Der Strand ist übersät mit Plastiktüten und Essensresten. Die Familien sitzen mit ihren Kindern direkt zwischen den Abfällen und essen. Ein schauriger Anblick. Der Gestank der Toiletten und Duschen ist derart ätzend, dass an eine Benutzung nicht zu denken ist. Der Überlauf der verstopften Behälter bewegt sich in der Sonne in vielen Farben schimmernd und heftig stinkend langsam in Richtung Strand. Jacqueline bekommt die Panik und will nur noch weg.

Für eine Nacht wäre ich geblieben, ein Kiosk am Eingang hatte kühles Bier im Angebot.

Auf einem Parkplatz an der Hafenmole des alten Städtchens Tartous finden wir dennoch einen einigermaßen akzeptablen Schlafplatz. In einem nahen kleinen Restaurant fassen wir dann auch mit einem nicht schlecht schmeckenden syrischen Bier den Entschluss, trotz großer Hitze die Küste am nächsten Morgen zu verlassen.

Die große Auswahl an gut erhaltenen Kreuzritterburgen macht es einem in Syrien nicht leicht, wenigstens eine für einen Besuch auszuwählen. Auf dem weiteren Weg nach Damaskus erscheint der „Krk de Chevalier“ nicht allzu weit abseits des Weges zu liegen. Dass es eine der imposantesten aber auch eine der verstecktesten ist, soll sich bald herausstellen. Die Autokarte gibt die verwirrende Vielfalt der Wege zwischen den vielen Dörfern nicht her. Der Punkt auf der Karte versprach eigentlich nur eine Katzensprung. Das sonst so bewährte Fragen nach dem Weg macht hier alles nur noch schlimmer. Jeder weiß in diesem Bergland Bescheid, nur leider jeder wieder einmal in einer jeweils anderen Richtung. Engste Straßen und ein beachtliches auf und ab bringen nicht nur unsere Feuerwehr ins Schwitzen. Erst spät abends erreichen wir den imposanten Bergkegel mit einem der schönsten Burgruinen des Mittelalters überhaupt. Der hier zum ersten Mal zugeschaltete Allradantrieb der Feuerwehr bewältigt die annähernd 25 % Steigung spielend. Wir sind wieder mal richtig stolz auf unsere Feuerwehr. Doch unsere Regale voller Hausrat sind für diese Schräglagen nicht ausgelegt. Gebrochenes Porzellan ist der dennoch verschmerzbare Preis.

Die Kreuzritterburg Krk de Chevaliers

In dieser grandiosen Festung hat sich die Bautätigkeit von Arabern, Kurden, vorwiegend französischen Kreuzrittern, Johannitern und schließlich den Mamluken eindrucksvoll niedergeschlagen. Wir finden einen zauberhaften Rastplatz direkt an den Umfassungsmauern und bleiben einige Tage. Erst hier gelingt es uns langsam den Stress der Vorbereitungen abzulegen, uns allmählich in die so gerühmte orientalische Gelassenheit einzufinden.

Der kleine Parkplatz neben der Festung hat einen herrlichen Blick auf die Dörfer der Umgebung. Der von vielen Minaretten heraufschallende Ruf des Muezzins erfolgt, wie heute überall im Orient, über mehr oder weniger quakende und kreischende Lautsprecher. Fünf mal am Tag, der erste bereits um fünf Uhr morgens, ruft er die gläubigen Moslems zum Gebet gen Mekka auf. Für uns wird er für viele Monate zum gewohnten Alltag gehören. Nie stört er uns, wir gewöhnen uns richtig daran und vermissen ihn, als wir in die Territorien des Hinduismus einreisen.

Damaskus erreichen wir über eine gut ausgebaute Autobahn. Ein kleiner Campingplatz vor den Toren der Stadt gewährt uns für einige Tage ein gutes Quartier. Allzu lange wollen wir in dieser nervenzehrenden Millionenmetropole nicht bleiben. Doch kaum eine Stadt des Orients ist so geschichtsträchtig wie Damaskus und so steht unweigerlich etwas Bildung an.

Die Omayadenmoschee im Zentrum der quirligen Altstadt manifestiert neben vielen Baustilen und Kunstrichtungen den Übergang Syriens von der Jahrhunderte langen römischen über die christlich-byzantinische Herrschaft und damit zur bis heute reichenden arabisch-islamischen Epoche. Sie ist nicht nur beeindruckendes Bauwerk sondern vielmehr ein symbolischer OrtSie wurde auf den Mauern des Jupiterheiligtums und einer christlichen Kirche erbaut. Noch heute kann man den römischen Grundriss nachempfinden und noch manche Überreste erkennen. Gegen Ende des 4. Jahrhunderts beendete man den heidnischen Jupiter-Kult und errichtete darauf die christliche Johanneskathedrale. Nach der relativ friedlichen Besetzung durch die Muslime gegen Ende des 6. Jahrhunderts wurde diese dann eine Zeit lang gemeinsam genutzt.

Uns fasziniert der Gedanke, dass dieser Gebäudekomplex einst den Christen und den Moslems gleichermaßen als Gotteshaus gedient hatte. Der östliche Teil gehörte den Muslimen, der westliche den Christen. So viel Toleranz scheint heute, anderthalb Jahrtausende später leider völlig undenkbar. Doch schon im 8. Jahrhundert war es auch damit vorbei. Trotzdem durften die verbliebenen Christen ihre Religion weiter frei ausüben, die Anerkennung und Zahlung der neuen Steuern vorausgesetzt.

Letztlich symbolisiert diese Moschee die vierte heilige Stätte des Islam - nach Mekka, Medina und Jerusalem - und die Trennung des sunnitischen vom schiitischen Islam, den wir besonders im Iran noch kennen lernen sollten. Das Verständnis dieser bei uns weitgehend unbekannten Trennung der islamischen Welt, war für uns in vielen Gesprächen und gemeinsamen Erlebnissen mit moslemischen Menschen in allen orientalischen Ländern, die wir bereisten, außerordentlich wichtig. Den Namen bekam die Moschee nach der Dynastie der Omayaden, den Nachfahren einer Kaufmannssippe der Banu Umayya aus Mekka.

Nach dem Tod des Propheten Mohammed im Jahre 632 wurde das Amt des Kalifen, des Nachfolgers geschaffen. Da es dazu im Koran keine direkte Regelung gibt, wurde der würdigste und geeigneteste für dieses Amt gewählt. Schon Othman, der dritte Kalif, war ein Vertreter der Omayaden. Doch diese waren keine Mitglieder der Familie es Propheten, also keine direkten Nachfahren Mohammeds. Ali, der vierte Kalif, war der Cousin und Schwiegersohn des Propheten. Er wurde von seinen Anhängern, den „Schiat Ali“ (Partei des Ali), als wahrer Nachfolger verehrt. Nur er und seine Nachfahren sollten das Amt des Kalifen und damit die Leitung der gesamten muslimischen Gemeinde rechtmäßig ausüben. Als die folgenden Kalifen nahezu ein Jahrhundert lang wieder von den Omayaden gestellt wurden und sich deren Macht immer weiter ausbreitete, trennten sich oft kriegerisch und bis heute die Anhänger Alis, die Schiiten von den Sunniten.

Viele Brände und die Zerstörungen durch die Mongolen haben den immer wieder aufgebauten Komplex ständig verändert. Uns flößt er Respekt ein, angesichts so vieler Geschichte.

Doch ganz ohne Konflikte läuft unsere Besichtigung nicht ab, müssen sich doch Jacqueline und Desiree für den Besuch der Moschee erstmals mit einem schwarzen Tschador vollständig bedecken. Besonders Desiree schimpft wie ein Rohrspatz. Hier haben wir noch Mühe, ihr diese kleine Einschränkung zu erklären. Später im Iran sollte sich das dank gelernter Toleranz langsam ändern. Leider bleiben deshalb meine engagiert vorgetragenen Ausführungen zur Kunst-, Bau- und Religionsgeschichte dieses würdigen Bauwerkes von meiner Familie weitgehend unbeachtet.

Ein weiteres Erlebnis in Damaskus halte ich für berichtenswert: Jedes Dieselfahrzeug darf ohne zusätzliche Genehmigung nur maximal eine Woche auf syrischen Straßen fahren. Nur das Innenministerium ist berechtigt eine derartige Verlängerung vorzunehmen und zu bescheinigen. Der schlichte Neubaublock im Stile einer NVA-Kaserne lässt von außen an nichts Schlechtes denken. Das Innere des großen Gebäudekomplexes ist voller Menschen, die sich, wie ich, schwitzend von Etage zu Etage, von Büro zu Büro bewegen, mit Bergen von Zetteln und Akten in den Händen. Mit dem Unterschied, dass ich als Ausländer diese Strecken nur in Begleitung zurücklegen darf. Es stellt sich als normal heraus, dass nach dem Besuch eines wichtigen Beamten im 5. Stock das Erdgeschoss zur Abzeichnung aufgesucht werden muss, um dann im Anschluss im 5. Stock weiter bearbeitet zu werden. Das im Nebengebäude untergebrachte Zollministerium wird zwei Mal in gleicher Weise einbezogen. Die abgezeichneten Zettel mit zum Teil riesigen Stempeln werden mehr und mehr. Man sieht mir meine Erschöpfung und mein Unbehagen an und versucht mich immer freundlich mit Tee und Gebäck zu beruhigen. Diese nervende Odyssee abzukürzen ist unmöglich. Jedes Bakschisch hätte ich bezahlt.

Inzwischen denkt meine Familie in der an einer abgasgeschwängerten Hauptstraße parkenden Feuerwehr in der glühenden Hitze an Verhaftung. Nach 2 ½ Stunden komme ich mit nur einem Zettel in der Hand wieder, erschöpft und entnervt. Darauf der wichtigste Stempel und die wichtigste Unterschrift.

Wir verlassen Damaskus und fahren zum ersten Mal mitten durch die große Syrische Wüste in Richtung der berühmten Ruinenstadt Palmyra. Eine derartige Abwechslung von Farben und Formen, von Sand, Kies und Felsen, von Bergen und weiten Tälern haben wir nicht erwartet. Noch auf gutem Asphalt, jauchze ich vor Freude endlich eine richtige Wüste zu erblicken.

Nach einem Tag Fahrt erblicken wir fasziniert bereits von Weitem die Residenz der legendären Königin Zenobia, die dem Römischen Reich durch geschickte Diplomatie, manchmal auch durch militärische Schachzüge so lange die Stirn bot. Diese von „Dämonen für König Salomo" errichteten Stadt stand der Pracht des alten Roms seinerzeit kaum nach, bevor sie den Legionen Roms im Jahre 272 letztlich doch unterlag.

Die noch heute imposanten Überreste der weiten Anlagen zeugen von Größe und Luxus. Dass sie inmitten von kargen Wüstenbergen liegen, beeindruckt uns außerordentlich. Durch ihre abgelegene Lage wurde sie nicht wie viele andere antike Stätten als Steinbruch missbraucht, weshalb der Erhaltungsgrad der Ruinen beachtlich ist. Keine Zäune schützen die weit verstreuten Ruinen, kein unfreundlicher Eintreiber von horrendem Eintrittsgeld nervt die wenigen Reisenden. Der Parkplatz eines kleinen Hotels im Kolonialstil, direkt vor den teilweise angestrahlten Ruinen gelegen, gewährt uns einen romantischen Schlafplatz. Ohne unsere Kinder unternehme ich mit Jacqueline einen nächtlichen Spaziergang durch die einsamen Straßen der antiken Stadt.

Das Licht des Vollmondes spielt geradezu mit den gewaltigen Säulen, den Kapitellen und den Rundbögen der Stadttore. Die Treppenstufen des weiten Halbrundes des Amphitheaters sehen bei dieser Beleuchtung aus, als hätten die Zuschauer die Ränge eben erst verlassen. Die Vorstellung vom Leben in einer solch prachtvollen Stadt vor 2000 Jahren wird plötzlich lebendig. Wir sind erst erschreckt, dann begeistert und wieder einmal richtig verliebt.

Diese Stunden gehören zu den romantischsten, die Jacqueline und ich je erlebt haben.

Früh am Morgen machen wir unsere Feuerwehr für eine richtige Wüstendurchquerung fit – off road! Der Wassertank (400 Liter) und der Kraftstofftank (530 Liter Diesel) werden randvoll gefüllt. Brot und Gemüse wird reichlich eingekauft und reicht für mehrere Tage. Konserven sind noch von Zuhause ausreichend vorhanden. Die amerikanischen Generalstabskarten werden herausgekramt, falls das GPS zum Einsatz kommen sollte.

Unser erstes Wüstenziel ist das abgelegene Kasr al-Hair ash-Sharki, das „Östliche Wildgehegeschloss“, umgeben mit einer 17 km langen Umfassungsmauer. Es wurde von den Omayadenherrschern im 8. Jahrhundert errichtet, um der Pest in den Städten zu entfliehen.

Aus Angst vor der verheerendsten Krankheit der damaligen Zeit ließ man die Palastmauer 14 m(!) hoch aufrichten. Also sollte man das Schloss in der Wüste schon von weitem sehen.

Wir verlassen den Asphalt und folgen mal der einen mal der anderen der vielen Pisten, die kreuz und quer durch die Wüste führen, manchmal auch plötzlich umdrehen und zurück führen. Stunde um Stunde fahre ich durch lange Täler und über Berge die den Blick in immer neue Weiten freigibt. Doch von einem Wüstenschloss ist nichts zu sehen. Die hoch aufstiebenden Staubwolken verwandeln unsere Feuerwehr in einen fahrenden Sandhaufen. Der Sand ist so fein, dass er in alle Ritzen kriecht. Mir steht der Angstschweiß im ganzen Gesicht, ja auf dem ganzen Körper. Mein Hemd ist schon seit Stunden klitschnass. Ein plötzlich auftauchender Graben lässt mit einem mörderischen Krach den hinteren Unterfahrschutz aufliegen und brechen.

Trotzdem ist meine Familie bester Laune. Sie hat volles Vertrauen zu Ihrem Papa. Schließlich hat der sich seit Jahren vorbildlich vorbereitet. Er wird schon wieder herausfinden. Nur war der noch nie in einer Wüste.

Spätestens jetzt muss das GPS-Satelliten-Navigationsgerät her. Doch leider hatten wir zu Hause keine Zeit mehr zum Üben. Anhalten, den Tisch aufbauen, die riesige Generalstabskarte so falten, dass sie auf den Tisch passt und mindestens drei Satelliten anpeilen. Nach nur fünf Minuten ist das Ergebnis da. Bloß wie die Koordinaten auf die Karte übertragen, die einen völlig anderen Maßstab hat? Beschreibung raus, durchlesen und mit dem Taschenrechner agieren. Der Schweiß rinnt mir weniger wegen der 40 Grad im Schatten herunter, als wegen der Angst, nichts praktisch Nutzbares heraus zu bekommen. Schließlich ergeben unsere in die Karte eingezeichneten Bleistift-Linien, dass wir ungefähr 80 km vom Wege abgekommen sind.

Nun ist lediglich die neue Himmelsrichtung klar, in der wir irgendwann einmal wieder auf Asphalt treffen sollen. Doch die vielen Pisten richten sich danach überhaupt nicht. Nach einer Stunde die vorige Prozedur noch einmal. Diesmal müssten wir unser Wüstenschloss schon erreicht haben, aber nichts ist zu sehen.

Plötzlich stehen zwei seltsam stumm anmutende junge Beduinen wie vom Himmel gebeamt auf einer der vielen Pisten. Wir zeigen ihnen ein Bild des ersehnten Wüstenschlosses. Sofort steigen sie, wiederum wortlos, ein und zeigen uns den Weg. Nach einer halben Stunde sehen wir endlich die stark verfallenen Mauern des Geheges und bald darauf auch die fast intakten 1200 Jahre alten Umfassungsmauern des Schlosses. Die Beduinen steigen wortlos aus und geben uns mit Gesten ihren Wunsch nach Bakschisch zu verstehen. Als sie etwas Geld erhalten haben, sind sie wie vom Erdboden verschluckt. Nichts von ihnen ist weit und breit zu sehen.

Geheimnisvolle Wüste!

An diesem Platz haben offenbar Archäologen angefangen zu graben und den Ort wieder verlassen. Der teils aufgewühlte Boden ist übersät mit uralten Scherben. Das Herumklettern durch die alten Anlagen macht Spaß, doch die Sonne brennt zu erbarmungslos. In der Hitze suchen wir hinter Mauern ein wenig Schatten und wollen doch lieber weiter.

Wir sind froh unser erstes Ziel endlich erreicht zu haben, wenn auch nicht ganz ohne die Hilfe von Menschen. Die nächste, nur etwas jüngere und ebenso verlassene Wüstenstadt Ar-Rusafa finden wird weniger mühevoll, sind wir doch langsam mit unserem GPS-Gerät etwas vertrauter.

Der Teil der Wüste, in dem wir unsere erste Nacht verbringen ist flach und platt wie ein riesiges Brett. Von bestimmt 50-80 Kilometern Entfernung aus sind wir direkt einsehbar. Wir hatten uns vorgenommen, unser Colani-Trockenklo immer dann zu schonen, wenn wir andere günstige Gelegenheiten fänden. So auch hier. Ich stiefele mit unserem Spaten viel zu weit von der Feuerwehr weg, um mich hinzuhocken. Zwar bin ich mir sicher hier allein zu sein, doch unwillkürlich muss ich mich ständig umdrehen. Vielleicht werde ich doch beobachtet - in der menschenleeren Wüste völliger Unsinn. Sebastian filmt mich und Desiree fotografiert - alle haben auf meine Kosten ihren Spaß.

Nach drei Tagen hat unsere Feuerwehr dank der sandigen Strapazen den wiedergefundenen Asphalt wirklich verdient.

Es ist nicht mehr sehr weit bis zum riesigen Stausee des Euphrat. Wunderschön und mitten in der vegetationslosen Wüste gelegen, trägt er, wie so vieles in Syrien, den Namen des Staatspräsidenten Assad. Nach Tagen von Hitze und Staub ist ein Bad in den türkisblauen Wassern des Sees geradezu erlösend. Das Gefühl in den Fluten eines der beiden Ströme zu baden, welche die Wiege der Menschheit begrenzen -Mesepotamien- ist überwältigend.

Weiter geht es nordwärts an die Grenze nach Ostanatolien. Um den Iran zu erreichen, müssen wir zurück in die Türkei. Der Weg über den Irak ist unmöglich, weil nach dem 8-jährigen Krieg alle Übergänge zwischen dem Iran und dem Irak immer noch geschlossen sind. Unerwartet ist unser Grenzübergang ebenfalls geschlossen. Man bedeutet uns bis zum nächsten Tag zu warten.

Wir sind doch etwas ungehalten und rollen etwas provozierend unser Sonnensegel aus und postieren uns mit Campingtisch und Stühlen direkt neben die Grenzstation, die gleichzeitig Polizeistation des nahen Örtchens Tell Abyad ist. Die uniformierten Polizeibeamten stören sich an unserem Camp nicht. Nur die zivilen Kämpfer der Sicherheitstruppe auf einem amerikanischen Pickup, bewaffnet mit einem riesigen Maschinengewehr auf der Ladefläche, beäugen uns misstrauisch.

Es dauert nicht lange und ein Bediensteter der Grenzstation lädt uns zu seinem Chef zum Tee. Noch immer etwas ungehalten über die unfreiwillige Wartezeit in dieser Hitze bummeln wir etwas. Plötzlich kommt der Chef höchstpersönlich, duldet keine Ausflüchte und nimmt uns mit. Die Station erinnert irgendwie an das Office eines Sheriffs im wilden Westen. Gleich neben dem Eingang die Gitter des Gefängnisses. Die etwa zehn inhaftierten Gestalten drängen sich an den Stahlstangen und beäugen uns grinsend. Der nächste ebenfalls massiv vergitterte Raum ist voller Munition und jeder Menge Waffen, vorwiegend Kalaschnikows. Auf dem Tisch gleich neben dem Funkgerät, das aussieht, als stamme es aus dem ersten Weltkrieg, stehen bereits die Teegläser. So sitzen wir zwischen sieben Grenzpolizisten, welche die äußerst spärliche Konversation mit ihrem Chef in englischer Sprache nicht verstehen, aber interessiert, freundlich und gespannt dreinblicken. Lacht Ihr Chef lachen auch sie, obgleich sie gar nicht wissen warum. Gern würden wir zur Feuerwehr zurück gehen, um uns um unsere Tagebücher zu kümmern. Doch schon wird der kleine Polizeistationsdiener Achmed geschickt und kommt mit Fleisch, das in dünne Brotfladen gewickelt ist und Cola wieder.

Wir wollen uns mit Polaroidfotos bedanken, was sich als langwierige Prozedur herausstellen soll. Besonders der Chef benötigt derart viel Zeit, um Frisur, Uniform und Rangabzeichen zurecht zu rücken. Selbst das richtige Posieren hinter dem Schreibtisch nimmt viele Minuten in Anspruch, ehe ich endlich auf den Auslöser drücken darf. Wie lange man die wenigen anschließend von Hand zu Hand gehenden Bilder zum Teil wild gestikulierend kommentieren kann, war uns bislang ebenfalls fremd. Wir sind froh, trotz umfangreicher Spiegelreflexausrüstung auch noch diese Sofortbildkamera mitgenommen zu haben. Sie sollte uns noch in so mancher Situation sehr helfen.

Nun dachten wir wenigstens den frühen Abend für uns nutzen zu können. Weit gefehlt!

Der Schlagbaum der Grenze wird kurzerhand zum Netz erkoren. Zwei Mannschaften werden aufgestellt, Sebastian und ich der einen zugeteilt und das Volleyballspiel Alemania-Syria angepfiffen. Nun kommen aus dem nahen Ort auch noch die letzten Uniformierten, um dieses seltene internationale Spektakel mitzuerleben. Der Endstand war 12:9 für Alemania. Man hatte uns vor lauter Gastfreundschaft eh die stärksten Spieler in die Mannschaft gegeben.

Die zivile Geheimpolizei mit ihrem riesigen MG, nach wie vor alles argwöhnisch beäugend, hätte es sicher lieber gehabt, hätte Syria haushoch gewonnen. Die hereinbrechende Dunkelheit verhindert ein weiteres Spiel.

Nun werden wir zum gemeinsamen Spaziergang eingeladen und Jacquelines Beruf kommt zufällig zur Sprache. Der Chef der Grenzpolizei bricht den Spaziergang sofort ab und zeigt meiner

Frau seine Leiden. Zwar nicht so schlimm, befördert doch die kostenlose Behandlung durch eine deutsche Ärztin seine Eitelkeit enorm.

Somit wird es an diesem Tage nichts mehr mit Tagebuch, Filmtagebuch und allem sonst, was man in der Feuerwehr mal wieder erledigen oder sortieren sollte.

Obwohl uns nun alle kennen, dauert die Abfertigung am nächsten Morgen an insgesamt drei Kontrollpunkten mit insgesamt 29 Mann Grenzpolizei und mit immer wieder denselben Prozeduren nicht mehr als drei(!) Stunden.

Die letzten beiden Schlagbäume, den syrischen und den türkischen umschreite ich gemeinsam mit dem Chef. Die türkischen Kollegen werden begrüßt, wir werden wie VIP's angekündigt.

Ausgiebiges Händeschütteln, eine herzliche Verabschiedung von allen, mit Ausnahme der schon erwähnten zivilen Aufpasser. Zum Dank zerreißt unsere hohe Feuerwehr die letzte syrischen Telefonleitung. „No problem" –Rufe lassen uns trotzdem passieren.

Nun denken wir auf türkischer Seite an eine etwas zügigere Abfertigung. Weit gefehlt! Zehn syrische setzen sich mit ihren türkischen Kollegen erst einmal unter ein schattiges Vordach und schwatzen - 1,5 Stunden lang. Nur mühsam versuche ich ruhig zu bleiben, zumal weit und breit kein weiterer Grenzgänger auszumachen ist.

Gegen Mittag ist dann endlich alles erledigt. Wir fahren auf türkischem Boden in Richtung Iran und werden diesen Grenzübertritt so schnell nicht vergessen

Unsere Feuerwehr bewegt sich auf ausgezeichneten Straßen in Richtung Diyarbakir, der größten Stadt der überwiegend von Kurden bewohnten Osttürkei.

Die Osttürkei

Durch das wilde Kurdistan

Der Weg durch die Osttürkei sollte sich als belastender als erwartet herausstellen.

Nachdem wir die Hauptstadt der Provinz Diyarbakir passiert und das Bergland des „wilden Kurdistan" erreicht haben, merken wir sehr schnell, dass wir ein Kriegsgebiet durchfahren. Fast jeder Berg, ja jeder Hügel, jede Höhere Ebene ist von Militär besetzt. Kriegsgerät in verschwenderischer Fülle: Panzer, Kanonen, Spähwagen. Auch jede Menge solcher, die uns noch sehr bekannt sind und aus den Beständen der NVA stammen. Trotzdem sie mit der Auflage verkauft wurden, nicht in Krisengebieten eingesetzt zu werden. Alle 3 bis 6 Kilometer eine Straßensperre der Armee, der Polizei oder der zivilen Geheimpolizei.

Bei der Überfahrung von Pässen und bei sehr unwirtlichen Gebirgsregionen erfolgt eine Registrierung bei der Einfahrt, wieder eine Registrierung bei Ausfahrt aus diesen Gegenden. Allenthalben, besonders aber des Nachts können wir Schüsse hören.

Jede Ortschaft, egal ob Dorf oder Stadt, hat jeweils vor und hinter der Durchfahrtsstraße einen Schlagbaum. Oft versucht man unsere Feuerwehr auch im Inneren zu kontrollieren. Wir lehnen mit dem Hinweis auf unseren touristischen Transit jedes Mal strikt ab. Das bringt uns viele Diskussionen, zum Teil endlose Telefonate der Posten und damit Wartezeit ein. Die türkischen Wehrpflichtigen der Armee sind fast immer freundlich, oft neugierig auf unser für diese Gegend ungewöhnliches Fahrzeug und unser Reiseziel. Höhere Offiziere, besonders aber die vielen zivilen Kontrollstellen kommen auch ohne Freundlichkeit aus. Von den fast 1000 km durch die Osttürkei werden etwa die Hälfte durch die Bergregionen zur nervenden Tortour.

Wir versuchen immer wieder mit unserer kleinen digitalen

Handy-Kamera einige „Eindrücke“ dieser Gegend einzufangen. Beim Passieren eines seitlich am Straßenrand stehenden Panzers löst sich genau im Moment des Filmens ein irrsinnig laut krachender Schuss. Mit einem riesigen Schreck in den Gliedern denken wir, dass er uns gegolten hat. Doch im Rückspiegel sehen wir, dass er direkt über unsere Feuerwehr in die Berge feuerte.

Einziger Lichtblick dieser landschaftlich so schönen aber bedrückenden Strecke ist etwa in der Mitte der Distanz bis zur iranischen Grenze der Van-See, der größte See der Türkei überhaupt. Ein kleines vergammeltes Restaurant mit einem verwilderten Garten an dem die Bezeichnung Camping angebracht ist, gewährt uns für einige Tage einen landschaftlich reizvollen Standplatz. Leicht erhöht, haben wir von unserer Feuerwehr aus einen phantastischen Blick über den riesigen See, der von hohen Bergen reizvoll eingerahmt wird. In Sichtweite ist die kleine Insel Akdamar. Auf ihr steht eine uralte armenische Kirche, die der Zerstörung bei der Vertreibung der Armenier am Anfang des 20. Jahrhunderts entgangen ist.

Wir werden hier, wie fast überall in der Türkei, vorzüglich bedient. In der nahen Kleinstadt bringt man die Feuerwehr nach der staubigen Wüstendurchfahrt Syriens auf Vordermann. Die auch hier obligaten Kontrollen sind wegen der häufiger anzutreffenden türkischen Touristen weniger streng. Fast können wir den Kriegszustand dieser Landschaft vergessen. Doch immer wieder erreicht uns das Bedürfnis der Menschen nach Schilderung ihres Loses, nach der Mitteilung der Empfindungen bei der so offensichtlichen Unterdrückung jeglicher ethnischer Eigenheiten und Traditionen. Wir können verstehen, dass die Beziehungen zwischen den dominierenden Türken und den Kurden angesichts so vieler Kanonen nicht besser ist, ein trotziges Selbstbewusstsein geradezu herausfordert.

Hier treffen wir Kalle, einen jungen Deutschen, der zusammen mit seiner italienischen Freundin Clara gerade aus dem Iran gekommen ist. Ihre durchweg positiven Schilderungen nehmen uns die verbliebene Angst und machen uns noch neugieriger auf dieses streng islamische Land.

Eines Abends kommt der Österreicher Hans an unserem Schlafplatz an. Er sieht eigenartig zerschunden aus. Seine Hände zittern heftig. Das Gesicht ist von üppigem Bartwuchs fast zugewachsen. Was man an Stirn und um die Augen an Haut noch sehen kann, ist von der Sonne verbrannt. Sein Rucksack und seine Kleidung teilen sein heruntergekommenes Aussehen. Ich versuche herauszubekommen woher er kommt und was sein Ziel ist. Doch mit seinem urigen Tiroler Dialekt schimpft er ständig vor sich hin, hat mit der Welt abgeschlossen und will nur noch nach Hause. Nur langsam wird er zutraulicher, erst am nächsten Tag erzählt er uns seine Geschichte.

Jahrelang zur See gefahren wollte er nun die Welt mit Rucksack und Fotokamera auf eigenen Faust entdecken. Jetzt auf dem Rückweg, lässt er nach zweieinhalb Jahren an Thailändern, Indern, Pakistani, Afghanen und Iranern kein gutes Haar. Angesichts der geliebten Zwei- und Dreitausender will er in der heimatlichen Dorfkneipe nur noch sein Bier trinken, nur noch seine Ruhe haben, die Welt vergessen.

Er wagte es über den Cyber-Pass von Pakistan aus illegal nach Afghanistan einzureisen. Quer durch dieses vom Bürgerkrieg gebeutelte Land wollte er den Iran erreichen. Beinahe alle 50 km haben ihn die herumziehenden Taliban verhaftet, eingesperrt, seine Fotoausrüstung beschlagnahmt. Wie zum Spaß haben sie ihn als Spion immer wieder zum Tode verurteilt, an die Wand gestellt und dann lachend doch nur in die Luft geschossen. Als er wie ein Wunder doch noch die iranische Grenze erreicht, sperren ihn die Iraner als vermeintlichen Spion ebenfalls fast vier Wochen lang ein. Normalerweise kommt kein einziger Europäer aus dem Westen Afghanistans in den Iran eingereist. Hier verliert er den bescheidenen Rest seiner Ausrüstung, der buchstäblich letzte

Film wird aus der Kamera gezogen und belichtet.

Als er schließlich freikommt, ist er am Ende. Wir sind von seinen Schilderungen, die immer wieder von brabbelndem Schimpfen unterbrochen werden schockiert und können seinen Zustand nachvollziehen.

Als wir uns verabschieden, gibt er uns dennoch ein paar gute Tipps für den Iran und Pakistan mit auf den Weg. Es sind nur noch 430 km bis zur iranischen Grenze. Unsere Spannung wächst.

Schon in Sichtweite des majestätischen Ararat nehmen wir einen alten Mann und seinen kleinen Enkel mit in die nächste Stadt. Der Kleine muss zum Zahnarzt. Seine traurigen Augen schauen uns aus seinem kleinen dunkelhäutigen schmerzverzerrtem Gesichtchen herzzerreißend an. Das Fahren mit einer so großen Feuerwehr und unserem geschenkten Plüschtier lenkt ihn ein wenig ab. Die nächste Straßenkontrolle fährt den Alten forsch an, was er in einem Fahrzeug von Ausländern zu suchen hat. Wir sind empört angesichts dieser Behandlung. Ich ziehe dem Offizier unsere Pässe ruppig aus der Hand, sage nur „Doctor“ und gebe Gas. Im Rückspiegel sehe ich die Soldaten aufgeregt umherlaufen. Es ist mir egal. Gefolgt sind sie uns nicht.

Kurz vor der iranischen Grenze campieren wir für mehrere Tage bei einem kurdischen Clan.

Gastfreundschaft pur erreicht uns. Die Reise als Familie mit Kindern imponiert ihnen.

Hier können wir uns bestens auf den Iran vorbereiten. Wir bekommen Informationen en masse und aus erster Hand. Wir haben keine baren US-Dollar mehr, was für die Fahrt im Iran aber unabdingbar ist. Für unsere Gastgeber mit ihren weitreichenden Beziehungen kein Problem. Ich werde zu einem Mann gefahren, dessen uralter stählender Geldschrank von vielen Währungen dieser Welt fast überquillt. Als Gast des Clans bekomme ich einen wirklich fairen Umtauschkurs. Man lädt uns zum Essen ein.

Sebastian darf mit einer doppelläufigen Flinte großen Kalibers auf leere Schnapsflaschen schießen. Eine Woche lang schmerzt seine rechte Schulter. Die Nähe von türkischem Militär, die Schüsse könnten gehört werden, wird als bedeutungslos abgetan.

Man vertraut uns und so wird Jacqueline nach der Übersetzung eines Faxes aus einem afrikanischem Land gefragt. Trotz offensichtlich verschlüsseltem Text ist es ersichtlich worum es geht: Waffen.

An einem Morgen steht plötzlich ein weißer Mercedes mit russischem Kennzeichen vor der Tür. Nach dem Grund des Besuches haben wir lieber nicht gefragt. Wie Touristen sahen die Insassen jedenfalls nicht aus. Die Osttürkei ist eine komplizierte Region.

Nach kurzer Fahrt erreichen wir die iranische Grenze. Der alles überragende Ararat, mit 5256 m der größte Berg der Türkei, zieht mit seiner schneebedeckten Kappe direkt an uns vorbei. Die Einheimischen erzählen uns, dass bis etwa 3000 m Höhe die türkische Armee herrscht. Von dort an bis zur Spitze liegt im wegelosen Gelände das Gebiet der PKK.

Es ist der 1. Oktober. Zwei Monate liegen bereits hinter uns. Jacqueline und Desiree ziehen sich um. Kopftuch und Mantel sollen von nun an zur normalen Bekleidung gehören. Sie waren beide bislang von einem Bekleidungszwang verschont geblieben.

Ein leichtes grummeln im Bauch können wir alle nicht verhehlen. Doch viele konkrete Schilderungen über den Iran haben unsere Bedenken zum Bereisen dieses großen Landes bereits zerstreut. Dennoch bleiben Zweifel und Spannung.

Der Iran

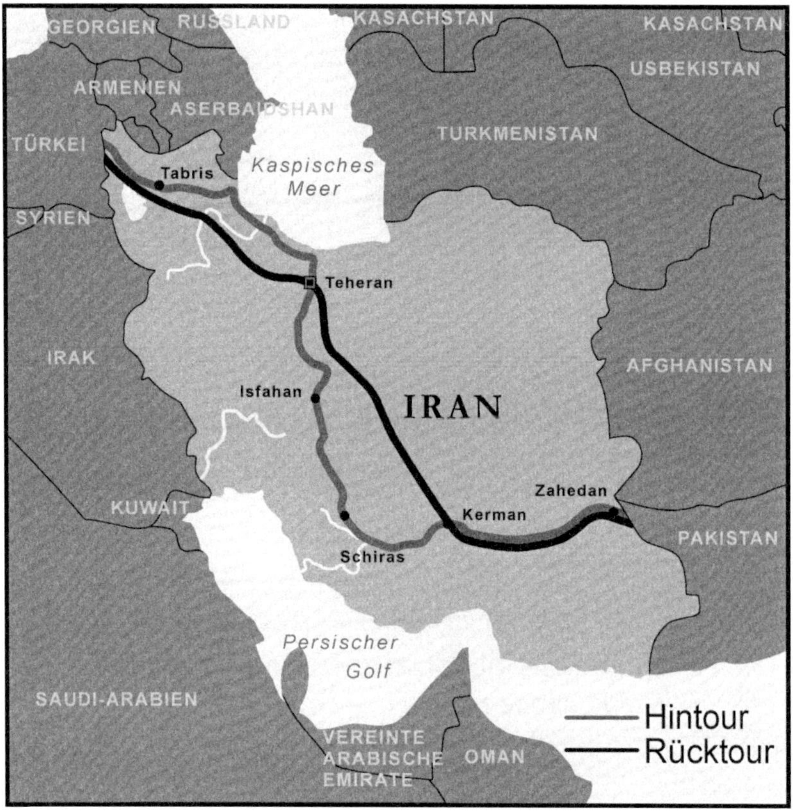
GEORGIEN
RUSSLAND
KASACHSTAN
KASACHSTAN
USBEKISTAN
ARMENIEN
ASERBAIDSHAN
TÜRKEI
TURKMENISTAN
Tabris
Kaspisches Meer
SYRIEN
Teheran
IRAK
AFGHANISTAN
Isfahan
IRAN
Zahedan
KUWAIT
Kerman
PAKISTAN
Schiras
Persischer Golf
SAUDI-ARABIEN
VEREINTE ARABISCHE EMIRATE
OMAN
Hintour
Rücktour

Kopftücher können auch kleiden

"Wundert ihr euch nicht darüber, wo ich dem Gott begegne? Dort, wo keine islamischen Gesetze herrschen und Wein getrunken wird, gesungen, musiziert und getanzt wird? Dort ausgerechnet, dort sehe ich den Gott.

Mohammed Schemsed - Din Hafis

Die Grenzformalitäten der Islamischen Republik Iran dauern insgesamt nur eine gute halbe Stunde. Die Beamten blicken etwas gestreng, sind aber freundlich. Ich passiere mit der Feuerwehr allein die Sperranlagen. Der Rest der Familie geht zu Fuß durch die Kontrollen.

Der Anblick unserer verschleierten Mädchen amüsiert Sebastian und mich herzlich, obwohl wir sie beim Kauf der Sachen in Syrien bereits bewundern durften. Sie schimpfen wie die Rohrspatzen, finden sich unberechtigterweise nicht sehr schön.

Doch die ersten Kilometer in dem noch so fremden Land erfordern auch ihre ganze Aufmerksamkeit, lenken von der ungewohnten Bekleidung ab.

Die ersten Moscheen, die wir sehen, haben viel größere Kuppeln als in der Türkei und sind mit kunterbunten Kacheln und herrlichen Ornamenten geschmückt. Die Häuser der kleinen Orte sehen sauberer aus. Die Anlagen mit Bäumen und Beeten sind gepflegter und die Auslagen der Geschäfte sind geordneter als bisher. Erst jetzt sehen wir uns das iranische Geld mit dem Antlitz des Ajatollah Khomeni an. Die Millionen Türkischer Lira verwandeln sich in Tausende Rial.

Der Zustand der Straßen ist ausgezeichnet. Der Belag, die Leitplanken und die Sicherheitsbemalung sowie die Ausschilderung entsprechen überwiegend europäischem Niveau. Die Landschaft wirkt noch trockener. Berge und Felsen sind in surrealistisch anmutende Farben getaucht. Die Distanzen zwischen den menschlichen Ansiedlungen werden größer. Der durch seine Größe alles beherrschende Ararat verschwindet nur langsam aus unserem Blickfeld. Immer kleiner werdend taucht er hinter immer neuen Bergen wieder und wieder auf.

In den Ortschaften ist es wie auch schon in Syrien nicht zu verkennen, dass wir uns in einer islamischen Diktatur befinden. Lange Spruchbänder und an Häusergiebeln immer wieder das oft riesige Antlitz des Ajatolla Khomeni und der anderen führenden religiösen Würdenträger. Die Bilder zeigen fast immer den zwar im Hintergrund regierenden, doch bis heute mächtigsten Mann im Iran, Ajatollah Khamenei. Und schließlich die Frauen, überwiegend in den schwarzen Tschador gehüllt, die Mädchen in den grauen Schulmänteln mit weißen Kopftüchern.

Die erste Großstadt, die wir noch am gleichen Tage erreichen, ist Tabriz, die Hauptstadt der Provinz Aserbaidschan. Ohne ein eigentliches Zentrum zu finden, sind wir von den in der aufkommenden Dunkelheit so hell erleuchteten Geschäftsstraßen richtig beeindruckt. Das hatten wir bei aller Vorbereitung nicht erwartet. Niveauvoll eingerichtete Geschäfte, hell erleuchtet und oft mit bunter Leuchtreklame versehen. Vollgestopft mit vorwiegend asiatischer TV-, Hi-Fi- und Computer-Technik, hochwertigen Textilien, Jeans aller bekannten Marken und natürlich mit Teppichen und typisch orientalischem Kunsthandwerk. Restaurants, die hier Tschelo Kebabi heißen und Imbissläden mit Cola- und Limonadeflaschen, die ohne die bekannte amerikanische Aufschrift den echten in Form und Farbe zum Verwechseln ähneln. Selbst ein Fast-Food-Restaurant mit Hamburgern ist vertreten. In der Gestaltung stets bemüht, dem amerikanischen Original erstaunlich nahe zu kommen, ohne die konkreten Namen und Zeichen direkt zu benutzen. Wir kehren ein und stellen fest, dass diese Hamburger besser schmecken als das Original. Wir kreieren den Namen „Mac Mullah".

Nur eines suche ich leider vergeblich – ein gutes Bier. Alkohol ist im ganzen Iran wirklich streng verboten. Dass die Not erfinderisch macht, soll ich später noch des Öfteren erfahren.

Auf den ersten Blick ist die tiefe Wirtschaftskrise des Iran für uns nicht zu spüren. Doch relativ viele bettelnde Menschen machen deutlich, dass sich kaum jemand die glitzernden Auslagen leisten kann.

Wir übernachten auf dem bewachten Parkplatz eines nahen Vergnügungsparks, der mit seinen Fahrgeschäften, Imbissläden und Eisständen bis spätabends geöffnet ist. Wir fühlen uns sicher, sind überrascht und begeistert. Die erste Nacht im Iran schlafen wir wirklich gut.

Am nächsten Morgen müssen wir zum ersten Mal tanken. Wir haben bereits gesehen, dass das gesamte Preisniveau erstaunlich niedrig ist. Doch was wir nun erleben spottet jeder Beschreibung: Unsere Feuerwehr benötigt auf 100 km annähernd 22 Liter Diesel. Das belastet unsere für ein ganzes Jahr ausgelegte Reisekasse nicht wenig. Die Ausgaben für Kraftstoff stellen einen erheblichen Teil der geplanten Kosten dar. Wir tanken 250 Liter und man verlangt 10.000 Rial. Kein Irrtum? Das entspricht nicht mal

3 US-Dollar. Zum damaligen Zeitpunkt sind das ganze 1,6(!) Pfennig pro Liter(!) Diesel. Es war richtig. Im ganzen Land der gleiche phantastische Preis.

Sofort wird die geplante Route geändert, sozusagen verlängert. Wir machen uns auf den Weg in Richtung Küste des Kaspischen Meeres. Ein ziemlicher Umweg, doch unsere Neugier auf dieses Land, dass sechs Mal so groß ist wie Deutschland, wächst mit jedem Tag. Die Kosten für den zusätzlichen Kraftstoff sind schließlich zu vernachlässigen.

Auf dem Weg besuchen wir den Kurort Sarein, der durch seine heißen Quellen im ganzen Land bekannt ist. Wir gönnen uns diese Entspannung und erleben die Geschlechtertrennung hautnah. Der Eingang des größten, relativ neu erbauten Badekomplexes ist geteilt. Von vorn trete ich mit Sebastian ein in ein großes, hell erleuchtetes und repräsentatives Vestibül mit einer kleinen Imbissgaststätte. Jacqueline und Desiree müssen den kleineren Hintereingang benutzen, der ausschließlich den weiblichen Wesen vorbehalten ist. Auch im Inneren ist der Komplex mit vielen Becken, Sprudelbädern und einer Dampfsauna für die Männer viel größer als derjenige der Frauen. Einzig das nach Schwefel riechende braun-graue bis zu 45 Grad heiße Wasser dürfen, zwar getrennt, dennoch aber beide Geschlechter benutzen.

An einigen Stellen sind an den undurchsichtigen Glasabtrennungen kleine Ritzen entstanden. Hier drängen sich die vorwiegend jungen Männer und drücken ihre Nasen platt, um nur einige winzige Details der hier nicht vermummten weiblichen Gestalten zu erhaschen.

Während wir noch genüsslich im heißen Wasser liegen, beginnt der Reigen der vielen Einladungen zum Essen. Tag für Tag, insgesamt sieben Wochen lang, sprechen uns die unterschiedlichsten Menschen spontan an, ihre Gäste zu sein. Nicht wie in vielen Ländern als wandelnde Brieftaschen und in der Hoffnung auf westliche Gaben und Geschenke, als Dank für die Bewirtung.

Die Iraner im ganzen großen Land, zeigen eine Gastfreundschaft, die in der Welt seinesgleichen sucht. An manchen Tagen müssen wir auf einen freien Abend regelrecht bestehen, um unsere Filmausrüstung und die Tagebücher auf den neuesten Stand zu bringen oder einfach nur mal wieder in unserer Feuerwehr „Klar Schiff" zu machen. Die oft traurige Enttäuschung der Einladenden steht ihnen jedes Mal ins Gesicht geschrieben. So nehmen wir meistens doch an und haben es nie bereut. Die gemeinsamen Abende finden in einfachen bis ausgezeichneten, teils auch sehr teueren Restaurants statt. Meist aber zu Hause, bei den leckersten selbst zubereiteten Speisen, traditionell auf dem Fußboden serviert und mit den Händen gegessen. Die gesamte große Familie, manchmal auch die Freunde und Nachbarn eingeschlossen, kommt zusammen. Nach dem Essen wird für uns gesungen und getanzt.

Oft ärgern wir uns, dass die stressige Vorbereitung keinen Raum für das Üben deutscher oder englischer Volkslieder übrig ließ. Die vergleichsweise wenigen Texte, die unsere Mädels von mir auf der Gitarre begleitet zum Besten geben, begeistern unsere Gastgeber immer wieder.

Mein häufiges Verspielen stört anscheinend überhaupt nicht. Es wird trotzdem reichlich geklatscht. Uns wird bewusst, wie unser „westliches" Leben durch die ausschließliche Benutzung von Radio, Fernseher und CD-Player verarmt.

Der Weg zum Südufer des Kaspischen Meeres verläuft erst durch trockene Bergregionen und über Hochebenen, deren wechselnde Farbspiele eine fast utopische Atmosphäre vermitteln. Unsere Feuerwehr überquert das Alborzgebirge, dessen vulkanischer Ursprung eine faszinierende Mondlandschaft schuf. Plötzlich, ganz plötzlich, tauchen wir ein in die etwa 1.500 Meter tiefer gelegene fruchtbare und vollkommen grüne Küstenebene. Die bis zu 12 % steile Abfahrt beansprucht die Bremsen der Feuerwehr auf das Äußerste. Gemeinsam mit anderen LKW legen wir zu deren Abkühlung an den zahlreichen kleinen Raststätten und Parkplätzen immer wieder Rast ein. Die steile Abfahrt durch die bewaldete Landschaft vermittelt ein solch krassen landschaftlichen Gegensatz. Die vielen bewirtschafteten Wiesen mit schwarz-bunten und braunen Rindern und die Häuser der Bergbauern mit weit überhängenden Dächern erinnern erstaunlich an die Alpen - so weit entfernt und in einer anderen Welt. Ein eigenartiges Gefühl. Desiree freut sich über so viele Kühe, die aussehen wie zu Hause und singt die Erkennungsmelodie von „Heidi".

Der grüne und landwirtschaftlich intensiv genutzte Küstenstreifen mit einer Vielzahl kleiner ineinander übergehender Dörfer ist oft nur wenige Kilometer breit. Unvermittelt ragt das steile, bewaldete Gebirge auf, weiter oben fast immer in Nebel oder Regenschauer getaucht.

Unmittelbar vor dem Erreichen des Meeres läuft die Straße dicht entlang der Grenzanlagen zur ehemaligen Sowjetrepublik, dem heutigen GUS-Staat Aserbaidschan. Die Art der Stacheldrahtzäune, Wachtürme und Sperranlagen erinnert erstaunlich an die einstige Staatsgrenze der DDR.

Überhaupt sehen die überwiegend einstöckigen Häuser eher wie solche in der ehemaligen Sowjetunion aus. Alte Gebäude gibt es durch die vielen Erdbeben so gut wie keine. Die Aserbaidschaner sind zwar mehrheitlich Moslems, doch ihre farbenfreudige Bekleidung, vor allem die bunten Kopftücher der Frauen sind eine Ausnahme im Iran. Die vielen Besucher aus dem Aserbaidschan der GUS sind an ihren PKW-Kennzeichen mit lateinischen Schriftzeichen leicht zu erkennen. Der kleine Grenzverkehr bringt diesem Teil Aserbaidschans einen bescheidenen Wohlstand, kommen über die Grenze auch westliche Waren auf die Märkte. Erstaunt lesen wir in unseren Reiseführern, dass nach dem 2. Weltkrieg unter sowjetischem Einfluss für kurze Zeit einmal eine gemeinsame Republik Aserbaidschan mit einer eigenen Regierung existierte.

Ein sehr junger Soldat einer iranischen Straßenkontrolle ist in der Eintönigkeit seines Jobs hocherfreut, ein deutsches Fahrzeug zu treffen. Er knallt die Hacken seiner Stiefel zusammen und schreit mit hochgerissenem Arm begeistert: „Heil Hitler!". Er schaut so naiv drein, dass wir ihm glauben, dass er uns damit ein Kompliment machen will. Doch unsere erschrockenen und teils bösen Gesichter lassen seinen Ausdruck zwischen einem Lächeln und betretenem Unverstand eigentümlich hin und her wechseln. Es sieht aus, als gerät sein junges Weltbild durch unsere Begegnung tiefgründig ins Wanken.

Wie überhaupt die vielen nervenden Straßenkontrollen nicht selten eher zum Schmunzeln Anlass geben. Die iranischen Soldaten kennen meist nur ihre dem Arabischen ähnelnden verschnörkelten Schriftzeichen in Farsi. Außerdem wird jedes Buch und jede Zeitung (für uns!) von hinten nach vorne gelesen. Sie drehen unsere Pässe dauernd, weil sie nicht wissen wie herum unsere Buchstaben nun richtig sind. Trotzdem wird ausgiebig darin gelesen, der Reisepass oft falsch herum in Händen gehalten. Nur manchmal entdecken sie an der Ausrichtung des Passbildes die richtige Lage. Es ist nicht so einfach sich ein Lachen zu verkneifen, zumal wir sie nicht beleidigen wollen.

Doch die vielen Kontrollen im ganzen Land sind ausnahmslos freundlich.

Bis ins ferne Indien hat sich der Tipp eines Reisenden bei derartigen Kontrollen immer wieder bezahlt gemacht. Der Fahrer steige aus. Gehe um sein Fahrzeug herum. Öffne die Seitentür. Ziehe sich selbst die Schuhe aus. Gehe hinein und fordere die Kontrollierenden freundlich auf, hereinzutreten. Schnell sehen diese, dass es sich um eine Art Wohnraum mit Betten handelt.

Im ganzen Orient ist es ein ungeschriebenes Gesetz, bei Betreten derartiger Räume die Schuhe auszuziehen. Die Posten sind fast immer zu bequem, sich ihrer hohen Schnürstiefel zu entledigen. Auch eine dicke „Kartoffel" im Strumpf oder exorbitante

Schweißfüße halten sie davon ab. Man schaut nur etwas hineingelehnt in das Innere des Mobils und ist zufrieden. Das klappt in 99 Prozent aller Fälle.

Das Ufer des Kaspischen Meeres sieht heute ganz anders aus, als in älteren Reiseführern beschrieben. Durch Erdbeben auf dem Grund des Kaspischen Meeres soll der Wasserspiegel um viele Meter gestiegen sein. Strände und Strandpromenaden der einstigen Erholungsorte sind überflutet oder weggespült. Die Trennung von männlichen und weiblichen Wesen sorgt eh dafür, dass kaum jemand badet. So nutzen die Iraner die vielen kleinen und größeren Orte mit ihren vielen hübschen Parkanlagen vorwiegend zum flanieren. Ein Sommerurlaub am angenehm kühlen Meer – weniger Badeferien, als eine Flucht vor den heißen Temperaturen des iranischen Hochlandes. Und manchmal sicher auch ein Statussymbol vor Kollegen, Freunden und Nachbarn.

Man sieht den vielen älteren Hotels und Restaurants noch an, dass in Zeiten des Schahs von Persien hier ein exklusives Nachtleben geherrscht haben muss. Man erzählt uns wehmütig, dass damals Amüsement und Tanz, Champagner und Kaviar zum exklusiven Urlaubsleben gehört haben.

Uns fällt gerade noch rechtzeitig ein, dass wir nur ein 5-tägiges Transitvisum haben. Eine Verlängerung in der Polizeidienststelle eines der kleineren Städtchen am Meer ist kein Problem. 10.000.- Rial, also nur rund drei US-Dollar pro Person sind nicht zu teuer. Nur die Anzahl der Tage muss man regelrecht aushandeln. Bei weiteren Verlängerungen im Land liegen die gegebenen Tage zwischen 8 und 21. Und Zeit muss man mitbringen. Tee trinken und von unserer Tour erzählen ist unerlässlich. Manchmal wird der Stadtplan ausgelegt, um konkrete Tipps zu geben, um Orte zu nennen, die unbedingt besucht werden müssten.

Nach wenigen Tagen verlassen wir die grüne Küste mit ihren vielen Reisfeldern, den Teeplantagen und Obsthainen und überqueren in einer ganztägigen Fahrt erneut das Alborzgebirge über einen Pass in 3.600 Metern. Bis zu den ebenfalls grünen Ufern des Indus in Pakistan sollen für mehrere Monate und viele tausend Kilometer nun nur noch die Farben der Wüste unsere Begleiter sein.

Wir erreichen die Millionenmetropole Teheran. Ob es 15 oder 20 Millionen Einwohner sind, weiß keiner so genau. In Zeiten eines geringer werdenden Wohlstandes des gesamten Volkes hat solch ein Moloch eine enorme Anziehungskraft. Immer in der Hoffnung auf schnelles Geld, ist der Zuzug aus dem ganzen Land enorm.

Eine Einladung einer Teheraner Familie aus dem wohlhabenden Norden der riesigen Stadt bekamen wir schon im Thermalbad von Sarein. Doch es ist ein wirkliches Problem nur mit der Adresse und ohne Stadtplan die Wohnung der Gastgeber zu finden. Letztere sind zu ungenau und ausschließlich in Farsi beschriftet. Einen halben Tag benötigen wir durch den irrsinnigen Straßenverkehr, um nach vielem Fragen endlich anzukommen.

Wir sehen zum ersten mal die meist modernen Stadtbusse, im Inneren eine Stange, die den vorderen Teil für die Männer von dem der Frauen abtrennt. Eingestiegen wird natürlich über separate Eingänge. Jacqueline und Desiree haben sich an diese „Diskriminierung“ nie gewöhnt. Immer wieder gibt es Stoff für hitzige Diskussionen. Die Heckfront der Busse ist mit Parolen, Bildnissen der religiösen Führer oder Ornamenten dicht bemalt. Die Frauen sollen so vor den neugierigen Blicken der Männer geschützt werden, die in den nachfolgenden Fahrzeugen sitzen. Noch während unseres Aufenthaltes schafften die Behörden diese vorgeschriebene Bemalung wieder ab, weil die gestörte Sicht der Fahrer ständig zu Unfällen führte.

Unsere Gastfamilie nimmt uns auf wie die Mitglieder der eigenen Familie. Die oft gesprochene Floskel „Unser Haus ist Euer Haus“ ist hier gelebte Realität. Wie selbstverständlich werden wir in ihr Familienleben integriert. Sohn Aria, 8 Jahre alt, hat als einziger noch einige Sprachschwierigkeiten mit dem Englischen. Doch für den zweiten Sohn Zawash, 19 und die Tochter Newsha, 21, beide studieren an der Universität von Teheran, gibt es keinerlei Probleme.

Fast wie nebenbei wird uns die Stadt gezeigt, irgendwo hat ein Mitglied der Familie immer zu tun. Ob Basar oder Islamisches Museum, irgend eine Sehenswürdigkeit ist immer in der Nähe. Und wieder kommt die Familie und die Nachbarn zusammen. Es wird getanzt und gesungen und natürlich lecker gegessen. Selbst Whisky wird organisiert und stolz präsentiert. Unsere Gastgeber gehören der Religionsgemeinschaft der Bahai an, Freunde sind Moslems oder armenische Christen. Ein für uns erstaunlich tolerantes Miteinander. Der Lebensstil ist dem westlichen mehr oder weniger angepasst. Rolling Stones und der Titanic-Spielfilm nichts Unbekanntes. Unter dem leichten Mantel von Newsha schauen Levis-Jeans und Nike-Turnschuhe hervor. Mutter und Tochter tragen keinen schwarzen Tschador sondern andersfarbige Mäntel mit separatem Kopftuch. Schminke und hervorschauende Frisuren demonstrieren das wachsendes Selbstbewusstsein der Frauen in der ansonsten so traditionellen islamischen Welt des Iran. Westliche Mode- oder Frauenzeitschriften werden stolz präsentiert. Doch sie sind sehr abgegriffen. So oft werden sie weitergegeben, werden wie ein Schatz gehütet. Doch sie erzählen uns auch von Fällen, wo die Freizügigkeit den Sittenwächtern offenbar zu weit ging. Öffentliche Stockhiebe oder Auspeitschen sind die drakonische Strafe.

Eines Tages sehen wir im Fernsehen der Familie uns bekannte Gesichter. Wir staunen nicht schlecht: eine Folge der deutschen Krimiserie Derrick. Doch irgend etwas ist anders. Die weibliche Hauptrolle wird von einer Frau mit Kopftuch gespielt. Die holprigen Schnitte zeigen es mehr oder weniger deutlich. Die deutsche Schauspielerin war ausgetauscht worden. Eine iranische wurde hineingeschnitten. Ein beachtlicher Aufwand, um den strengen islamischen Gesetzen zu entsprechen.

Ein Ausflug mit Picknick führt auf den Hausberg der Teheraner, den 3.933 m hohen Tocal. Auf ihn führt die Telecabin, angeblich die längste Seilbahn der Welt. Man erzählt uns von den früher so häufigen Kontrollen durch die Pasdaran, die militärisch organisierten Gotteskrieger und Sittenwächter. Der Grund: Die Teheraner Liebespärchen „missbrauchen" bis heute die kleine Gondeln, weil unbeobachtet, für ihre unislamischen Aktivitäten.

Von hier oben hat man einen phantastischen Blick auf diese so modern anmutende Großstadt mit einer Vielzahl von gläsernen Hochhäusern und den autobahnähnlichen Expressways. Aber nur am Wochenende ist die Sicht frei, also Freitags. Während der Woche überdeckt eine immer stärker werdende Smog- und Dunstglocke die Stadt.

Wir verlassen den überraschend liberalen und westlich anmutenden Norden der Stadt und fahren in den Süden, um unserer Feuerwehr einige kleinere Reparaturen zu gönnen. Hier, wo so gut wie alle Fabriken und Werkstätten angesiedelt sind, ergibt sich ein völlig anderes Bild. Niedrigere und schäbigere Häuser, engere und schlechtere Straßen offenbaren den Unterschied. Eine viel größere Anzahl von Moscheen und völlig verschleierte Frauen im schwarzen Tschador zeigen den tief traditionellen Lebensstil der Menschen, aber auch eine augenscheinlich ungleich größere Armut als im reichen Norden der Stadt. Schon die Lage macht das Leben hier viel schwerer, weil der Dreck, Staub und Dunst der Riesenstadt hier zwischen kahlen Bergen hängen bleibt, während er im bis zu 600 m höher gelegenen Norden von den Gebirgswinden in den Süden geblasen wird.

Uns gegenüber offenbart sich jedoch die gleiche freundliche Art und die überwältigende Gastfreundschaft wie im ganzen Land. Meine Wartezeit auf die Reparatur an unserer Feuerwehr versüßt eine eilig herangeschaffte gut gekühlte Büchse holländischen Bieres – allein für mich. Abgeben darf ich nicht. Zehn Augenpaare beobachten jeden einzelnen genüsslichen Schluck von mir. Man gönnt ihn mir und freut sich ehrlich mit mir. Meine Bemerkung „That's Iran!“ löst Begeisterung aus. Mir steht die Rührung in den Augen. In diesem kleinen Moment scheint das schwere Los der Arbeiter und Handwerker für einen Augenblick völlig vergessen. Meine Gedanken schweifen ab. Warum verstehen sich die Menschen unterschiedlicher Kulturkreise oft so schwer oder manchmal gar nicht?

Jacqueline wird eingeladen beim wöchentlichen Hausfrauensport in einer Turnhalle mitzumachen. Um diese zu erreichen, nehmen die Frauen den Bus. Nun erlebt es Jacqueline am eigenen Leibe. Wie bereits beschrieben ist der Fahrgastraum in der Mitte durch eine Stange getrennt. Selbst wenn die Frauen sich wegen Überfüllung des hinteren Teils drängeln und stehen müssen, die freien Sitzplätze im vorderen Teil sind unerreichbar.

Wir verlassen Teheran, der Abschied von unseren neuen Freunden fällt uns und Ihnen schwer.

Den Weg zur modern ausgebauten Autobahn in Richtung Süden zu finden ist nicht so einfach.

Mehr als zwei Stunden vergehen, ehe wir endlich den riesigen Moloch hinter uns lassen.

Ursprünglich wollten wir uns den Besuch des Grabmales des Ajatollah Khomeni eigentlich schenken. Doch die noch zum Teil unfertigen Minarette und Kuppeln des riesigen Komplexes mit einer direkten Autobahnzufahrt und einem eigenen internationalen Flughafen reizen uns doch. Geplant als etwas größenwahnsinnig dimensionierter Wallfahrtsort für die Muslime der ganzen Welt, sollte dieser Komplex den heiligen Stätten von Mekka zur Konkurrenz erwachsen. Es blieb bei der Vision. Das Geld für den Bau ging aus, eine Fertigstellung ist wohl nicht mehr zu erwarten, trotzdem hier und dort weiter gewerkelt wird.

Allein die Parkplätze sind so weitläufig angelegt, eine halbe

Stadt hätte hier Platz seine Autos und Busse abzustellen. Direkt vor dem Eingang warten Andenkenläden mit allerlei Kitsch auf Kundschaft. Das Konterfei der geistlichen Führer des Iran, besonders aber des Ajatolla Khomeni, ist auf allen Andenken irgendwo eingearbeitet. Desiree entdeckt ein einziges Bildnis, auf dem der verstorbene Religionsführer gütig lächelt. Sie muss dieses Plakat unbedingt haben. Der Einwand, es doch zu Hause nirgends aufhängen zu können, zählt nicht. Das seltene Lächeln des sonst eher grimmig dreinschauenden Mannes beeindruckt selbst uns und so geben wir ihr die notwendigen Rial zum Kauf. Bestimmt sucht sie sich ganz allein unter einer Vielzahl von Plakaten genau dieses eine mit dem Lächeln heraus. Der Verkäufer ist erstaunt und von diesem kleinen blonden Mädchen sichtlich beeindruckt.

Die riesige Innenhalle mit vielen unfertigen Wandverkleidungen und Bauzäunen wirkt irgendwie wie ein Bahnhof. Hohe Emporen für die religiösen Führer und eine Vielzahl von Lautsprechern offenbaren den realen Zweck dieses Bauwerkes. Massenveranstaltungen mit zu Tausenden herbeigekarrter Anhänger sollten den Raum füllen. Wohl nur deshalb ist der prachtvoll verzierte Sarkophag mit den Überresten des Ajatollahs so eigenartig am Rande der Halle platziert und passt irgendwie gar nicht hier hinein.

Der Besuch der „Pilgerkantine“ außerhalb des Grabmales ist mir irgendwie tiefer in Erinnerung geblieben. Ein großes Restaurant, im Stil zwischen Schulspeisung und Almosenküche, aber mit einer Vielzahl wirklich leckerer Speisen zu extrem niedrigen Preisen, die einem peinlich werden können.

Unser Ziel ist Isfahan, die Perle des Orients. Die Ausführungen des Reiseführers machen uns neugierig. Auf dem Weg fahren wir an der Stadt Ghom vorbei. Hier befindet sich nicht nur die Grabmoschee der Fatima, der Tochter Mohameds. Sie ist eine der beiden allerheiligsten Pilgerstätten des schiitischen Islam. Hier liegt die wichtigste religiöse Universität, hier sind die bedeutendsten Koranschulen beheimatet. Überall im Iran nennt man diese Stadt die „Mullahfabrik“, den Ort mit der größten Dichte islamischer Geistlicher. Wir haben die Stadt erst neun Monate später bei unserer Rückreise besucht. Doch der Zutritt zu dem wunderschönen Moscheekomplex blieb uns als Kofar, als Ungläubige, leider verwehrt. Hier werden die strengen Vorschriften besonders ernst genommen, wir lassen unsere Kameraausrüstung lieber in der Feuerwehr zurück. Nur selten sieht man hier Fremde. Die Leute sind freundlich, doch distanziert. Wir fühlen uns nicht so richtig wohl, sind bald wieder auf dem Weg.

Mitten in der wüstenartigen Steppe erscheint unweit der Landstraße eine schon von weitem sichtbare kegelförmige Lehmstadt, die in keinem unserer Reiseführer vermerkt ist. Wir halten an, um uns etwas umzuschauen. Wir finden nur einen einzigen kleinen Eingang mit einer massiven, eisenbewährten Holztür. Kein Mensch ist zu sehen. Schnell stellen wir fest, dass sie nicht mehr bewohnt ist. Teils verfallen, teils noch gut erhalten, als hätten die Bewohner sie erst vor kurzem verlassen. Die typischen Öfen, in denen das Brot gebacken wurde sind noch Ruß geschwärzt. Wir wagen uns von Ecke zu Ecke der verwinkelten und engen Gassen vor. Manchmal steigen wir auf die noch tragenden Dächer mit einem märchenhaften Ausblick auf die Stadt und die umliegenden Berge. Die vielen warmen Brauntöne in der langsam untergehenden Sonne ergeben eine unwirtliche Atmosphäre. Plötzlich tauchen offene Brunnenlöcher auf, halbverfallene Verliese und viele dunkle Gänge machen das Erkunden äußerst spannend. Ich habe Mühe darauf zu achten, dass wir aus Sicherheitsgründen alle zusammenbleiben. Doch Sebastian entfernt sich ständig von uns und sucht für die Kamera und das schwere Stativ immer wieder neue Standplätze. Er ist begeistert wie ein kleiner Junge.

Alles ist aus Lehm geformt, der sich hier über Hunderte von Jahren erhalten kann. Die zerstörende Kraft des Wassers ist mitten in der trockenen Wüste nicht zu fürchten.

So können wir über die Zeit und den Grund, warum die einstigen Bewohner ihre Stadt verlassen haben nur spekulieren. Mit der uns eigenen Phantasie treibt dies immer wieder neue Blüten.

Schon von weitem erscheint Isfahan wie eine große grüne Oase in der kargen Wüstenlandschaft. An den östlichen Hängen des Zagrosgebirges gelegen und vom Fluss Zayandehrud durchquert, ist sie heute die schönste Stadt des Iran, ja wie wir finden eine der schönsten im gesamten Orient. Grandiose Baudenkmäler wechseln mit einer Unzahl von gepflegten Parkanlagen einander ab. Aus der Blütezeit der Stadt unter den Safaviden im 15. und 16. Jahrhundert stammt das Sprichwort: „Isfahan ist die Hälfte der Welt“. Hier haben wir die beeindruckendsten Brückenbauwerke und die prachtvollsten Moscheen gesehen. Der zentrale Platz der Stadt, der Medan-e Emam ist der zweitgrößte umbaute Platz der Welt und einer der schönsten dazu. Umgeben von herrlichen Moscheen, der Masjed-e Shah etwa, mit 1,5 Millionen glasierten Fliesen geschmückt und dem Palast Ali Qapu mit seinen 18 hohen Zedernholzsäulen. Und schließlich die ihn umgebenden Basare, in denen so viele Handwerker ihre kunstvollen Erzeugnisse unter den Augen der Besucher herstellen und anbieten. Nirgendwo im Iran ist deren Zahl so groß. Nirgendwo ist es augenscheinlicher, dass es hier keinen Unterschied zwischen Handwerk und Kunst gibt. Ohne den geringsten Kaufdruck zeigt man uns die vielen Arbeitsschritte bis zum endgültigen kleinen Kunstwerk.

Seidenteppiche, Miniaturbilder auf Kamelknochen, Metalltreibarbeiten, Keramikmalereien, herrliche Bilderrahmen, zusammengesetzt aus einer Kombination von Holz und edlen Metallen, kunstvolle Ledererzeugnisse, Stoffdrucke. Die Auswahl ist riesig. Nur schwer kann man sich der Kauflust entziehen. Doch unsere Reisekasse mahnt zur Vorsicht. Noch viele Monate liegen vor uns. Nur schwer lassen sich die noch kommenden Kosten abschätzen.

Wir haben diesen Platz mit seinen angrenzenden Vierteln zu vielen Tageszeiten immer wieder besucht. Der Einfall des Sonnenlichtes geben ihm immer neue Stimmungen. Am schönsten ist er des Nachts, wenn die vielen Bögen der umgebenden Basare von Lampen dezent erhellt sind und nur die klappernden Hufe der Pferdekutschen, mit denen verliebten Paare einmal um den Platz fahren, und das Plätschern der Springbrunnen die Ruhe durchbrechen.

Wir haben unweit einen bewachten Parkplatz am Rande einer großen Parkanlage gefunden, auf dem wir eine Woche lang problemlos und sicher kampieren können.

Erwähnen muss ich die Begegnung mit Iraj, einem etwa 30-jährigem arbeitslosen Lehrer, der völlig selbstlos und ohne Drängen auf Bakschisch manchmal etwas zu eifrig als Stadtführer agiert. Doch durch ihn lernen wir die schönsten Teehäuser der Stadt kennen. Oft sind sie an den Wänden und an der Decke über und über mit Bildern, Keramiken, kleinen Teppichen und sonstigem Zierrat ausgestaltet. Es sieht schon kurios aus, wenn die Männer an ihren langen Tischreihen oder auf dem Boden sitzend wortkarg aber laut blubbernd ihre Wasserpfeifen rauchen. Neben einem Kellner hat ein jedes Teehaus extra einen Angestellten, der diese Pfeifen herrichtet und vor allem ständig glühende Holzkohlestückchen bereithält, ohne die diese Instrumente nicht funktionieren.

In einem, unweit unseres Lieblingsplatzes, staunen wir nicht schlecht, als in einem großen Goldrahmen ein uns bislang unbekanntes Gemälde mit dem Bildnis Adolf Hitlers die Wand „schmückt“.

Hier werden wir wieder einmal von einer iranischen Familie mit vielen Kindern für den nächsten Tag zum Essen eingeladen.

Nur durch die neuerliche Begleitung von Iraj haben wir eine Chance, die Wohnung der Familie in einem abgelegenen Stadtviertel zu finden. Der persische Teppich im Wohnzimmer des kleinen Hauses ist über und über mit den leckersten Speisen belegt. Unser erstes Festessen auf dem Boden gestaltet sich nicht so einfach. Durch das Essen ausschließlich mit den Händen ist es Dank der fettigen Finger nicht leicht, sich beim Beugen über die vielen Teller auf dem sauberen Teppich abzustützen. Außerdem schmerzt nach kürzester Zeit der Po und die Beine. Ständig verändern wir unsere Sitzhaltung. Die Gastgeber sind herzlich amüsiert. Beim anschließenden Wasserpfeiferauchen der Männer kommt es auch hier zum leider unvermeidlichen Thema: der Stolz auf den großen Eroberer Adolf Hitler. Man führt mich in ein Kinderzimmer der Familie und zeigt mir stolz eine Karte an der Wand: Alle Länder Europas, die von den faschistischen deutschen Truppen im 2. Weltkrieg besetzt wurden sind mit einer einzigen äußeren Linie eingefasst. Die eigentliche Grenze des deutschen Reiches fehlt. Über die gesamte Fläche führt der Schriftzug „Germany“. So etwas Größenwahnsinniges hatte ich bis dahin noch nicht gesehen.

Unsere Gastgeber sind wie viele Iraner überaus stolz „Arier“ zu sein. Sie meinen, damit würden sie das Idealbild der deutschen Nazis verkörpern. Nur dieses eine Mal habe ich mich auf eine tiefgründigere Diskussion eingelassen. Mein Argument, dass die Arier nur einer der 28 Völkerschaften des alten persischen Großreiches waren und dieses Volk sich in 2500 Jahren total vermischt hat, ruft nur Unverständnis hervor. Als ich bereits etwas erregt erkläre, dass die Nazis Menschen mit brauner bis dunkler Hautfarbe sehr schnell als Zigeuner in die Konzentrationslager geschafft und sie anschließend ermordet haben, kommt es fast zum Eklat. Nur schwer kann ich den Abend retten. Ich habe mich auf derartige Themen von da an nie mehr eingelassen, obwohl ich darauf immer wieder angesprochen wurde. Ich wollte die tiefe Gastfreundschaft dieser Menschen nicht verletzen.

Gott sei Dank sind die nun folgenden Tänze in dieser Familie Frauensache. Jacqueline wird in ein Hochzeitsgewand gekleidet, ohne dass sie sich dagegen wehren kann. Ihr Gesichtsausdruck spricht Bände. Sebastian und ich lehnen mit den Männern an dicken Kissen und rauchen Wasserpfeife. Mann zu sein hat hier einige besondere Vorteile.

Am nächsten Tag, nach anstrengenden Besichtigungen, will Iraj wiederum uns Männern eine Freude machen. Er meint, er könne Bier besorgen. Sebastian und ich horchen auf. Das erste Bier seit dem türkischen Dogubayazit, seit fast 3 Wochen, seit 2000 Kilometern. Traumhaft. In Isfahan lebt eine große Gemeinde armenischer Christen, die das moslemische Alkoholverbot nicht so genau nimmt. Wir fahren mit der großen Feuerwehr durch die verwinkelten und engen Gassen des armenischen Viertels. Vorbei an kleinen intakten armenischen Kirchen, wie wir sie bereits im türkischen Kurdistan, dort aber meist als Ruinen gesehen haben. Iraj steigt aus und kommt mit zwei verwegen aussehenden Armeniern wieder, einen Plastik-Kanister unauffällig unter dem Arm. Wir füllen zwei leere Mineralwasserflaschen mit der durchsichtigen Flüssigkeit ab, zahlen einen für iranische Verhältnisse stolzen Preis. Wir merken, dass Iraj nicht weiß, was Bier für ein köstliches Getränk ist und wie es aussieht. Eine kleine Kostprobe offenbart es: der Obstbrand, scheinbar aus allem gemacht was irgendwie gärt, ist gar nicht so schlecht. Besonders nach längerer Abstinenz sind geschmackliche Raffinessen nicht mehr ganz so wichtig.

Zurück auf unserem Parklatz hat Iraj noch etwas Brot und Wurst besorgt, letztere unserem Bierschinken etwas ähnlich. Er sorgt sich sehr, dass alle Vorhänge unserer „dining hall" peinlich genau schließen. Jetzt haben wir uns auf den Namen „Whisky" geeinigt, Bier ist dann doch nicht der passende Begriff für diesen Schnaps. Bereits nach zwei kleineren „Whisky" fängt Iraj an zu lallen. Er ist den Alkohol nicht gewöhnt. Plötzlich erfasst ihn Panik. Er muss zu Fuß nach Hause und ahnt was ihm passieren könnte, wenn er torkelnd von Polizei, Revolutionsgarden oder den zahlreichen zivilen Spitzeln erwischt würde. Er stopft sich in kürzester Zeit eine Unmenge von Wurst und Brot in den Mund. Mehr als eigentlich hineinpasst. Wir können uns das Grinsen nicht recht verkneifen, seine aufgeblähten Wangen gleichen einem Maulwurf. Hals über Kopf verabschiedet er sich. Ich genehmige mir zusammen mit Sebastian noch einen weiteren Schlaftrunk und gehe nach diesem erfolgreichen Tag tief befriedigt zu Bett.

Wir verlassen die herrliche Stadt Isfahan mit etwas Wehmut. Wiederzukommen haben wir uns fest vorgenommen. Viel zu viel wirklich Sehenswertes haben wir in der Stadt oder der näheren Umgebung noch nicht besucht.

Das nächste Ziel habe ich mir schon oft erträumt, immer dann, wenn ich etwas darüber gelesen oder im Fernsehen gesehen habe. Persepolis - eine der großartigsten Ruinenstädte der Welt. Von König Darius dem Ersten, um das Jahr 550 vor Christi als Hauptstadt des neuen persischen Großreiches gegründet und von Alexander dem Großen bereits 331 vor Christi mitsamt dem ganzen Reich wieder zerstört.

Der große Platz vor den beeindruckenden Ruinen ist völlig leer. Nur unsere Feuerwehr steht geradezu winzig vor der gewaltigen Anlage, die auf einer riesigen steinernen Terrasse erbaut wurde. Wir bitten die Soldaten der kleinen Armeestation vor dem Eingang, sie mögen des Nachts etwas auf uns achten. Die Dunkelheit macht die für niemanden außer uns angestrahlten Überreste noch imposanter. Meine Familie schläft schon, mir schmeckt der letzte Obstbrand aus Isfahan. Meine Phantasie geht mit mir durch und meine Augen werden im Angesicht von so viel Geschichte wieder einmal feucht.

Die Bau- und Kunststile der baulichen Überreste haben fast keine Entsprechungen im damals hoch entwickelten Mittelmeerraum. Die hohen Säulen und Kapitelle der riesigen Paläste leiten sich von den hölzernen Tragstützen der Hauszelte persischer

Stammesfürsten ab.

Viele Kapitelle wurden als doppelte Pferdehälften (in Originalgröße) ausgebildet. Auf den zusammengefügten Pferdrücken lagen dann die riesigen Holzbalken der Dachkonstruktion auf. Die Pferdenärrin Desiree setzte sich mit Vorliebe in diese Zwischenräume der überall herumliegenden Kapitelle.

Im Gegensatz zum alten Griechenland gab es keine Plastiken, nur ebenso beeindruckende wie kunstvolle Reliefs. Früher waren sie bunt bemalt und teilweise mit Gold belegt.

Fabelwesen sind dargestellt, die Löwen, Adler und Skorpion in einer Gestalt vereinen.

An vielen Treppenaufgängen kann man die in Stein gehauenen Abordnungen aller 28 Völkerschaften des Reiches an ihren unterschiedlichen Kleidungen heute noch gut erkennen. So zum Beispiel die Skythen im Norden oder die Babylonier im Süden des großen Reiches.

Als Alexander der Große bei seiner vollständigen Eroberung Persiens diese ihm so fremde Pracht zu Gesicht bekam, wurde ihm klar, was für ein grandioses Reich er besetzt hatte. Leider folgte sein verhängnisvoller Entschluss zur Zerstörung dieser bedeutenden Kultur. Das Schicksal bescherte ihm von da an nur noch ein kurzes Leben, auch sein Weltreich zerbrach.

Der Siegelpalast von König Darius

Es ist ein Glück, dass Persepolis nach seiner Zerstörung nicht wieder besiedelt worden ist. So diente es nicht wie viele andere antike Bauten als Steinbruch für Gebäude späterer Epochen. Ein Umstand hat mich besonders beeindruckt: Die riesige Bibliothek von Persepolis bestand aus Tausenden von Tontäfelchen, auf denen die Keilschriften eingedruckt waren. An sich wären diese heute längst zu Staub zerfallen und hätten keine Geheimnisse der damaligen Zeit preisgeben können. Als Alexander neben den Palästen auch die Bibliothek abbrennen ließ, sorgte die große Hitze für das Brennen des Tons. Die Asche, die viele tausend Täfelchen einbettete, rundete die fast perfekte Konservierung ab. So können die heutigen Archäologen auf den gut erhaltenen Tafeln die Zeit vor 2500 Jahren bis in viele Einzelheiten erklären.

Das Herumstreifen in der riesigen Anlage macht Spaß, zumal kaum Besucher hier sind und nur sehr wenig Wachpersonal auf die Ruinen achtet. Wir können ungehindert filmen. Nur am Eingang gibt es Diskussionen, ob unsere Kamera nun eine Amateur- oder eine Profikamera sei. Wie später noch so oft hat Sebastian vorher alle möglichen Teile abmontiert, um sie kleiner erscheinen zu lassen. Akkus, Objektiv, Mikrofon und Okular habe ich dann in meiner viel zu dicken Jacke versteckt. Dass ich dadurch wie verrückt schwitzte ist keinem aufgefallen. Nur das schwere Stativ ließ sich nicht so ohne weiteres hineinschmuggeln. Doch mit der charmanten Ablenkung der Einlasser durch Jacqueline und Desiree haben wir auch dieses Problem lösen können.

Der weitere Weg führt uns in die Stadt Shiraz, der Hauptstadt der im Süden gelegenen Provinz Fars. Die griechische Bezeichnung dieses Kernlandes Irans, Persis, wurde zum Namen des ganzen Landes. Hier entstand auch die persische Sprache, Farsi.

Wir besuchen die Grabmäler der größten persischen Dichter Saadi (1184-1282) und Hafis (1326-1390).

Die Grabmoschee des Shah Ceraq ist als Spiegelmoschee bekannt. Diese Moschee mit Tausenden teils farbigen Spiegelstückchen mosaikartig verzierten Innenräume empfanden wir als eine der schönsten im Land.

Die Verlängerung unseres Visums steht wieder einmal an. Ebenfalls ein Werkstattservice für unsere Feuerwehr, doch alles geht problemlos vonstatten.

Nun schwenkt unser Weg nach Osten ab. Die Wüste Lut muss durchquert werden. Pakistan ist noch gut 1.600 km entfernt. Eine hervorragende Asphaltstraße und mondartige Landschaften mit hohen teils eigenartig farbigen Bergen machen das Reisen über die großen Entfernungen im Iran zu einem Vergnügen.

Zum ersten mal sehen wir ein riesiges System von Salzseen, plötzlich in einer weiten Ebene auftauchend, als wir einen Bergkamm überwinden. Wir wagen uns nah an das Salz heran und stellen fest, dass man die Seen nicht betreten kann. Die großen Gesteinsbrocken, die wir abwechselnd in die weiße Masse schleudern versinken blubbernd in der Wasser-, Schlamm- und Salzmasse. Kein Leben ist ringsum, keine Tier, keine Pflanzen, es herrscht eine gespenstische Ruhe.

Diese Landstriche sind kaum besiedelt. In der Karte eingetragene Orte sind nicht mehr als ein paar Häuser um eine Polizeistation herum. Manchmal ist es nur diese. Selten begegnen wir anderen Fahrzeugen. In meinem Bauch wechseln Begeisterung und Mulmigkeit einender ab. Meine Familie ist wie schon in der großen Syrischen Wüste bester Dinge. Volles Vertrauen zu Papa, der sich ja so lange auf dieses Abenteuer vorbereitet hat. Nur, ich war auch noch nie hier! Doch die Tanks voller Diesel und Trinkwasser, genug Lebensmittel und Obst an Bord geben uns Sicherheit.

Kerman ist schon von weit her als grüne Oasenstadt auszumachen in den grauen und braunen Farbtönen der Wüste. Von den Bergen fließen das ganze Jahr über Bäche in die Stadt, die durch eine Vielzahl von kleinen Kanälen geleitet werden. Sie speisen Bäume, Gärten und viele gepflegte Parkanlagen.

Hier bleiben wir länger, hier lernen wir Hussein und seine Familie kennen, hier herrscht eine einzigartig schöne und ruhige Atmosphäre. Nur hier haben wir viele Beispiele in der Architektur beobachten können, die das absolute Verbot figürlicher Darstellung im Islam durchbrechen. Gesichter, Engel, Tiere und Dämonen sind in die reich verzierten Ornamente an den Giebeln alter Gebäude eingefügt.

Kerman ist leider eine der wenigen Städte, in denen noch die früher im ganzen Iran anzutreffenden Windtürme zu sehen sind. Heute werden diese Bauwerke weitgehend von modernen Klima-Anlagen ersetzt.

Die traditionellen Windtürme kühlen die darunter liegenden Wohnräume

Im alten Bazarviertel liegt abseits der geschäftigen Gassen eines der schönsten und ältesten Teehäuser Persiens. Ein kleiner Springbrunnen kühlt die Luft, dezente Musik der vertonten Gedichte des Nationaldichters Hafez, wohlschmeckender Lahejan-Tee von der Küste des kaspischen Meeres und das leise Blubbern der Wasserpfeifen - eine Atmosphäre, die man nicht so schnell vergisst. Hier spricht uns Hussein an, ein privater Stadtführer, der hofft, im Kontakt mit den wenigen Touristen ein paar Rial zu verdienen. Seine charmante und dennoch unaufdringliche Art, sein großes Wissen gefällt uns. Viele Tage verbringen wir miteinander, lernen uns kennen. Einst arbeitete er als Manager in einer der großen Minen, welche die Bodenschätze der Wüste ausbeuten. Er kam zu bescheidenem Wohlstand. Ein kleines Haus am Rande Kermans für seine Frau Sarah und seine Kinder Manush (8), Babak (16) und Roshanak (18) gestatteten ein gutes Leben. Plötzlich arbeitslos geworden, wurde bereits das tägliche Essen zum Problem. Ohne regelmäßige Einnahmen versucht er die Familie über Wasser zu halten. Trotzdem lädt er uns in sein Haus zum Essen ein. Er ist strenger Muslim, die Frau und die große Tochter tragen den Tschador auch zu Hause. Die Regeln des Islam werden in der Gesellschaft und auch zu Hause weitgehend eingehalten. Wir aber sollen uns fühlen wie zu Hause, Jacqueline und Desiree können ihre Kopftücher ablegen, man weiß schließlich, dass dies bei uns nicht üblich ist. Wieder einmal werfen wir bei uns so sorgsam gepflegte Vorurteile über Bord. Er, der Vorstand der Familie steht mit seinen Frauen in der Küche, schält Zwiebeln und hilft beim Zubereiten des Essens. Nur wir dürfen nicht zupacken. Er schwitzt sichtlich und fragt, ob wir es vorziehen würden auf der Terrasse zu speisen. Da uns schon etwas kühl ist und wir die farbenfrohen persischen Teppiche im Wohnzimmer so gemütlich finden, wollen wir lieber drinnen essen. Der Wunsch des Gastes ist heilig, also wird auf dem Boden serviert. Alle sitzen im Kreis um das Essen. Hussein schwitzt noch immer. Seine Frau sitzt schräg hinter ihm und fächelt sich mit einer Bastfahne Luft zu. Ganz unauffällig zieht sie die Bahn der Fahne an sich vorbei, so dass ihr Mann auch noch etwas von der kühlenden Luft abbekommt. Ich beobachte die beiden und strahle über alle Wangen. Mein Gott, denke ich bei mir, hier ist die Welt noch in Ordnung.

Lange sitzen wir zusammen, sprechen über den Islam und über Khomeni, den auch Hussein anfangs glühend unterstützt hat. Und über den wirtschaftlichen Niedergang des Irans, je mehr die Macht der Mullahs gefestigt wurde. Seine Schwierigkeiten ein eigenes Reisebüro aufzubauen, in einem Land das Touristen nicht gerade in Scharen ins Land holt, können wir nachvollziehen. Gerade war er dabei Telefon- und Faxanschluss zu organisieren. Als schier aussichtsloses Unterfangen schildert er die Probleme mit der staatlichen Telefongesellschaft.

Wieder einmal ist es schwer unsere Gastgeber davon zu überzeugen, dass wir in unserer gemütlichen Feuerwehr übernachten möchten. Wieder bietet man uns an, wenigstens die Kinder ins Haus zu holen, damit die Eltern mal wieder einmal allein sein können. Ihre offensichtliche Absicht ist Jacqueline und mir peinlich. Betreten lassen wir die Kinder zurück. Etwas Rotwein zur Rettung der Situation steht leider nicht zur Verfügung.

Nach vielen Tagen schon wieder ein Abschied, der schwer fällt.

Wir besuchen den 35 km von Kerman entfernten Prinzessinnengarten unweit des kleinen Oasenortes Mahan. Am Rande der Wüste Lut, die drei mal so groß wie Deutschland ist, liegt an einem Berghang ein üppig grünes Rechteck, von einer hohen Mauer umgeben. Ein sehr wasserreicher Bach fließt mitten hindurch, speist kleine Becken, die dem Berg immer weiter hinab mit kleinen Wasserfällen folgen. Das kleine obere Palais ist von hohen und dichten Bäumen umgeben, die sich entlang des Baches bis zum prachtvollen Eingang am unteren Ende des Gartens hinziehen. Ein Paradies inmitten der kargen Wüste. Und für unsere Feuerwehr ist hier ein ebenso schöner Park- und Rastplatz vor der hohen Mauer mit einem paradiesischen Ausblick auf das unterhalb liegende Mahan, in dessen Mitte sich die blauen Kuppeln der Derwischmoschee deutlich abheben. Zu unserem Erstaunen lässt man uns bei einem Besuch Mahans auf das Dach dieser schönen, aber sonst nicht so spektakulären Moschee klettern. Sogar mit der Kamera dürfen wir Ungläubigen die Minarette ersteigen, um die grandiose Aussicht auf die umgebenden Berge und die Oase zu filmen. Vorsichtig, mit dem Rücken angelehnt, umrunden wir auf einem schmalen Absatz die große türkisblaue

Kuppel. Ein unbeschreibliches Gefühl nimmt uns gefangen, so zwischen Erde und Allahs Himmel sein zu dürfen. Die Wächter der Moschee sehen uns unsere Freude an, und freuen sich im Angesicht eines kleinen, aber unaufgeforderten Bakschischs, mit uns.

Wieder werden wir zum Essen eingeladen, so dass wir erst gegen Abend zurück zum Prinzessinnengarten kommen. Besonders in der aufkommenden Dunkelheit, kein Besucher verirrt sich mehr hierher, erstrahlen die Gebäude, vor allem aber die Wasserfälle in einem traumhaften Licht. Aus den Lautsprechern tönt persische Musik. Unser kleines Lagefeuer mit gegrilltem Gemüse und den letzten deutschen Büchsenwürstchen, das beste iranische Brot aus Kerman, das auf Kieselsteinen gebacken wird und ein Ausblick auf die gewaltigen, nur schattenhaft sichtbaren Berge und das Blinken der Lichter von Mahan - romantischer geht es nicht. Noch ein gutes Bier und ich hätte hier so schnell nicht wieder weggewollt. Letzteres gab es leider nicht.

Am nächsten Vormittag holt uns die iranische Gegenwart jäh und schockierend ein. Wir haben uns mir der iranischen Gastfamilie des Vortages zu einem kleinen Ausflug verabredet.

Sie kommen eine halbe Stunde später, entschuldigen sich vielmals und sind außerordentlich wortkarg, geradezu ängstlich. Erst hartnäckiges Nachfragen offenbart den Grund. Die kompletten Familien des Ortes hatten sich auf dem zentralen Platz einzufinden, um einer Hinrichtung beizuwohnen. Ein 19 und ein 21 Jahre alter Mann wurden wegen Vergewaltigung zum Tode verurteilt und öffentlich gehenkt. Zur Abschreckung unter den Augen auch von Frauen und Kindern. Uns steht die Beklemmung ins Gesicht geschrieben.

Schon in Teheran hatten wir von der Strenge der iranischen Justiz gehört.

Der ganze Ausflug gerät in eine Diskussion um das für und wider der im Iran angewandten Scharia, der jahrhundertealten islamischen Gerichtsbarkeit. Drakonische Strafen wie Steinigen bis zum Tode, Auspeitschen, Abschneiden von Zunge und Ohren oder das Abhacken der Hände von Dieben sind an der Tagesordnung. Freilich ist die Kriminalität im Iran sehr gering. Die Abschreckung funktioniert offenbar. Teilweise können wir die Argumente unserer Gastgeber sogar verstehen. Sie leben weitgehend geschützt vor der gewöhnlichen Kriminalität. Ich ertappe mich bei der Überlegung, dass in der Diktatur der DDR eine Frau beinahe durch jedes Stadtviertel Ostberlins mitten in der Nacht unbehelligt und ohne Angst nach Hause gehen konnte. Das ist in unserer heutigen Demokratie leider nicht mehr so. Doch der Schock über das gerade Berichtete sitzt an diesem Tage tief in uns. Unsere neuzeitliche, demokratische Rechtsauffassung ist uns da doch lieber.

Bei dem gemeinsamen Ausflug besuchen wir einen Friedhof. Während der gesamten Fahrt durch den Iran haben wir sie oft an der Straße gesehen, die Märtyrerfriedhöfe. Schaukästen, an den iranische Fahnen angebracht sind, zeigen wettergeschützt die Porträts der im Krieg mit dem Nachbarn Irak Gefallenen. Wir sind entsetzt wie viele unschuldige Kindergesichter darunter sind. Jungen, die in den Schulen als „Freiwillige“ angeworben wurden, wie einst der dritte Imam Hussein, um für den wahren Islam in den Tod zu gehen. Vor dem Einsatz in den Minenfeldern, noch vor den regulären Truppen, unterschrieben sie ihr Testament mit der Erklärung stolz darauf zu sein, den Märtyrertod zu sterben. Der Plastikschlüssel um ihren Hals sollte dazu dienen, das Paradies aufzuschließen.

Wie sehr sich die Kriege ähneln, egal wo und wann auf unserer Welt. Erinnerung werden wach an die Bilder von Kindern in den letzten Tagen des 2. Weltkrieges, als Hitler sein letztes Aufgebot, Kinder der HJ, in den sicheren Tod schickte.

Nach zwei bedrückenden Tagen brechen wir in die etwa 200 km entfernt liegende berühmte Wüstenstadt Bam auf, einem der beeindruckendsten Orte im ganzen Iran. Die etwa 20 ha große Anlage schließt im Inneren eine ebenfalls sehr gut erhaltene Festung ein, die wie die Stadt selbst nochmals von hohen Mauern umgeben ist. Die fast vollständig aus Lehm gebaute Stadt wird als „Geisterstadt der Wüste“ bezeichnet und wurde vor etwa 180 Jahren von ihren Einwohnern schlagartig verlassen. Ein Fluch über der Stadt war die Ursache. Die Anlage selbst ist bis heute nicht wieder besiedelt worden. Einige wenige Handwerker sind auf Jahrtausende alte Weise damit beschäftigt Lehmziegel zu formen, um damit ärgste Schäden auszubessern. Bei der Gewaltigkeit der Anlage ein schier aussichtsloses Unterfangen. Ob die Aufnahme der Festungsstadt in die Liste des UNESCO Weltkulturerbes den Verfall aufhalten kann, ist fraglich. Die Gassen und Straßen der verlassenen Stadt zu durchstreifen, die Festung mit einem grandiosen Ausblick zu erklimmen, ist uns ein besonderer Spaß. Um so freudiger sind wir, als wir Hussein aus Kerman in Begleitung zweier iranischer Freunde wiedertreffen, die dem Engländer Mitchel die Stadt zeigen. Plötzlich haben wir wieder eine fachkundige Führung. Einer seiner Begleiter, ein junger westlich gekleideter junger Mann führt uns in eine verlassene Moschee. Er setzt sich auf einen Teppich und beginnt mit der typischen nasalen Stimme Ferse aus dem Koran nur für uns zu singen, mit einer Hand ein Ohr zuhaltend. Immer wieder macht er vor Anstrengung kleine Pausen. Wir stehen wie gebannt und hören dem eigenartigen aber eingehenden Gesang zu. Schauer laufen uns über den Rücken, Rührung steht in unseren Augen.

Gott oder Allah sei Dank gibt es am Fuße der Festung ein kleines Teehaus, welches nach der langen Besichtigung zur Rast einlädt.

Wir übernachten an der gewaltigen Umfassungsmauer der Festungsstadt und werden in der Nacht von der Polizei geweckt. Höflich aber bestimmt geleitet sie uns bis vor ihre Polizeistation, wir würden hier sicherer sein. Die lag an einer auch in der Nacht stark befahrenen Straße, unsere Ruhe war dahin.

Am nächsten Tag treffen wir den Engländer Mitchell wieder, der allein in einem selbst umgebauten Army-Landrover ebenfalls nach Indien will. Wir bestaunen sein perfekt ausgebautes Gefährt mit aller erdenklicher Ausrüstung. Fast alles hat er aus Kostengründen selbst gebaut, ein Ofen fehlt ebenso wenig wie ein Schlauchboot auf dem Dach. Da er seinen Wagen komplett grün angestrichen hatte, nannte er ihn „Kermit", treffend, wie wir finden. Als wir beschließen, aus Sicherheitsgründen zusammen weiterzufahren, gesellt sich ein alter ebenfalls selbst ausgebauter Mercedes-Truck mit Hamburger Kennzeichen dazu. Nura und der 2,07 m große Arne sind auf 2 ½-jähriger Hochzeitsreise. Wenn das Geld reicht, soll es bis nach Australien gehen. Ihr Gefährt ist durchgehend weiß und bekam von ihren Besitzern den treffenden Namen „Snow Queen". Nun sind wir für die weiteren etwas komplizierteren Etappen unserer Reise ein kleiner Konvoi geworden. Rot, grün, weiß. Jedes Mobil ist für sich schon eine farbige Auffälligkeit. Zusammen kann uns nun hoffentlich nichts mehr passieren.

Immer wieder warnt man uns vor der zunehmenden Nähe zu Belutschistan. Die direkt an Afghanistan grenzende Provinz, die auf Pakistanischer Seite weitergeht, ist das Eldorado der Waffen und Drogenschmuggler. Trotz einer massiven Militärpräsenz wird der Iran diesem Problem nicht Herr.

Die Armee und Polizeiposten sind korrekt und freundlich, ja oft besorgt um unsere Sicherheit. Immer wieder werden wir belehrt, nur am Tage zu fahren und des Nachts an einer der vielen Polizei- oder Armeestationen zu übernachten. Die Schmuggler seien an nichts anderem als an ihrem Geschäft interessiert. Wenn ihnen einer in die Quere kommt, fackeln sie nicht lange.

In der Grenzstadt Zahedan, an der Transitroute nach Pakistan, einem Völkergemisch aus Persern, Afghanen, Pakistani und Belutschen, kaufen wir reichlich Proviant für die Durchquerung der großen Sandwüste Belutschistans. Schließlich weiß keiner von uns, wie es auf pakistanischer Seite so zugeht. Dadurch verspäten wir uns auf dem Weg zur iranischen Grenzstation und kommen in die Dunkelheit, vor der immer wieder gewarnt wurden. Plötzlich bricht ein Gewitter los, es wird noch finsterer. Regen in der Wüste kommt hier wirklich nur alle paar Jahre vor. Ausgerechnet jetzt haben wir ihn. Es gießt wie aus Eimern. Wie mit einem Messer gezogen hört der Regen auf und das Ganze geht über in einen ausgewachsenen Sandsturm. Unsere Feuerwehr führt den kleinen Konvoi an, Kermit und die Snow Queen folgen. Plötzlich fährt vor uns wie aus dem nichts auftauchend ein alter zerbeulter Pick up. Zwei Mann springen von der Ladefläche und fuchteln wie wild mit ihren Kalaschnikows vor uns her und deuten uns unmissverständlich anzuhalten. Mir springt das Herz in die Hose. Instinktiv gebe ich Gas. Der Motor der Feuerwehr heult auf, wir sausen los und nichts passiert. Wir vermuten, dass die Männer durch das aus dem Sandsturm hinter uns jähe Auftauchen der anderen beiden Fahrzeuge Respekt bekamen und schossen nicht hinter uns her. Durch den wenig durchsichtigen Sturm konnten sie nicht erkennen, wie viele Fahrzeuge noch folgen würden. Das war unser Glück. Der Konvoi hatte sich bereits am zweiten Tage bewährt. Nun blieben wir bis weit nach Pakistan hinein zusammen.

Noch in der Nacht brachten uns die iranischen Grenzpolizisten Obst in die Fahrzeuge. Am Morgen wurde ein letztes Mal für 1,6 Pfennige pro Liter Diesel vollgetankt. Die letzten Kilometer von der Station bis zur unmittelbaren Grenze wurde uns, wieder aus Sicherheitsgründen, ein bewaffneter Soldat mitgegeben. Dem macht die Fahrt in unserer Feuerwehr sichtlichen Spaß. Diese letzten Kilometer verläuft die Straße direkt an einem Grenzzaun aus Stacheldraht. Die andere Seite ist Afghanistan. Wir staunen nicht schlecht, als von afghanischer Seite eine ganze Anzahl von Schmugglern mit schwerbeladenen Eseln zum Stacheldraht kommen und ihre „Ware“ an iranische Komplizen durch und über den Draht heben. Ich mache unseren uniformierten Begleiter darauf aufmerksam. Er tut so, als würde er schießen: paff, paff, paff, grinst und freut sich viel mehr über die Fahrt mit unserer Feuerwehr.

Freundlich verabschiedet er sich. Wir haben die relativ moderne Grenzstation erreicht.

Die Formalitäten auf iranischer Seite sind so unkompliziert wie die Einreise vor nunmehr fünf Wochen. Der Schlagbaum öffnet sich, es kracht und schaukelt und der phantastische iranische Asphalt ist zu Ende.

Pakistan

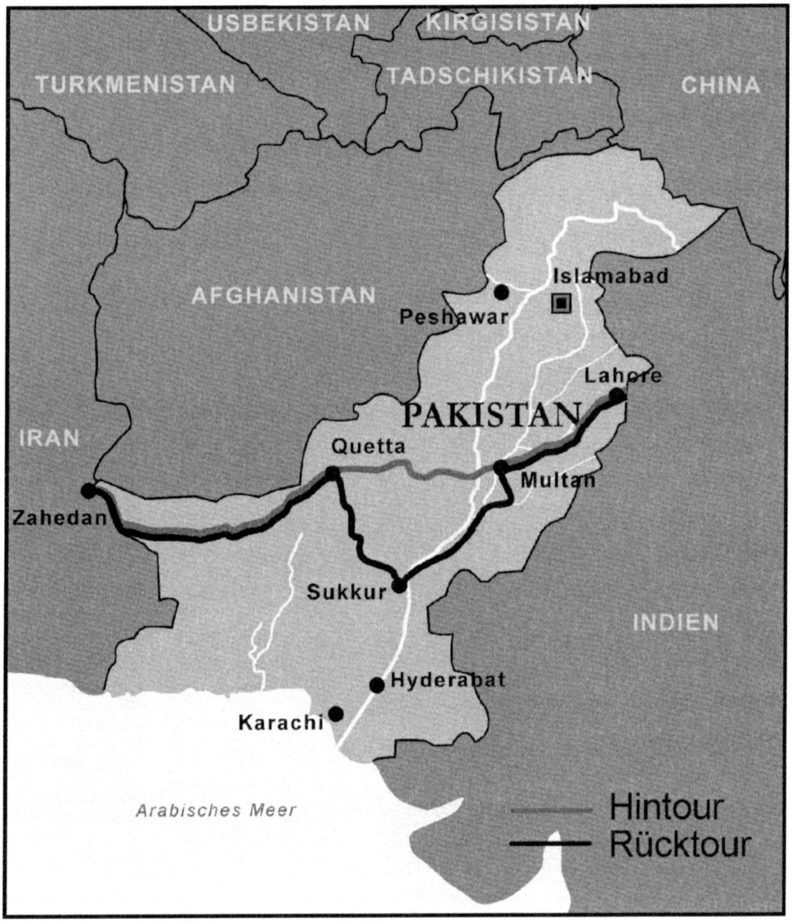
USBEKISTAN
KIRGISISTAN
TURKMENISTAN
TADSCHIKISTAN
CHINA
Islamabad
AFGHANISTAN
Peshawar
Lahore
PAKISTAN
IRAN
Quetta
Multan
Zahedan
Sukkur
INDIEN
Hyderabat
Karachi
Arabisches Meer
Hintour
Rücktour

Warum „Green Whisky“ kein Schnaps ist

Noch lange denken wir über die fünf Wochen im Iran nach. Gute Freunde haben wir zurückgelassen und im ganzen Land eine geradezu unglaubliche Gastfreundschaft genossen.

Menschen, die uns begeistert von ihren Erinnerungen mit dem ehemaligen Schah von Persien berichtet und die gefürchtete Geheimpolizei mit ihren politischen Morden und die Sippenherrschaft der kaiserlichen Familie und ihrer Zöglinge vergessen haben. Mullahs, die uns in einem Mercedes sitzend freundlich winkend die Vorfahrt gewährten. Demonstrationen von blutjungen Rekruten der Pasdaran, der Religions- und Sittenwächter der geistlichen Führer, die in ekstatischem Geschrei all ihre familiäre Erziehung vergessen zu haben scheinen. Eine Infrastruktur, die mehr an Europa als an den Orient erinnert und Lebensbedingungen, die zum Teil noch tiefes Mittelalter bezeugen.

Immer wieder wurden wir daran erinnert, dass eine Diktatur, ob politischer oder religiöser Natur, nach den selben Gesetzmäßigkeiten funktioniert. Dennoch, beachtet man als Reisender die Regeln, ist ein Besuch eine wahre Bereicherung. Die Menschen jedenfalls, die so wenig Kontakt zur Außenwelt besitzen, sind auf rührende Weise dankbar.

Die pakistanische Grenzstation besteht nur aus einer einfachen Hütte mit zwei heruntergekommenen Schreibtischen und zwei riesigen abgenutzten Büchern zum Eintrag unserer Visa und unseres Fahrzeuges. Während der Formalitäten steht die Feuerwehr in ausgedehnten Sand- und Dreckhaufen. Hunderte Plastiktüten werden vom Wind durch die Gegend geblasen. Zwanzig, dreißig Pakistani, alles Männer, verfolgen all unser tun und jede Bewegung. Ihre Kleidung, selbst die der Grenzpolizei ist durchweg traditionell. Lange weite Hosen werden von einer Art Hemd des gleichen hellen Stoffes meist bis zu den Knien lose herabhängend überdeckt. Im Iran waren die Uniformen, selbst die der islamischen Revolutionsgarden, an amerikanische Vorbilder gelehnt. Die männliche Bevölkerung kleidete sich überwiegend westlich. Nicht so in Pakistan. Das Traditionelle dominiert hier.

Uns wurde schlagartig klar, wir hatten am 90. Tag unserer Reise den alten indischen Subkontinent erreicht.

Der anschließende Zoll hat sein eigenes Gelände, umzäunt und etwas ordentlicher. Die Prozedur läuft nicht sehr gründlich und damit für uns angenehm ab.

Als wir losfahren, finden wir dann doch eine asphaltierte, aber löchrige und einspurige Straße in Richtung Quetta vor. Diese engen Wege, bei denen immer einer oder beide entgegenkommenden Fahrzeuge auf den meist nicht befestigten oft nicht mal existierenden Randstreifen ausweichen muss, haben wir „lieben" gelernt. Sie sind eine Hinterlassenschaft der Engländer aus kolonialen Zeiten. Diese Straßen, die vor langer Zeit einmal asphaltiert wurden, findet man noch viel in Pakistan und Indien und sind immer wieder Ursache für tragische Unfälle. Eine Regel, wer auszuweichen hat, gibt es nicht. Es zählt nur Auge um Auge, Zahn um Zahn. Der sein Fahrzeug mehr liebt, gibt nach und weicht aus. Es gibt wahre Selbstmörder, die mit starrem Blick ihren tonnenschwer beladenen Uralt-Truck ohne die geringste Regung auf der Straße halten. Es hat lange gedauert, bis Sebastian und ich lernten, dass es besser für uns ist, nachzugeben. Die Anzahl der zerschmetterten Feuerwehrspiegel durch das Ausweichen in letzter Sekunde gab Zeugnis darüber ab. Als es zwischen meinem Sohn (je nachdem wer am Lenkrad saß) 5 : 3 für mich stand, haben wir aufgehört, die Spiegel zu zählen.

Noch eine weitere Herausforderung kam ebenfalls neu auf uns zu. Der Linksverkehr. Einen Irrtum gibt es hier nur einmal.

Der über 1500 km lange Weg nach Quetta, der Hauptstadt der größten pakistanischen Provinz Belutschistan, führt geradewegs nach Osten durch ein Hochland mit fast allen Wüstenformen die es gibt. Eine flache, unendlich scheinende Geröllwüste, eine

Sandwüste mit riesigen Dünen und eine bergige Felswüste mit einer unglaublichen Farbpalette gehören zum Landschaftsbild. Vier Tage Fahrt von früh bis spät auf teilweise barbarischen Straßen benötigt unser 3er Konvoi auf dieser Etappe. Schon die erste Übernachtung in einer Zollstation beschreibt die Zustände im urwüchsigen Pakistan treffend. Der Zollinspektor lädt uns zum Essen ein. Er lässt kochen, gibt nur Anweisungen an seine Diener.

Jeder, der in diesem Land einen Rang und Namen hat, sei er auch noch so klein, lässt sich durch meist männliche Diener bedienen. Die zum Teil drückende Armut stützt und befördert dieses System. Durch das schnelle Bevölkerungswachstum gibt es keine Chance zu einer Verbesserung.

Da sich mit den selten vorbeikommenden Ausländern, die garantiert Dollars mit sich führen, immer gute Geschäfte machen lassen, kommt unser Gastgeber schnell zur Sache. Er bietet Drogen aller Art an. Haschisch und Marihuana – no Problem. Eine

Kostprobe in einer umgefüllten Zigarette soll uns von der großartigen Qualität überzeugen. Aber es geht noch weiter. Pistolen, Gewehre, die allseits verehrte Kalaschnikow, ja auch ein Rocket Louncher (eine Art Panzerfaust) für nur 1.000.- US-Dollar sind im Angebot. Wir lehnen dankend und etwas irritiert ab. In den nächsten Wochen müssen wir feststellen, dass dies im ganzen Land so weiter gehen sollte.

Jede Nacht hören wir die Schießereien zwischen den unzähligen Schmugglern und den Polizei- und Armeeeinheiten. Das Problem ist hier, entlang der afghanischen Grenze, so groß, dass es kaum eine Chance zu deren wirksamen Eindämmung gibt. Dazu kommt der Umstand, dass die Grenze Pakistans zum Nachbarn Afghanistan viele 1000 km lang ist. Diese wiederum besteht meistenteils aus den „Trible Areas", den autonomen Stammesgebieten, mit eigener Polizeihoheit und Gerichtsbarkeit. Sie leben weniger von der Arbeit als durch den einträglichen Schmuggel von Drogen und Waffen. Mehr als das pakistanische Geld verbindet diese Stämme kaum mit ihrem Mutterland. Die Gegend um das pakistanische Peschawar gilt als einzige große Waffenschmiede, in der so ziemlich jede herkömmliche Waffe dieser Welt originalgetreu nachgebaut wird. Pakistani sind auf diesem Gebiet wahre Künstler geworden.

Uns wird bedeutet, keine Probleme zu haben, wenn wir nur tagsüber fahren würden und in der Nacht den Schutz der vielen Polizei-, Armee- oder Zollstationen in Anspruch nehmen würden. Herzlich gern berücksichtigen wir diese Ratschläge.

So plötzlich, wie Quetta auftaucht, stecken wir bereits mitten drin in einem unglaublichen Getümmel, besser Chaos, aus kunterbunten LKW, Kamel-, Esels- und Ochsenkarren, unglaublich stinkenden Motor-Rikschas, Fahrrädern und wahren Menschenmassen.

Das Hotel Lourdes, eine im britischen Kolonialstil gebaute Insel im Chaos dieser Stadt, mit seinem hübschen Garten ist schnell gefunden. Treffpunkt und damit Info-point aller durchreisenden „Overlander“ wie wir, ist es ein Muss auf dem Wege von und nach Indien.

Leider treffen wir nur wenige an. Und die wollen auch alle nach Indien und haben kaum mehr Ahnung als wir, wissen auch nicht, was noch alles kommen sollte.

Wir wählen für die Weiterfahrt nicht die interessantere nördliche Route durch die „Trible-Areas“. Weniger aus Angst als vielmehr wegen der vermeintlich besseren Straße steuerten wir nach Süden in Richtung Sukkur, gelegen am größten Strom Südasiens, dem Indus. Auf diesem Weg durchfahren wir Jacobabat. Diese Stadt gilt im Sommer als eine der heißesten Punkte Asiens. Temperaturen von über 50 Grad im Schatten sind keine Seltenheit. Wir haben November und herrliches Wetter mit Temperaturen von durchschnittlich 28 Grad.

In Sukkur überqueren wir den Indus, der dem gesamten Subkontinent seinen Namen gab. Er entspringt in Tibet und mündet östlich von Karachi mit einem riesigen Delta, das größer als das des Nils ist, ins Arabische Meer.

In und um Sukkur wird der Indus mit einem System von Dämmen aufgestaut. Kanäle wurden geschaffen, die größer als der Suez- und der Panamakanal sind. Es entstand das größte Bewässerungssystem der Erde.

Bei der Überquerung dieses riesigen Flusses wird mir zum ersten mal richtig bewusst, wie weit wir eigentlich von unserem zu Hause weg sind. Nicht nur die Entfernung trennt uns von Deutschland. Das Klima, die Kultur, die Landschaften. Nichts ist wie gewohnt. Auch der Umstand, nicht nach wenigen Stunden aus einem Flugzeug ausgestiegen zu sein, sondern sich jeden Kilometer erfahren zu haben, befördert dieses Gefühl. Gerade der Indus erscheint wie eine Trennlinie, die eine andere, östliche Welt eröffnet.

Viele Monate später, bei unserer Rückreise ist es bei der Überquerung in Richtung Westen wiederum so, als würden wir einen entscheidenden Schritt in Richtung Heimat zurückgelegt haben. Obwohl noch so viele tausend Kilometer vor uns liegen, erscheint uns unsere Heimat plötzlich näher.

Schlafplätze zu finden ist nun schwieriger geworden. Mitunter vergehen Stunden bis wir eine Polizeistation oder ein heruntergekommenes Hotel mit einem Hof oder Garten innerhalb einer Umfassungsmauer gefunden haben. Immer früher am Tage beginnen wir nach vielen Stunden Fahrt mit der Suche. In einem kleinen Dorf mitten im Sind fragen wir einen relativ wohlhabend aussehenden Mann nach einer sicheren Schlafstelle. Er verweist sofort auf sein privates Grundstück mitten im Dorf. Für alle drei Fahrzeuge sei genug Platz.

Wir werden über holprige Dorfwege geleitet in ein von hohen Mauern umgebenes Grundstück mit einer Art Herrschaftshaus in der Mitte.

Eine große Familie von Landlords, Großgrundbesitzer denen das Dorf und alle umliegenden Ländereien gehören, sind unsere Gastgeber. Fünf Brüder, alle mit eigener Familie und eigenem Hausstand haben sich hier ein gemeinsames Gästehaus geschaffen. Es ist fast fertig und wir sind die ersten Gäste. Zwar leben wir weiter in unseren Fahrzeugen, doch die Benutzung der Duschen und Toiletten des Hauses sind uns mehr als willkommen.

Die Familien der fünf Brüder (eigentlich nur deren Diener!) wechseln sich mit dem Bekochen für uns ab.

Stolz zeigen sie uns bei der erstbesten Gelegenheit den Eintrag der Familie in ein dickes Buch, in dem alle Persönlichkeiten Pakistans mit Besitz, Funktion und Stammbaum aufgeführt sind. Sie gehört offenbar zu den reichsten ganz Pakistans.

Am großen Tor des Grundstücks drücken Kinder und ältere Dorfbewohner ihre Gesichter durch die Gitter, um etwas von uns zu Gesicht zu bekommen. Unsere Anwesenheit gleicht einer Sensation. Es wird Abend. Unter dem Vordach des Gästehauses sind alle verfügbaren Sessel und Stühle, ergänzt durch unsere Campingmöbel um viele Tische herumgestellt. Die ganze Familie kommt zusammen, um mit uns zu speisen. Nur die männlichen Wesen, versteht sich. Und die in ihrer Festkleidung. Die gleichen langen Hemden wie überall in Pakistan, doch ihre sind reich bestickt und mit kleinsten bunten Edelsteinen besetzt. Manche tragen über der Stirn eingeschlitzte Kappen, ebenso reich verziert. Man muss schließlich zeigen, was man hat.

Die Hammel-, Lamm- und Reisgerichte schmecken ausgezeichnet. Den Durchfall, den ich seit Überquerung der letzten Grenze immer noch habe, ignoriere ich einfach, so lecker ist das Essen. Hinter uns stehen und hocken schon fast im Dunkeln die Schar von Dienern, die nach dem Reichen der Speisen jede Bewegung von uns teils laut kichernd kommentieren. Als das Essen beendet wird, reichen die Landlords die Teller mit dem übriggebliebenen Essen, auch ihre persönlichen Essensreste, wortlos nach hinten in die Dunkelheit. Lautstark reißen die Diener die Teller an sich und kämpfen um die besten Stücke. Uns ist mulmig im Bauch. Doch später erfahren wir, dass nicht Hunger der Grund für den Konkurrenzkampf ist, sondern die Qualität des Essens. Solch edle Speisen gibt es auf dem Tisch der Dienerschaft sonst nicht.

An jedem Abend kommen wir so zusammen. Jetzt, nach besserem kennen lernen, ist die Musik an der Reihe. Wir spielen auf der Gitarre und singen die wenigen Lieder, die wir kennen. Wie schon im Iran ärgern wir uns wieder, dass wir uns nicht besser vorbereitet hatten. Auch Mitch ist kein Textwunder. Arne und Nura retten die Situation mit Tänzen nach Musik aus dem Recorder. Ein Landlord klatscht, es wird nach dem Dorfmusikus gerufen. Der erscheint wenig später mit einer Harmonika, einem Miniklavier, bei dem die hintere Rückwand mit einer Hand wie ein Blasebalg ständig bewegt wird, während die andere Hand die Melodie spielt. Er ist wahrlich ein Meister seines Faches. Seine

Begeisterung, erstmals für Ausländer ein Konzert zu geben, sieht man ihm an. Wieder ein Klatschen und es wird nach dem Dorfvortänzer geschickt. Auch der erscheint bald und tanzt sich auf Bestellung die Seele aus dem Leib. Uns gefällt die Musik, wir tanzen mit. Begeistert werden wir von Landlords, Dienern und weiteren Dorfbewohnern (das Tor steht offen!) beklatscht. Besonders die kuriosen Bewegungen unseres Engländers machen allen viel Spaß.

Doch es gefällt uns nicht, dass unsere in der Mehrzahl ziemlich beleibten Landlords nicht mitmachen. Wir bleiben hartnäckig und fordern sie immer wieder auf. Nur zögerlich tun sie uns aus lauter Gastfreundschaft den Gefallen. Die Dorfbewohner sind aus dem Häuschen, nie bekommen sie ihre Herren so zu sehen.

Die Sache wird noch verrückter, als Arne auf die Idee kommt ein Springseil aus dem Auto zu holen. Wir Europäer stellen uns mehr oder weniger geschickt an. Die Dienerschaft hat wahrlich Mühe, aber die dicken Landlords schießen den Vogel ab. Sie verheddern sich im Seil, stolpern und schnüren sich die Füße zusammen. Die Dorfbewohner, und nicht nur die, biegen sich vor Lachen. Dieser Abend geht sicher in die Analen des Dorfes ein.

Nachts stellt man ein Bettgestell vor unsere Feuerwehr. Zwei Mann werden mit einem Gewehr zu unserer Bewachung abgestellt. Wenn einer ruht, dreht der andere mit der Waffe seine Runden. Ein bisschen wundern wir uns über die Ängstlichkeit unserer Gastgeber, ist doch das gesamte Grundstück mit einer hohen scherbenbekrönten Mauer umgeben.

An einem der nächsten Tage setzt man uns in einen geräumigen Jeep und zeigt uns die riesigen Plantagen um das Dorf herum. Bananen, Zuckerrohr, Obstplantagen machen einen friedlichen Eindruck. Alles ist durch den nahen Indus üppig grün. Auf den angrenzenden Baumwollplantagen ist Erntezeit. Dreißig, vierzig Frauen und Mädchen mit ihren Kinder sind auf jedem Feld und arbeiten nach Akkord. Man sieht ihnen die Anstrengung eines langen Arbeitstages an. Ihre Babys hängen teils in einer Art Sack an den wenigen Bäumen am Rande der Felder; andere liegen schreiend, weil vollgekackt, in den Feldfurchen. Zeit zum Betreuen ist nicht. Zu allem Übel schreit einer der Landlords die Frauen an, sie sollten sich zeigen, der deutsche Kameramann in Gestalt Sebastians wolle die Arbeit filmen. Lächelnd! Doch das gelingt den wenigsten. Sebastian ist genau so schlecht wie uns und hat alles andere als Lust auf das Drehen diesen Elends. Mitten in den Feldern besuchen wir einen kleinen Hof, in dem nur die größeren Kinder und die Alten zurückgeblieben sind. Sie leben förmlich zwischen den Büffeln, Ziegen und Lämmchen. Die klapprigen Bettgestelle stehen direkt neben und zwischen den Tieren. Der Landlord weist an, Tee zu kochen. Unter den spärlichen Bäumen finden wir etwas Schatten. Ein alter Mann, seltsam verbraucht aussehend und von uns zwischen vierzig und achtzig Jahren geschätzt, serviert mit zitternden Händen den Tee in nicht gerade sauberen Tassen. Die Situation ist erbärmlich. Der Boss spricht ausschließlich von der Größe seiner Felder, der guten Ernte und von seinem ganzen Besitz überhaupt. Wir erfahren, dass diese Menschen keinen Lohn erhalten. Vielmehr das, was sie gerade zum Leben brauchen, aber auch nicht mehr. Wenn sie krank sind, müssen sie den Landlord bitten, ihnen Geld für den Arzt zu geben. Als guter Moslem tut der es auch, mal mehr mal weniger. Simulanten erkennt der Boss auch ohne medizinische Kenntnisse. Einzige Ausnahme der Entlohnung ist die Ernte. Da gibt es entsprechend der eingebrachten Menge etwas Geld. Die Augen der Leibeigenen sprechen Bände. Das ist Feudalismus pur. Heimlich stecke ich dem „alten" Mann etwas Geld zu. Er gibt es mir zurück. Wir wollen nur noch zurück.

Froh, wieder im Gästehaus zu sein, müssen wir das Erlebte erst einmal verdauen.

Wir bekommen eine große Glaskaraffe mit einer grünlich-weißlichen Flüssigkeit auf unseren Campingtisch vor die Feuerwehr gestellt. Ein „refreshing drink“ auf Joghurtbasis wird uns bedeutet. Den Frauen schmeckt es nicht sonderlich. Wir Männer trinken, wenn auch mit leicht verzogenem Gesicht, aus.

Das anschließende Dinner schmeckt wie all die Tage davor köstlich. Nach meinem letzten Bissen sehe ich rein zufällig aus dem Fenster und die Feuerwehr scheint auf dem Hof zu fahren. Wohl die Hitze und Feuchtigkeit im November, denke ich. Der Kreislauf muss sich an dieses Klima erst noch gewöhnen. Plötzlich steht auch Kermit nicht mehr still.

Arne meint so eigenartig laut: „Mensch Kinder, das ist eine Droge ... Aber die ist gut!“

Wir stehen auf und wanken auf den Hof. Unser Engländer schnappt sich einen der Landlords, greift ihn mit beiden Händen am Gewand und brüllt ihn an: „Who is responsible for that? Do you want kill me?“ (Wer ist dafür verantwortlich? Wollt Ihr mich umbringen?) Der schmächtige Mitch lässt los und fällt der Länge nach um.

Ich kann mich gerade noch erinnern, dass ich unglaubliche Lachkrämpfe bekam. Die Tränen flossen in Strömen, das ganze Gesicht kam mir entstellt und völlig verzerrt vor. Ich habe mir noch die Gitarre genommen. Mit Musik mochte das aber nichts zu tun haben. Jacqueline brachte mich völlig hilflos ins Bett der Feuerwehr. Ich hatte das Gefühl, dass diese ein Düsenjet wäre. Sturzflüge, Loopings und eine ohrenbetörende Lautstärke - es war schrecklich. Ganze drei Tage habe ich gebraucht, ehe die letzen Kopfschmerzen verflogen waren. Mitch und selbst Arne bekamen noch Fieber. Wir mussten unsere gemeinsame Weiterfahrt verschieben.

Immer und immer wieder entschuldigen sich die Landlords. Mit einer derartigen Wirkung bei uns haben sie nicht gerechnet. Man merkt ihnen die Peinlichkeit an und wir tragen es nicht länger nach.

Nun naht die erste wirklich dramatische Situation unserer Reise. Desiree wird krank. Eigentlich wollen wir das Dorf Kamu Shaheed am Freitagmorgen verlassen, alle haben sich wieder erholt.

Ich zitiere das Tagebuch von Jacqueline, geschrieben unmittelbar während und nach den Ereignissen:

„Donnerstag, 12. November:

Wir gehen früher als sonst schlafen. Desiree ist irgendwie mulmig zumute. Sie hat etwas Durchfall. So sage ich als erstes Gute Nacht und bringe mein Baby ins Bett. Ich singe Schlaflieder – so wie früher, schnell schlummert sie ein. Nachts kommt dann das Fieber, Kopf- und Bauchschmerzen.

Freitag, 13. November:

Ich habe die ganze Nacht nicht geschlafen. Desiree geht es saudreckig und ich weiß nicht – ist es Malaria oder Dysenterie (Shigella), wie in Rumänien 1989, wo sie uns fast gestorben ist. Malaria kann ebenso mit abdomineller Symptomatik und Durchfall einhergehen. Vor allem sind neben dem Fieber starke Kopf- und Gliederschmerzen richtungweisend.

Ich frage, ob man Desis Blut irgendwo ins Labor bringen kann. Asif sagt: geht o.k.! Also fahren die beiden Autos (Mitch, Arne und Nura, d.V.) ohne uns los. Nura muss nach Putna, wird dort erwartet. Und Mitch hat es plötzlich auch eilig. Desiree ist enttäuscht, ich ehrlich gesagt auch. Schließlich hatten wir auch auf sie gewartet (Weil sie ebenfalls erkrankt waren d.V.).

Desis Fieber ist kaum zu senken, bis 39,7 steigt es. Tapfer hält sie mir den Finger zum Stechen hin. Ich habe keinen Objektträger, nehme Klarsichtfolie in der Hoffnung, dass man sie einfach auf einen solchen spannen und dann unter ein Mikroskop schieben kann. Einen dicken Tropfen, wie in meinem Buch beschrieben, geben wir in Asifs Hände. Er bricht mit Matthias im Familienjeep sofort auf. Ich kühle meine Mausi mit Lappen auf der Stirn. Sie ist mit einem Laken zugedeckt. Wickel sind unmöglich, sie zentralisiert stark. Buscopan, Paracetamol bringen zwischenzeitlich Linderung. Immer wieder muss sie auf die Toilette. Doch ich möchte warten. Der Laborbefund wird wohl nach einer Stunde hier sein, so wie es Asif versprochen hat. Ein falsches Antibiotikum zu geben wage ich nicht. Vielleicht hat sie ja auch beides, Malaria und Dysenterie? Sie schafft nur kleine Schlucke der Elektrolytflüssigkeit, die ich ihr zubereitet habe. Der Volumenverlust ist meine größte Sorge.

Als Matthias und Asif zurück sind, ist die Enttäuschung groß. Der Blutstropfen war fast geronnen, auch hätte man kurz nach Abnahme das Blut verteilen müssen. Also ist mein „schlaues Buch" im Irrtum. Doch die beiden haben Objektträger mitgebracht und Matthias hat jetzt „Ahnung". Der Arzt zeigte ihm an seinem Assistenten, wie es geht. O.k. Desiree ist geradeso einverstanden und so nehme ich ein zweites Bluttröpfchen ab. Asif will nun mit dem Überlandbus ca. 35 km weiter in ein besseres Labor fahren. Das Auto ist nicht mehr verfügbar, damit ist Majeed unterwegs. Der Befund würde zwei Stunden dauern. Es ist jetzt 12 Uhr. Desis Temperatur und Allgemeinzustand sind beängstigend. Ich gebe Cotrimsaft (ein Antibiotikum, d.V.). Falls sie Malaria hat, kann ich immer noch umstellen. Doch ihr Stuhl sieht zusehends typischer für Shigella aus, immer mehr Blut, Schleim und Eiter. Sie kann nicht mehr aus dem Bett, um zur Toilette zu gehen, so dass ich ihr Schüsseln unter den Po schiebe. Mich packt die Panik. Sie verliert zuviel Volumen, mehr als oben reingeht.

Bloß nichts anmerken lassen vor der übrigen Messi-Familie (wir, d.V.).

Asif kehrt zurück. Das gleiche Lied. Das Blut hätte 15 Sekunden gerührt werden müssen, um die Erythrozythen voneinander zu entfernen, damit sie besser sichtbar sind. Und wir hatten genau nach Vorschrift des ersten Arztes gearbeitet, Matthias hatte es genau beobachtet. Die wenigen Areale, auf denen man etwas sehen konnte, waren malariafrei. O.k.- nun ist mir schon alles egal. Falls es zusätzlich Malaria ist, würden wir es hoffentlich merken. Dass sie auf jeden Fall Dysenterie hat, war nach dem Aussehen des Stuhls überwiegend klar. Trotzdem hätte ich gern einen zweiten Kollegen auf den Stuhlschauen lassen. Doch für heute ist niemand mehr erreichbar und ich also allein mit meiner „Kunst“.

Ich könnte heulen vor Angst um mein Kind und der Angst einen Fehler zu begehen.

Wieder aufgerappelt, bespreche ich mit Matthias, Asif und Salam, dass ich ihr doch eine Infusion geben werde, denn das zwischenzeitlich etwas unter 39 gesunkene Fieber lag schon wieder bei 39,6. Als ich Desi aufzuklären versuche, kriegt sie natürlich die absolute Panik und sagt: „Mutti, bitte, bitte gib mir ganz viel zu trinken. Ich trinke alles, aber keinen Tropf.“ Und das klappte tatsächlich. Bis zum späten Abend hatte sie mit letzter Kraft 1,5 Liter getrunken. Das war Klasse.

Samstag, 14. November:

Am Nachmittag gab ich ihr unüblicherweise nochmals eine halbe Dosis Chotrimsaft. Am späten Abend war das Allergröbste überstanden, das Fieber bei 38,4 und Desirees Allgemeinzustand stabil. Ich war so glücklich. Alle Freunde waren so besorgt, ständig fragte vorsichtig jemand nach ihrem Befinden. Sie war so süß. Immer wieder entschuldigte sie sich, dass sie mir so viel Arbeit mit den „Kackschüsseln“, dem Poabwischen mache.

Sonntag, 15. November:

Desiree ist fieberfrei – HURRA!"

Wir erfahren erst später, dass hier neun von zehn Fieberkranken Malaria haben. Diese tückische Krankheit ist in der von Mücken nur so wimmelnden riesigen Indusebene ein kaum noch in den Griff zu bekommendes Problem. Viele Erreger sind gegen entsprechende Medikamente resistent geworden. Von daher war Jacquelines Sorge berechtigt.

Fast ein Jahr später, Monate nach der Rückkehr von unserer Reise sollte Jacqueline es sein, die die Malaria doch noch bekommen hat. Vollkommen unvermutet. Und das macht diese Krankheit besonders gefährlich.

Es folgen rührende Tage. Das ganze Dorf freut sich über Desirees Genesung. Viele kleine Geschenke, Blumen und Obst werden gebracht.

Wenn die Dorfbewohner ihre Herrscher treffen, werden ihre Hände, ihre Gewänder manchmal auch ihre Schuhe unterwürfig geküsst. Für uns ein abstoßendes Ritual. Eines Abends besucht uns ein ranghöherer Polizist der Gegend. Er schreitet wie ein hoher Staatsgast vor der Ehrenformation überaus würdevoll auf unsere Tische zu, an denen wir wie jeden Abend mit unseren Landlords sitzen. Im gebührenden Abstand hinter ihm sein Diener, der das Gewehr zu tragen hat. Plötzlich verkehrt sich die Situation. Die Landlords springen auf und begrüßen ihn derart unterwürfig, wie sonst die eigenen Untertanen sie selbst. Sebastian meint auf deutsch, in der Gewissheit, dass der neue Gast es nicht versteht: „Der macht ja derart den Affen, ist ja ekelhaft!“ Irgendwie empfinden wir ähnlich. Ohne Absprache unterhält sich keiner von uns mit diesem Angeber.

In dieser Situation offenbart sich uns deutlich die Ausweglosigkeit Pakistans, einmal ein modernes Staatswesen zu werden. Das uralte, festgefügte System von akzeptierten Abhängigkeiten mit einer geradezu mittelalterlichen Unterwürfigkeit, das devote Buckeln vor Herrschern, Beamten und Behörden, der allmächtige staatliche Sektor – all das befördert und erhält die Korruption und ein ausgiebig zelebriertes egoistisches Machtgehabe. Und das leider bis in die Spitzen der Regierung. Demokratische Formen im Zusammenleben der Menschen, wenn auch langsam zu entwickeln, können wir uns kaum vorstellen.

In vielen Gesprächen im ganzen Land erfahren wir, dass die meisten Pakistani dies erkannt haben, doch sie wehren sich nicht. Alles bleibt wie es ist. Immer wieder sagt man uns schmunzelnd aber dennoch ernstgemeint: „Für Pakistan wäre es besser gewesen, englische Kolonie zu bleiben!"

Auffällig für uns ist die strikte Geschlechtertrennung. Noch viel rigoroser als im Iran, bekommen wir Männer keine einzige Frau, kein junges Mädchen der Landlordfamilien zu Gesicht. Jacqueline und Desiree werden in die Häuser der Herscherfamilien eingeladen. Sie schwatzen, waschen unsere Wäsche mit ihren Waschmaschinen und haben eine gewissen Einblick in Ihr Leben, dass trotz des Reichtums viel bescheidener ist, als wir es uns vorstellen.

Auch wir dürfen die Häuser besichtigen, doch sind vorher alle weiblichen Wesen verschwunden. Den Wunsch der Frauen, unsere Feuerwehr zu besichtigen erfüllen wir gern, setzt allerdings voraus, dass wir Männer das Grundstück vorher verlassen haben.

Hochzeiten werden getrennt gefeiert. Das wesentlich üppigere und damit eigentliche Fest veranstalten die Männer. Keine einzige Frau hat Zutritt.

Langsam begreifen wir, wie rechtlos die Frauen hier leben müssen. Eine offene Kritik an dieser Männerherrschaft hören Jacqueline und Desiree dennoch nicht. Erst viel später erfahren wir, wie wenig eine Frau selbst vor dem Gesetz Wert ist. Selbst das Töten einer Frau, für Ehebruch oder auch nur für die Weigerung der zwangsweisen Verheiratung, bleibt zur „Wiederherstellung der Ehre" vor Gerichten immer wieder straffrei.

Anfangs ist es für uns völlig unverständlich, warum gerade Pakistan die wohl finstersten Gotteskrieger im Dienste des Islam, die Taliban in Afghanistan, mit Waffen und Geld so reichlich unterstützt haben. Deren unglaublichste Unterdrückung der Frauen ruft in Pakistan kaum Unwillen hervor.

Die offensichtliche und für uns Reisende augenscheinliche Unterdrückung der Frauen im Iran haben wir nur schwer nachvollziehen können. So erschien Pakistan auf den ersten Blick in dieser Beziehung liberaler. Unsere Mädchen wurden nicht mehr gezwungen, sich zu verhüllen. Im überfüllten und wuseligen Bild der Märkte und Straßen in den Dörfern und Städten fällt es jedoch nur auf den zweiten Blick auf, dass Frauen kaum zu sehen sind. Verkäufer sind Männer. Die Käufer ebenfalls.

Gott sei Dank stellt all das für unsere Familie kein Problem dar. Wieder haben wir unter Männern und Frauen Freunde gefunden. Wieder einmal verabschieden wir uns mit Wehmut.

Unsere „family-orient-tour" bewegt sich langsam und weiterhin sicher ostwärts in Richtung Indien.

Seit der Türkei rasiere ich mich nicht mehr selbst. In einem Dorf an der Straße gibt es einen Barber, einen Friseur, der mein Gesicht für wenige Rupien wieder hinter den Stoppeln hervorzaubert. Der Eckladen ist an beiden Seiten zu einem kleinen Markt hin offen. Dicht gedrängt, stehen die Pakistanis (ausschließlich männlichen Geschlechts) und schauen zu, wie ein hellhäutiger Ausländer besonders intensiv behandelt wird. Einseifen, zwei mal rasieren, cremen, massieren, einige Duftwässerchen und etwas zu viel Puder. Als ich husten muss, lachen sich alle halb krank. Wie immer ist einer zur Stelle, der alles, jede Einzelheit kommentiert, immer zum Gaudi der vielen Zuschauer. Selbst der Barbier lacht sich kaputt, was ich nicht so gut finde – Dank des ausgesprochen scharfen Messers an meinem Hals.

Man gewöhnt sich an diese Aufmerksamkeit, die uns nach so langer Zeit nicht mehr nervt. Wir stellen fest, wie öde es sein muss, wenn uns, zurück in Berlin, kein Mensch mehr beachtet.

Die Straße entlang des Industales führt uns über Multan in die

Stadt der Mogulherrscher Lahore, dem kulturellen Zentrums ganz Pakistans.

Der Begriff Straße ist auf vielen Abschnitten mehr als übertrieben. Durch unzählige Baustellen, auf denen fast nie gebaut wird, muss unsere Feuerwehr oft kilometerlange Umleitungen ertragen. Schlagloch reiht sich an Schlagloch, teilweise so tief, dass nur Schritt-Tempo größeren Schaden verhindert. Der aufgewirbelte Staub erlaubt die Sicht zum Vordermann oft nicht. Und dann die waghalsigen Überholmanöver der wie die Geisteskranken rasenden Busfahrer. Den Blick wie gebannt (oder besser bekifft?) nach vorn gerichtet, ist ihnen der klapprige Zustand ihres Fahrzeuges und das Risiko für ihre Fahrgäste offensichtlich gleichgültig. Busleichen en masse säumen den Weg. Manche derart zugerichtet, dass man den Gedanken an die Insassen schnell von sich weisen muss.

Hier ist für die Feuerwehr kaum ein Durchkommen

Die nur 250 km bis Lahore schaffen wir „schon" an nicht einmal zwei Tagen. Eingerechnet allerdings die Suche nach dem

Guesthouse des YWCA, der christlichen Frauenorganisation, einer bekannten Herberge für Overlander wie uns.

Hier treffen wir Peter, den 36 jährigen Schweizer Invalidenrentner, der am Tag so seine 25 Haschisch-Zigaretten raucht und eigentlich von früh bis spät damit beschäftigt ist, diese zu stopfen. Eigentlich lebt er in Indien, doch die Versorgung mit dem für ihn lebenswichtigen Stoff ist in diesem Maße nur in Pakistan gewährleistet. Sein Spruch mehrmals täglich (sehr langgezogen und in seinem unverwechselbaren Schweizer Dialekt):"Matthias, **Du** bist ja so jung (jedoch 10 Jahre älter, d.V.), und **ich** fühl mich so alt !" Der nächste Stoff ist schon wieder in Arbeit.

Doch geradezu rührend kümmert er sich um uns, zeigt uns Lahore und gibt uns wertvolle Tipps für Indien. Auf seinem Permit, einem polizeilichen Erlaubnisschein, der pro Monat zwei Kartons Bier und eine Flasche Whisky zu kaufen erlaubt, ist noch Platz. Wir fahren zusammen zu einem Keller eines großen Hotels, in dem die staatliche Ausgabestelle von Alkohol untergebracht ist. Da Moslems derartiger Genuss nicht erlaubt ist, ermöglicht der pakistanische Staat Ausländern und Angehörigen der anderen Minderheiten über diesen Weg den Bezug von Alkohol, wenn auch in kontrollierten Mengen. Da wir aus dem Iran kommen, erscheint uns diese Regelung schon als enormer Fortschritt. Zwei Italiener mit Motorrädern gesellen sich zu uns. Der Abend wird nett. Nur die Schwestern unserer christlichen Herberge finden unser Gelage auf dem Hof ihres Anwesens nicht so passend. Wir quetschen uns in die „dining hall" unser Feuerwehr und gehen erst sehr früh schlafen.

Durch unseren „geselligen Abend" merken wir nicht, wie sich Jacqueline mit Fieber zurückzieht. Sie hat sich bei Desiree angesteckt. Sie verordnet sich sofort die gleichen Medikamente, die auch Desiree geholfen haben. So ist sie Gott sei Dank nach zwei weiteren Tagen wieder fit.

Hier kommen wir, bedingt durch Desirees Krankheit, nach

längerer Zeit mal wieder dazu, zu Hause anzurufen. Die Eltern sind krank vor Sorge um uns. Weinend erzählen sie, dass kurz zuvor in Karachi fünf Amerikaner erschossen wurden, wovon wir nichts mitbekommen haben.

Wir müssen versprechen, öfter ein Lebenszeichen von uns zu geben.

Wo auch immer unsere Feuerwehr auftaucht, sind neugierige Kinder sofort zur Stelle

Von den baulichen Hinterlassenschaften der Mogulkaiser von Akbar bis Aurangzeb beeindruckte uns am meisten die Badshahi Moschee, einer in Größe und Schönheit am vollkommendsten geratenen Moscheen der islamischen Welt. In früher Stunde genießen wir auf dem riesigen Innenhof, der zum Freitagsgebet bis zu 60.000 Gläubigen Platz bietet, die langsam wärmer werdenden Strahlen der aufgehenden Sonne. Die Atmosphäre ist friedlich und ruhig. Nur ein leichtes Brummen verrät, dass sich dieses grandiose Bauensemble mitten in einer der hektischsten Altstädte befindet, die wir auf der gesamten Reise zu sehen bekamen.

Um die weiteren Sehenswürdigkeiten zu beschreiben, die wir in dieser schönsten Stadt Pakistans besucht haben, verweise ich auf einen der einschlägigen Reiseführer, der die wechselvolle Geschichte und die Bauten selbst ausführlicher beschreiben kann.

Die in unmittelbarer Nähe zu Lahore gelegene Grenzstation zu Indien ist unser Ziel. Wir erreichen sie nach wenigen Kilometern.

Die pakistanischen Behörden im einzigen Grenzübergang zwischen den so verfeindeten Ländern sind in ihrer Abfertigung sehr langsam, jedoch großzügig und freundlich. Als wir vorsichtig drängeln vielleicht etwas schneller weiterzukommen, zumal keiner außer uns die Grenze überschreiten will, lacht man: „Wartet erst mal ab, was auf indischer Seite auf Euch zukommt!“ Um Punkt 10 Uhr öffnet sich an unserem 112. Reisetag der Schlagbaum und die dahinter liegenden Grenztore. Eines mit pakistanischem, eines mit indischem Wappen.

Indien

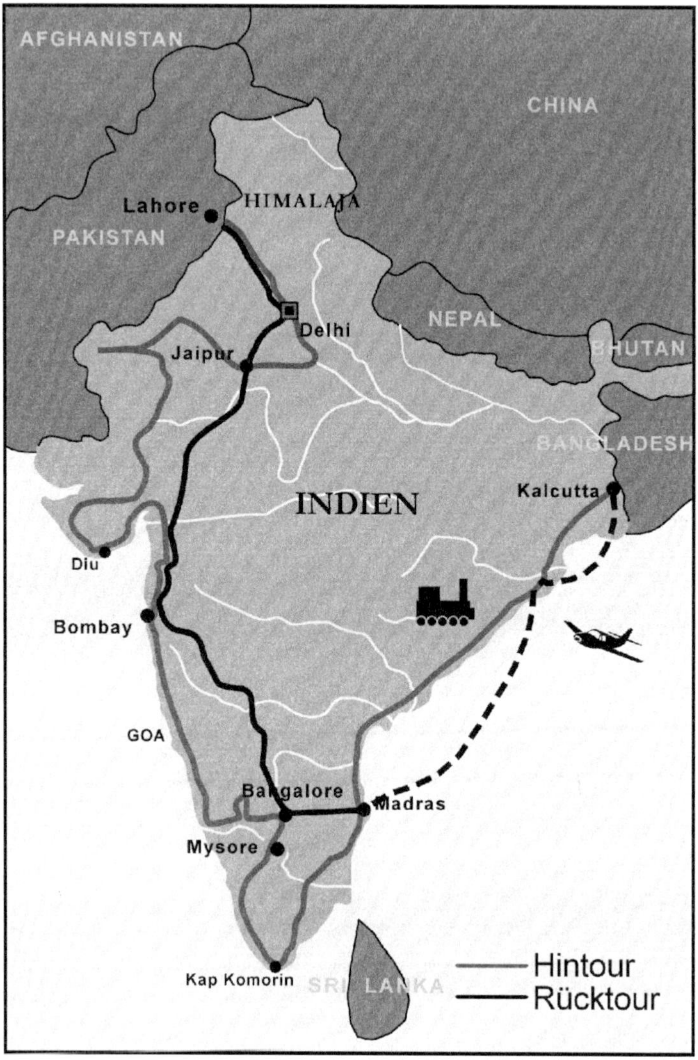
AFGHANISTAN
CHINA
HIMALAJA
Lahore
PAKISTAN
NEPAL
Delhi
Jaipur
BHUTAN
BANGLADESH
Kalcutta
INDIEN
Diu
Bombay
GOA
Bangalore
Madras
Mysore
Kap Komorin
SRI LANKA
Hintour
Rücktour

Wo das Chaos seine Heimat hat

„Wenn Gott in allem wohnt, was im Universum existiert, wenn der Gelehrte wie der Straßenkehrer von Gott sind, dann gibt es keinen, der hoch ist, und keinen, der niedrig ist. Alle sind ohne Einschränkungen gleich. Sie sind gleich, weil sie die Geschöpfe jenes Schöpfers sind."

Mahatma Gandhi

Wenn der erste Eindruck der Bestimmende für ein ganzes Land sein soll, so haben wir noch einiges vor uns.

Die indische Passkontrolle in einem bahnhofsähnlichen aber modernen Abfertigungsgebäude geht noch einigermaßen zügig vonstatten. Der verantwortliche Beamte vom Zoll, ein stolzer hochgewachsener Sikh, begleitet uns zur Feuerwehr und bedeutet uns zur Kontrolle alles aus der Feuerwehr auszupacken und auf den Parkplatz zu legen. Wie jetzt? Was sollen wir auspacken? „Na alles, was drin ist!" Mir verschlägt es den Atem. Das ist unmöglich! Das Gepäck ist nicht in irgendwelchen Koffern oder Taschen untergebracht, sondern eingeräumt in Regale, festeingebaute Boxen und Stauräume. Gar nicht zu denken an unser Ersatzteil- und Fahrradlager im Heck der Feuerwehr. Ich weigere mich dieser irrwitzigen Anweisung Folge zu leisten. Völlig umsonst versuche ich zu diskutieren. Ich erzähle ihm, dass ich in Delhi und Bombay mit All-India-Radio verabredet bin und ich mich über diese Behandlung beschweren werde. Der Zollbeamte bleibt unbeeindruckt. Ich werde lauter und lauter. Mit der lapidaren Bemerkung - ohne Zollkontrolle kein Passieren - verschwindet er. Ich hole die Campingstühle heraus und setze mich in meiner demonstrativen Verweigerungshaltung prustend vor die Feuerwehr. Jetzt ist klar, wovon die pakistanischen Grenzer gesprochen hatten.

Inzwischen kommt ein LKW der britischen Überland-Reiseorganisation „Encounter Overland“ mit zwei Fahrern und 22 Fahrgästen auf dem selben Parkplatz an. Es ist ein Pritschenfahrzeug der Marke Mercedes mit einfachen Planen über den spartanischen Schaumgummibänken. In den Kästen direkt unter den Bänken ist das Gepäck untergebracht, unter dem Pritschenboden sämtliche übrige Ausrüstungen wie Küchengeräte, Geschirr und Liegen verstaut. Mit vorwiegend englischsprachigen Reisenden aus Großbritannien, Neuseeland, Kanada und einem jungen Mädel aus Dänemark reisen sie in 30 Wochen(!) von London nach Katmandu in Nepal. Er stellt sich neben uns. Die beiden Fahrer, John der Schotte und Phil der Neuseeländer weisen an, alles auszupacken. Alles, ja alles, was nicht mit dem Fahrzeug fest verbunden ist, wird ordentlich nebeneinander auf den Betonboden gelegt.

Ich bin entsetzt über die Akzeptanz dieser barbarischen und in meinen Augen diskriminierenden Maßnahme. Phil, der im Auftrag seiner Organisation schon zig mal diese Grenze überschritten hat bedeutet mir, dass ich nur drei Möglichkeiten habe: Entweder ich packe aus, oder ich zahle ein Trinkgeld von üblichen 50 Dollar oder ich bleibe hier sitzen. Volle zwei Wochen hat er in ähnlicher Situation selbst schon hier verbracht. Ich werde nur noch wütender, denke gar nicht daran diesen impertinenten Menschen zu schmieren.

Nach Stunden werde ich aufgefordert ohne meine Familie und in Begleitung eines Postens mit der Feuerwehr 12 km zu einer Wiegestation zu fahren, um das Gesamtgewicht zu ermitteln. Wenn es über dem im Carnet de Passage angegebenen liegen würde, müsste ich zahlen – natürlich in Dollar. Gott sei Dank war ich bei der Angabe der Gesamtlast zu Hause in Berlin recht großzügig, so dass er hier nichts machen konnte. Nach mehr als einer Stunde komme ich zurück.

Jetzt hält mein Zollbeamter eine neuerliche Schikane für mich bereit. Meine Gefühle gegen sein Leben sind kaum noch zu beschreiben. Wenn der Luftdruck der Reifen unter dem in den Fahrzeugpapieren angegebenen Wert ist, kann das darauf zurückzuführen sein, dass Drogen darin transportiert werden. Alle Reifen sind o.k., außer einem. Das Ventil ist kaputt, hält zwar die Luft, lässt sich aber weder aufpumpen noch Luft ablassen. Natürlich reagiert das Manometer ebenfalls nicht. Triumphal schaut er mich an: siehst du, hier könnten Drogen drin sein.

Ich schwanke zwischen Wut und Verzweiflung hin und her. Es muss sein sechster oder siebenter Tod gewesen sein.

Es ist bereits 20 Uhr, die Zöllner haben Feierabend und ganz plötzlich ein Einsehen. Selbst unser nicht mehr unter den Lebenden weilender Zollbeamter wird freundlich. Verstehe das einer! Es dauert immer noch etwa eine Stunde, bis die Papiere fertig sind.

Auf einmal fahren wir wieder. Bis zur Hauptstadt des indischen Punjab, Amritsar, sind es nur wenige Kilometer. Die Straßen sind durchaus annehmbar.

Ich stoße einen unglaublichen, fast befreienden Sturmschrei aus. Die Tränen kullern über meine Wangen. Ob aus Freude, Erschöpfung oder Erregung ist mir in diesem Moment ganz egal. Wir haben unser Ziel erreicht – Indien. Ganz allein und auf dem Landweg. 12.600 km mit unserer treuen Feuerwehr durch 9 Länder. Siebeneinhalb Jahre waren nicht umsonst.

In Mrs. Bandaris Guesthouse warten schon die Engländer auf uns. Ein kühles Bier und ein Whisky stehen bereit. Selten hat so was derartig gut geschmeckt.

Die Hausherrin besitzt ein Faxgerät. Ich schreibe an meine Eltern: „Wir sind in Indien. Macht bitte eine Flasche Sekt auf!“ Wie wir später erfahren, tun sie es ausgiebig.

An dieser Stelle möchte ich einige erklärende Bemerkungen über Indien und seine so unterschiedlichen Bewohner einfügen. Persönliche Erfahrungen bestätigen viel Erlesenes und Gehörtes.

Ohne wenigstens ein paar grundlegende Kenntnisse auf dem Gebiet der uns so fremden Kultur und Religion zu besitzen, sollte man sich diesem für uns sehr kompliziertem Land nicht nähern, nicht in Büchern und nicht als Tourist.

Indien und die Inder - sicherlich für uns noch schwieriger als das in Deutschland hinlänglich bekannte und problembeladene „Frankreich und die Franzosen".

Über diese Thema sind unzählige Bücher und Publikationen geschrieben worden, so dass für mich eigentlich kaum noch Platz ist. Doch geht es mir um das Verständnis der Schilderungen in diesem Buch und so bitte ich den Leser, einige kurze Erläuterungen zu erlauben. Vielleicht sind dann die folgenden Erlebnisse in diesem ungewöhnlichen, oft verrücktem Land besser, vor allem auch auf tolerantere Weise, verständlich.

Eine Vielzahl historischer Bauwerke besonders Mittel- und Nordindiens, die wir bewundern können sind islamischen Ursprungs. Persische Einflüsse vermischten sich mit indischen und brachten eine einzigartige Kunst und Architektur zustande. Besonders vom 15. bis 18. Jahrhundert war der Islam in weiten Teilen Indiens Staatsreligion. Doch dieser Einfluss wurde durch den erstarkenden und sich expansiv verbreiteten Hinduismus mehr und mehr zurückgedrängt. Heute sind über 82 % der Bevölkerung gläubige Hindus. Diese Religion ist im ganze Land die prägende.

Im Unterschied zu den monotheistischen Religionen des Christen- und Judentums, auch des Islam, gibt es im Hinduismus praktisch unzählige Götter. Meist sind sie in irgend einer Form auf die drei Hauptgötter zurückzuführen: Vishnu, der Erhalter des Universums, Brahma, der Erschaffer und Shiva, der Zerstörer und Erneuerer aller Dinge. Sie bilden die „Trimurti", die Dreifaltigkeit des Hinduismus.

Es gibt viele Inkarnationen, Fleischwerdungen dieser Götter, die wiederum weitere Untergötter zu Stande bringen. Die Vielzahl der überlieferten heiligen Schriften halten unzählige Geschichten bereit, welche die Geburt wieder und immer wieder neuer Götter, zum Teil auf abenteuerlichste Art, beschreiben.

Überall in Indien gibt es für Kinder richtige bunte Comics zu kaufen, die in Spannung und Aufmachung den uns bekannten kaum nachstehen. Desiree hat sich viele davon gekauft und hat so Schritt für Schritt mehr über die Götterwelt erfahren. Immer wieder sind wir erstaunt, dass sie in hinduistischen Tempeln die eine oder andere Gottheit, teils mit ihren Nebengöttern oder Begleitern erkennt.

Einer der wichtigsten Aspekte im Denken eines Hindu ist die „Wiedergeburt", bestimmt durch das „Karma". Demnach geht die Seele nach dem Tod in einen anderen Körper über. Das kann mit großem Glück wieder ein Mensch, aber auch ein höheres Wesen oder aber auch nur ein niederes Tier sein. Je nachdem, wie man sein Leben verbracht hat. Gute Taten und ein ehrfürchtiges Leben mit den Göttern wird im nächsten Leben belohnt. Man kann sogar die endgültige Erlösung, „Moksha" erfahren, der Austritt aus dem ewigen Kreislauf der Wiedergeburten.

Das hat im Charakter der Inder zum Teil fatale Folgen. Unglückliche Zustände oder ausgesprochenes Pech im Leben werden früheren Leben angelastet. Man gibt sich diesem Schicksal hin, man erträgt es, ohne es bewusst zu ändern. Diese Leidensfähigkeit der Inder lässt kaum Platz für Veränderungen. Wenn es ist, wie es ist, so hat es seine Ursache in vorangegangenen Leben. Andererseits, und das ist das Positive, gibt es dem Hindu die Möglichkeit, das Chaos in diesem überfüllten und von sozialen Spannungen so reichen Land zu ertragen.

Das für uns so grausame Kastensystem hat nur so die Chance weiter zu bestehen, obwohl es nach dem Gesetz eigentlich verboten ist.

So ist die indische Gesellschaft noch heute in vier Hauptkasten gespalten, die schon vor vielen Jahrhunderten entstanden. Die Bramahnen verkörpern die Priester und Gelehrten, die Kshatriyas die Krieger, die Vaishyas die Händler und Bauern, zuletzt die Shudras, die Arbeiter und sonstigen Untertanen. Jeder Hindu wird in einer Kaste geboren und verbleibt ein Leben lang in dieser Kaste. Ein Wechsel ist nicht möglich.

Unterhalb der vier Kasten entstand die mittlerweile riesige Schicht der „Unberührbaren“, der Kastenlosen. Mahatma Gandhi nannte sie „Harijans“, Kinder Gottes, weil er das Kastenwesen ablehnte. Sie durften früher nur unreine Arbeiten verrichten, die Reinigung der Straßen, die Verbrennung der Toten und das Gerben von Leder. Heute werden ihnen vom Staat vorzugsweise Plätze in Schulen und Universitäten reserviert. Es kommt nicht selten vor, dass ein „Harijan“ bis in höhere Positionen vordringt. Die Hochzeit mit einem Partner einer über ihnen stehenden Kaste ist trotzdem sehr selten. Doch die große Masse der „Unberührbaren“ lebt in größerem Elend als die der vier Kasten.

Ein Kuriosum zeigt, wie sehr die indische Gesellschaft diesen Strukturen verhaftet ist.

In Goa, der ehemaligen portugiesischen Kolonie in Mittelindien leben heute über eine halbe Million Christen. Schon vor Jahrhunderten bekehrten Missionare die einheimische Bevölkerung zum Christentum. Die Bekehrten teilen sich in Brahmanen-Christen und Shudra-Christen. Und die würden untereinander nie heiraten.

Für uns Reisende offenbart sich diese Trennung nicht so einfach. Mit Ausnahmen. Wenn Bramahnen mit uns sprechen oder uns in ihr Haus einladen, geben sie stolz und direkt zu verstehen, dass sie der höchsten Kaste angehören. Wenn wir mit Angehörigen höherer Kasten zusammen waren, und wir wie so häufig den Ärmsten etwas Geld geben, werden wir mitunter schroff angefahren. „Man gibt denen kein Geld!“. Solche Grausamkeiten haben hier keine Bedeutung. Bei diesen Gelegenheiten erinnern wir uns oft an die eine der fünf Säulen im Leben eines Moslems: das Geben von Almosen für die Bedürftigen. Das erscheint uns um vieles humaner, wir müssen immer wieder aufpassen den Hinduismus nicht zu leicht und zu oberflächlich zu verurteilen.

Der eng mit der Religion verbundene Aberglauben ist besonders unter der ungebildeten Landbevölkerung weit verbreitet. Nicht die Religion schreibt derartige Auswüchse vor. Jedes Dorf, jeder Priester, ja jeder sich durch die Lande schmarotzende Sadu hat da seine eigenen Regeln. Krassester Auswuchs sind die mittlerweile selten gewordenen und berühmt-berüchtigten Witwenverbrennungen oder das Töten von neugeborenen Mädchen. Zwar streng verboten, wird es doch immer wieder praktiziert. Blutopfer für die Rachegöttin Kali erfolgen in den entlegenen Dörfern Indiens noch oft genug mit dem Blut von Menschen. Im Gegensatz dazu gehört das vergleichsweise harmlose Durchstechen der Gesichter und Körper von Sadus in Indien beinahe zur Normalität und begegnet uns Reisenden immer wieder.

Ein Sadu

Selbst marxistische Politiker in Kerala, dem einzigen kommunistisch regierten Bundesstaat Indiens, nehmen an Pilgerfahrten teil, um den Segen einer lokalen Gottheit zu erbitten.

Wir haben von einer Fabrik gelesen, die auf Grund einer nicht geklärten Ursache zum Stillstand kam. Sofort wurde ein Tantrik, ein Magier gerufen. Erst als der nach Tagen keinen Erfolg hatte, holte man richtige Mechaniker.

So schafft sich jeder seinen eigenen Aberglauben, seine eigene Auslegung der Religion, immer in der Hoffnung, im nächsten Leben als höheres Wesen wiedergeboren zu werden.

Jeder Hindu, jede Familie hat sich aus der unendlichen Götterwelt einen „Lieblingsgott“ auserkoren. Hat der das eigene Leben nicht gut genug beeinflusst, kann schnell gewechselt werden, Auswahl ist da reichlich vorhanden. Die von uns so oft erlebte und beobachtete Unstetheit der Inder kann auch hier eine Ursache haben. Neugier, Interesse, Annäherung und sofortiges Desinteresse, ja sogar Ignoranz folgen oft kurz aufeinander. Ich habe es oft erlebt: Ich frage im Bus einen mich freundlich anlächelnden Inder nach der Station, in der ich aussteigen will. Sprachlich gibt es bei der Nennung eines Namens da keine Schwierigkeiten. Er überlegt, kommt zu keinem Ergebnis, dreht sich plötzlich um und tut so, als wenn ich nicht existiere. Auch das hartnäckige Klopfen auf seine Schulter erwirkt keinerlei Reaktion. Bankangestellte, die ich nach einer Einzelheit im Zahlungsverkehr frage, arbeiten einfach weiter, als wenn keiner vor ihnen steht. Den Vogel schießen Behörden ab. Hier jemanden zu finden, der sich verantwortlich mit dir und deinem Problem abgibt, kann eine nervenaufreibende Sache werden. Die Polizeibeamten einer Wache eines kleinen Ortes in Tamil Nadu sehen den Crash zwischen unserer Feuerwehr und einem wie wild gewordenem Bus als gottgewollte Sache an. Wozu ein Protokoll, wozu ein Schadensausgleich. Es ist doch nun mal geschehen und nicht wieder rückgängig zu machen. So etwas kann uns Europäer wahnsinnig machen. Dennoch ist auch das Indien. Man muss sich fügen und lernen Ruhe zu bewahren. Ich gebe zu, dass das besonders bei mir sehr, sehr lange gedauert hat.

Über derartige, „negativ“ besetzte Erlebnissen unentwegt weiter zu berichten, fiele sicher leicht. Ständig muss man als individuell im Lande Reisender damit leben. Doch dann würde kein Raum bleiben für die vielen wunderschönen Orte und Landschaften, für freundliche Menschen und einer Atmosphäre, die zum Bleiben einlädt, uns den Abschied immer wieder schwer machen. Heilige Stätten der unterschiedlichsten Religionsgemeinschaften und Sekten dürfen wir auch als Nicht-Hindus ausnahmslos besuchen. Die Türen sind für jedermann offen. Eigentlich ist der richtig verstandene Hinduismus von seinen Wurzeln her sehr tolerant. Denn jeder Mensch, der an einen Gott glaubt und den Regeln seiner Religion folgt, ist ein Hindu. Wenn auch das Problem, nur einen Gott zu haben, eher belächelt wird.

Auch ist jedem Hindu, auch mit noch so geringer Bildung, seine über Jahrtausendalte Kultur sehr bewusst. Er ist stolz darauf und blickt auf die westlichen Ausländer mit ihrer vergleichsweise „jungen“ Zivilisation oft von oben herab, mag er selbst noch so arm sein.

Auch das macht den Kontakt zu Einheimischen für uns oft nicht einfach.

So hat die Religion unseres Gastlandes verbunden mit einem tiefsitzenden Aberglauben einen immensen Einfluss auf das Leben der Menschen und damit letztlich auch auf den Reisenden.

An manche Merkwürdigkeiten gewöhnt sich der Reisende schnell, wenn wir auch immer wieder das Lachen unterdrücken mussten, wenn ein Inder nach dem Essen selbst im vornehmsten Restaurant laut wie ein Ochse rülpst. Dass der auf der Straße neben dir stehende plötzlich pupst oder dass die Männer Händchen an Händchen durch die Straßen wandeln. In einem Telefonshop musste ich warten, bis ein Mann einem anderen, in seinem Schoß liegenden, den Kopf fertig gekrabbelt hat. Das hat in Indien mit schwul nichts zu tun. Es ist eben nur völlig anders.

Auch sind alle räumlichen und zeitlichen Dimensionen in diesem Lande mit unseren nicht vergleichbar. Eine „walkable distance“ (zu Fuß gehbare Entfernung) hieß in unserem schlimmsten Fall eine dreiviertel Stunde strammsten Fußmarsch. Fünf Minuten zu warten bedeutet immer eine Viertel- bis eine ganze Stunde. Beim Zoll in Delhi hat die Vorgabe von 10 Minuten schon einmal einen ganzen Vormittag gedauert.

Das sollte nur etwas sein, zum Verstehen dieses doch so anderen Landes, das wir fast sieben Monate bereisen sollten.

Amritsar, kurz hinter der pakistanisch-indischen Grenze gelegen, ist nicht nur die Hauptstadt des Punjab sondern hier leben auch die meisten Sikhs. Ihr Hauptheiligtum, der goldene Tempel stellt den Mittelpunkt dieser Religionsgemeinschaft dar, die heute über 18 Millionen Menschen umfasst. Sie entstand im 15. Jahrhundert durch eine Verbindung der besten Regeln des Islam und des Hinduismus. Es gibt nur einen Gott und das grausame Kastenwesen Indiens wird abgelehnt. Ähnlich dem Koran gibt es ein heiliges Buch, das Granth Sahib. Toleranz und Nächstenliebe werden in vorbildlicher Weise praktiziert. Man sagt ihnen aber auch militante Züge nach. Die Jahrhunderte lange Unterdrückung haben sie gegen äußere Feinde hart gemacht. Noch heute zeigt sich ihr Stolz durch den extrem aufrechten Gang ihrer meist großen und stattlichen Männer. Ihr typischer Turban, durch die man sie zweifelsfrei erkennt, versteckt ihre nie geschnittenen Haare. In ganz Indien trifft man sie. Sikhs arbeiten vorwiegend in technischen Berufen und sind teilweise zu beachtlichem Wohlstand gekommen. Jacqueline ist immer wieder angetan von diesen „gut aussehenden" Männern.

Am frühen Morgen besuchen wir den Goldenen Tempel. Leider ohne Sebastian. Nun liegt er krank im Bett. Gott sei Dank nicht so sehr wie vor ihm Desiree und Jacqueline. Dafür hat ihn leider erst fünf Wochen später eine Amöbenkur wieder vollständig hergestellt.

Die Anlage des Tempels zählt zu den herausragenden Sehenswürdigkeiten ganz Indiens. In der Architektur sind ebenso wie in der Religion islamische und hinduistische Stilrichtungen vereint.

Das Dach aus über 100 kg puren Goldes stellt eine umgekehrte Lotosblüte dar, der Erde zugewandt. So wie sich die Sikhs irdischen Dingen zuwenden sollen. Lautsprecher übertragen die eingängigen Gesänge der Priester im inneren des Tempels, der von einem See umgeben ist. Viele Sikhs nehmen ein rituelles Bad, lassen sich von uns nicht beeinflussen.

In den Küchen des Tempels werden jeden Tag 30.000 Mahlzeiten zubereitet, die an alle Besucher kostenlos verteilt werden. Auch die angrenzenden kostenlosen Unterkünfte stehen jedermann offen. So ist es nicht erstaunlich, das sich immer wieder junge abgebrannte Rucksacktouristen einfinden, um diesen Service auszunutzen.

Der Tempel wird bei unserem Besuch immer noch repariert. Die indische Armee hat 1984 und 1986 einen Aufstand militanter Sikhs mit einem Blutbad niedergeschlagen. Die Ermordung Indira Gandhis durch Mitglieder ihrer Sikh-Leibwache war eine Folge dieser Erstürmung, bei der das Heiligtum durch Panzer und Artillerie der indischen Armee schwer beschädigt wurde.

Zwei Tage später kommen wir in Delhi an, der Hauptstadt des riesigen Landes. Keine Stadt im eigentlichen Sinne. Ein riesiges Ballungszentrum mit annähernd 15 Millionen Menschen. Genau weiß das heute keiner zu sagen. Wir haben große Schwierigkeiten das mitten in Old Delhi gelegene „Tourist Camp" zu finden. Mehrmals verfahren wir uns. Nach dem Weg zu fragen ist so gut wie sinnlos. Jeder sagt einen anderen. Wir verirren uns in einem der vielen Basare. Die Straße wird enger und enger. Unsere große Feuerwehr steckt hoffnungslos fest. Wie sich dieses Gewirr dennoch wieder löst, kann eigentlich nicht erklärt werden. Noch oft kommen wir in Indien in eine derartig scheinbar ausweglose Situation. Ob Ochsenkarren, Fahrradrikschas, LKW, Taxis oder schwer tragende Fußgänger - alle bewegen sich aufeinander zu. Keiner gibt den Weg freiwillig frei. Manchmal geht es erst nach Stunden weiter. Und ganz sicher nur mit Gottes Hilfe. Ich brauche viele Wochen, bis ich das verstehe und mich nicht mehr aufrege.

Wir geraten in eine Prozession von Jains. Mit langen verfilzten Haaren und mit Asche beschmiert, laufen sie in einer großen Gruppe völlig nackt in Richtung Stadtzentrum. Trotzdem wir eigentlich schon in Delhi sind, dauert es noch viele Stunden bis wir das Camp erreichen.

Das Tourist Camp ist ein wichtiger Treffpunkt für alternativ Reisende aller Herren Länder, aus allen Richtungen kommend und von hier aus in alle Richtungen aufbrechend - von Nepal nach Kerala, von Pakistan nach Kalkutta. Nicht selten fahren die Overlander weiter nach Thailand, China, Australien und Neuseeland oder kommen von dort. Nirgends kann man besser Informationen austauschen oder die ramponierten Fahrzeuge zuverlässiger wieder auf Vordermann bringen. Hier hat man sich darauf eingestellt.

Das Camp liegt inmitten der lärmenden, überfüllten und abgasverdreckten Altstadt, glücklicherweise von hohen Mauern umgeben. Hier hoffen wir Mitch mit seinem grünen Kermit wiederzusehen.

Es ist Anfang Dezember. Die Nächte sind kühl und wir verschließen alle Fenster der Feuerwehr. Nur so haben wir eine Chance in dem die ganze Nacht hindurch anhaltenden Lärm zu schlafen. Früh schon sind wir wieder wach.

Wir haben kein Brot mehr und so verlasse ich mit Desiree das Camp. Zum ersten mal sehen wir Tausende von obdachlosen Menschen auf dem harten Beton liegen und schlafen, die ärmsten ohne jede Unterlage, den Kopf nur auf den Unterarm gelegt. Um vorwärts zu kommen, müssen wir über die vielen oft noch schlafenden Körper hinwegsteigen. Wie soll ich *das* Desiree erklären? Eigenartig stumm bewegen wir uns vorwärts, versuchen ein offenes Geschäft oder einen Stand mit Brot zu finden. Endlich haben wir Erfolg. Auf dem Rückweg entdeckt Desiree einen Bettler mit einer abgemagerten Hündin, die vier kleine Junge säugt. Sie zerren an den Zitzen herum, doch Milch scheint nicht zu kommen. Desiree füttert die Hündin mit dem neuen Brot, „damit sie Milch machen kann“. Nur ich sehe das verzerrte Lächeln des alten Mannes, dessen Hunger gewiss genau so groß ist wie derjenige der Hündin. Ich reiche ihm die letzten Rupees des Wechselgeldes. Die Blicke aus den geröteten Augen und den abgezehrten Gesichtern der Danebenliegenden beschämen mich. Es sind zu viele hungernde Menschen. Es ist unmöglich allen etwas zu geben.

Zurück im Camp erzählt Desiree begeistert von der Hündin mit ihren kleinen Jungen. Nichts von den Menschen. Ich kann es kaum verstehen, doch ich sage nichts. Vielleicht schützt sie sich so vor der Grausamkeit dieses Lebens.

Unter den größtenteils schlechten Straßen leidet nicht nur unsere Feuerwehr. Auch uns belastet das harte Gestucker zunehmend. Etliche Tassen aus unserer Küche sind zersprungen oder haben keine Henkel mehr.

Junas ist der Spezialist des Tourist Camp, der die Overlander mit ihren Fahrzeugen seit Jahren betreut, wenn sie Hilfe brauchen. So ist er teils durch eigene Hilfeleistung, teils durch Vermittlung von Handwerkern selbst zu einem anerkannten Fachmann geworden. Ich berate mit ihm die ausgesprochen harte Federung der Feuerwehr. Sein Vorschlag: Ausbau der vorderen Federn, auseinandernehmen der einzelnen Blätter, kaltes(!) Schmieden jeden einzelnen Blattes, um die Krümmung zu erhöhen. Das wiederum bewirke einen längeren Federweg und damit eine bessere Federung. Klingt logisch.

Am nächsten Morgen kommen zwei Männer, ausschließlich mit einem riesigen Hammer bewaffnet zu unserer Feuerwehr. Junas hüpft wie ein Frosch unter dem Fahrerhaus hin und her, dirigiert die Männer beim Ausbau der Federn. Diese sind mit massiven und irrsinnig fest sitzenden Bolzen befestigt. Mir wird ganz schlecht beim Zusehen, wie sie mit dem schweren Hammer laut krachend unter dem Motor hantieren. Doch es dauert nicht lange, da liegen die Federblätter einzeln über den Hof verteilt. Mit hohem Schwung schlägt der eine auf das Stahlstück, das der andere mit bloßen Händen festhält. Wenn der nur nicht abrutscht.

Lage für Lage wird so über die gesamte Länge weiter gebogen und angepasst. Am Nachmittag ist alles fertig, die Feuerwehr steht ca. 15 cm höher. Die beiden Handwerker sehen fix und fertig aus und freuen sich mit mir. Wahre Künstler waren hier am Werke. Unmöglich, denke ich bei mir, zu Hause würde niemand mehr solch schwere Arbeit verrichten. „That's India"

Händeschütteln und die Übergabe von lächerlichen 50.- DM und alle sind zufrieden.

Am Abend kommt dann tatsächlich Mitchs Kermit auf den Hof gerollt. Die Freude ist groß, 14 Tage haben wir ihn nicht mehr gesehen. Trotzdem wir so verschiedene Routen hatten, haben wir uns wieder getroffen.

Gemeinsam brechen wir nach Agra auf. Ein Pflichtbesuch im Programm eines jeden Indienbesuchers. Auch wir wollen es sehen, das Taj Mahal. Eines der schönsten Bauwerke unserer Erde.

Es ist logisch, dass die Stadt ein einziger Touristenrummel ist, kommen die Besucher täglich zu Tausenden. Wir beherzigen den Rat des Managers unseres kleinen Campingplatzes und besuchen das Taj noch vor Sonnenaufgang. Es ist Freitag, der moslemische Feiertag. Es wird kein Eintritt kassiert. Trotzdem kommen die Wärter auf mich zugerannt, um mir das schwere Kamerastativ abzunehmen. Filmen ist ohne Genehmigung aus Delhi streng verboten. Das nutzt Sebastian aus, um mit der Kamera, die in einer Reisetasche versteckt ist, durchzuschlüpfen.

Wir setzen uns noch fast im Dunkeln auf die dem Taj zugewandten Treppenstufen des Eingangsgebäudes. Man erkennt nur schemenhaft die weitläufige und gepflegte Anlage. Geradezu, entlang der schmalen Wasserbecken mit den kleinen Springbrunnen, erscheint undeutlich im weißen Nebel der schwindenden Nacht das märchenhafte Antlitz des Taj Mahals. Mit jeder Minute wird es heller, erscheint es deutlicher und verändert seine Farbe. Die Papageien und die Affen mit ihren eigenartigen Schreien verstärken die unwirtliche Atmosphäre. Die aufgehende Sonne setzt wiederum ein wunderschönes neues Licht. Der weiße Marmor sieht mehr und mehr golden aus. Wenn man je ein Märchen erleben dürfte, **so** müsste es sein. Die Schauer über unsere Rücken hören gar nicht wieder auf. Desiree ist so begeistert, ihre schönsten Kindheitsmärchen fallen ihr wieder ein. Sie plappert wie ein Wasserfall.

Das Taj Mahal

Erbaut wurde das Taj von Kaiser Shah Jahan aus Liebe zu seiner Frau Mumtaz Mahal, nachdem sie bei der Geburt ihres 14. Kindes starb. 20.000 Arbeiter arbeiteten 22 Jahre an seiner Erbauung, bis es 1653 fertig gestellt wurde. Der Architekt kam aus Shiraz in Persien, sogar ein Franzose und ein Italiener waren an der Ausgestaltung des Bauwerkes beteiligt.

Ich stehe Schmiere und Sebastian versucht von verschiedenen Standorten direkt aus der Reisetasche zu filmen. Das Objektiv ist nicht zu sehen. Es sieht nur eigenartig aus, wenn er das eine Auge dicht an die Tasche hält, um in das Okular zu schauen.

Trotz meiner Aufmerksamkeit beobachtet uns ein älterer Inder und spricht uns an. Gegen einen geringen Obolus will er uns die schönsten Perspektiven zeigen. Er kennt sich wirklich aus, wir sind sehr zufrieden. Wir geben ihm ein Trinkgeld. Plötzlich wird er unfreundlich, verlangt Dollar und davon nicht wenige. Als wir ihm einen Korb geben, wird er noch böser und droht, die verbotene Kamera zu verraten. Ich verwickle ihn in einen unschönen Disput und tue so, als wenn ich Geld suche. Das nutzt Sebastian, um das Gelände genau so wieder zu verlassen, wie er hineingekommen war. Noch mal Glück gehabt.

Am Abend kommen wir wieder und bleiben bis in die tiefe Dunkelheit. Kein einziges elektrisches Licht ist weit und breit zu sehen. Und so verschwindet dieses Wunder langsam aus unseren Blicken, die wunderschönen Farben der untergehenden Sonne wiederspiegelnd.

Viele Menschen sitzen bis tief in die Nacht auf den großen Steinplatten oder lehnen sich an diese an.

Selbst im Stockdunkel spürt man noch die Wärme des Marmors, der von der Sonne des Tages aufgeheizt wurde.

Jetzt können wir den Satz im Reiseführer nachempfinden: „Wenn nur ein einziges Gebäude zu einem Symbol für ein ganzes Landes werden kann, so ist es das Taj Mahal für ganz Indien."

Rajasthan

Palast der Winde in Jaipur

Die Armut der Maharadschas

Wir verlassen Agra und planen eine Rundreise durch den nordwestlichen Bundesstaat Rajasthan. Er ist bekannt für seine vielen märchenhaften Paläste und er ist einer der farbenprächtigsten ganz Indiens.

Ich spare mir an dieser Stelle die Beschreibung der vielen wirklich faszinierenden Maharadschapaläste, die wir uns angesehen haben. Der Staat hat sie formal enteignet. Ihre Ländereien gehören ihnen nicht mehr. Doch vielen ehemaligen Herrschern der stolzen Rajputen gestattete man, in Teilen ihrer baulichen „Anwesen“ weiter zu leben. Die meist größeren Teile werden als Museen oder als Hotels betrieben, um den meist mittellosen Maharadschas im Vergleich zu früher bescheidene Einnahmen zu erlauben.

Kein Palast gleicht dem anderen. Bezaubernd fanden wir alle. Um jeden einzelnen ranken spannende Geschichten und Legenden. Doch die einschlägigen Reiseführer geben dem Reisenden hier qualifiziert geschichtliche und organisatorische Hinweise und Informationen. Von uns für ganz Indien favorisiert und empfohlen ist die deutsche Version des berühmten Lonely Planet Verlages, das große Indien-Handbuch.

Unser erstes Ziel, das wir in diesem einzigartigen Bundesstaat für längere Zeit besuchen wollen, ist die Wüstenstadt Jaisalmer. Mitten in der Wüste Thar, liegt sie recht abgelegen unweit der pakistanischen Grenze. Das pakistanische Dorf Kamu Shaheed, in dem wir zu Gast waren, ist gerade mal 75 km entfernt. Für den 2.600 km weiten Bogen bis hierher, den wir durch die einzig passierbare Grenzstation gefahren sind, haben wir einen ganzen Monat benötigt. Wenngleich auf dieser Strecke auch unglaublich viel zu sehen war.

Kurz hinter der Hauptstadt Jaipur, der sogenannten „Pink City“ (Rosa Stadt), machen wir zusammen mit unserem Engländer und seinem grünen Kermit für zwei Tage Rast. Inmitten der einsamen Wüstensteppe wollen wir uns von den überfüllten Städten etwas ausruhen. Mitch hat sich für die Strecke zum Indischen Ozean einen zahlenden Mitfahrer organisiert, den Neuseeländer Adrian. Seine auf mehrere Jahre ausgerichtete Reisekasse wird so etwas entlastet.

Von Adrian lernen wir viel. Er ist ein wahres „Fressvieh", hat ständig Hunger. Unterwegs beginnt Kermit schon nach nur zwei Stunden Fahrt mit einem fürchterlichen Gehupe. Wir wissen, dass Adrian wieder mal der leere Magen plagt und halten an. Er ist auf diese Weise zum Spezialisten für indisches Essen geworden. Er lernte jedes Gericht, ja jede Garküche an den Straßenrändern auf seiner immerwährenden Suche nach etwas Essbarem kennen. Mit einer wahren Begeisterung nimmt er uns mit, erklärt jedes essbare Detail. Vieles hätten wir nie gekostet, wäre da nicht Adrian gewesen.

(Vor einem Jahr kam ein eMail von seinen Eltern: Er ist bei einem tragischen Unfall ums Leben gekommen. Immer, wenn wir indisch essen gehen oder selbst kochen, sprechen wir von ihm. So bleibt sein Andenken erhalten.)

An unserer Schlafstelle reichlich herumliegendes trockenes Geäst liefert genug Material für Lagerfeuer, auf dem wir jede unserer Mahlzeiten zubereiten. Das gemeinsame Sitzen um das Feuer herum, manchmal mit, manchmal ohne Gitarre, bis tief in die Nacht hinein, werden wir nicht so schnell vergessen.
Hier haben wir Zeit und Muße ein wenig darüber nachzudenken, wie weit unser zu Hause entfernt ist und wie viel anders das Leben hier abläuft. Sehnsucht kommt nicht auf.

Am nächsten Morgen bekommen wir Besuch. Ein siebzigjähriger Rajpute mit seinem Sohn will uns seine unter einem Turban verborgene Haarpracht zeigen. Wie er uns erzählt, hat der alte Mann noch nie in seinem Leben die Haare geschnitten. Es wären die längsten ganz Indiens. Er öffnet stolz den Turban und herab fallen die mehrere Meter langen völlig verfilzten Strähnen. Als sie in den Wüstensand hängen, fragen wir uns, wie man rein technisch solcher Art Haarpracht waschen wollte. Wir verkneifen uns das Stellen dieser Frage. Der alte Mann glaubt als guter Hindu fest daran, dass ihm die lebenslangen Mühen mit diesen Haaren im nächsten Leben ein besseres Los bescheren werden. Wir wünschen es ihm. Jedem Inder, dem dies so persönlich auch nur gezeigt wird, glaubt an ein günstiges Zeichen. Wir sind noch nicht so weit.

Doch die Merkwürdigkeiten dieses riesigen Landes reißen nicht ab. Auf dem weiteren Weg machen wir einen Abstecher nach Deshnok, zum Karni-Mata-Tempel. Weltberühmt wurde er besonders 1994, als in Indien die Pest ausbrach. Durch staatliche Programme wurden in den Slums der Städte unzählige Ratten vergiftet. Doch in diesem Tempel wurden sie verschont. Hier sind diese Nager heilig. Tausende dieser Biester krabbeln durch den Tempel und tun den ganzen Tag nichts anderes als fressen.

Wie in jedem Tempel müssen wir auch hier die Schuhe ausziehen. Großes Glück wiederfährt demjenigen, dem sie über die nackten Füße krabbeln. Uns tun sie den Gefallen und krabbeln drüber, welch ein Glück. Ich werde Jacquelines verzogenes Gesicht noch heute vor mir. Wie vorher bereits gesagt, wir sind noch nicht so weit, können noch nicht recht daran glauben.

Die indischen Pilger geben ihnen Reisbällchen und andere Nahrungsmittel zu fressen, immer in der Hoffnung, dass die wohlgenährten Tiere etwas übriglassen. Diese Reste werden dann von den Spendern selbst verspeist. Das bringt ganz besonderes Glück.

Als wir wieder draußen sind, verordnet uns Jacqueline eine Plastikschüssel mit einem Desinfektionsbad, in das wir, einer nach dem anderen, unsere Füße hineinstecken müssen, bevor wir unsere Schuhe wieder anziehen dürfen. Entsprechende Einwirkzeit eingeschlossen.

Auch Mitch und Adrian unterziehen sich dieser „Zeremonie". Die ungläubigen Blicke der reichlich umherstehenden und immer mehr werdenden Inder verraten nur eines: „Diese Ausländer sind verrückt! Die haben keine Kultur!"

Wir erreichen Jaisalmer. Im Nachhinein für uns der schönste Ort Indiens überhaupt. Die Farben des Sandsteins der Festung, der Paläste und der reichen Kaufmannshäuser, der Havelis, leuchten bei Sonnenuntergang in einem goldenen Licht. Die Atmosphäre ist so ursprünglich, dass man sich in ein Märchen aus „1000 und eine Nacht" versetzt fühlt. Durch die undurchdringliche Grenze zu Pakistan hat Jaisalmer seine besondere Lage an einem wichtigen Handelsweg, der Karawanenstraße zwischen

Indien und Zentralasien verloren.

Die Zeit der reichen Kaufleute, die mit ihren Palästen die der Maharadschas in Reichtum und Pracht zu überbieten trachteten, ist vorbei. Doch in dieser Abgeschiedenheit blieb die Zeit gleichsam stehen.

Wie in den meisten Befestigungsanlagen gibt es auch hier eine tragische Geschichte vom Jauhar, dem Massenselbstmord der Rajputen.

Der Belagerung durch die übermächtigen Feinde widerstehen die stolzen und wehrhaften Rajputen heldenhaft. Im Kampf gelten sie als gefährliche Gegner. Doch als die Situation ausweglos wird, ziehen die männlichen Krieger ihre gelben Hochzeitsanzüge an. Sie öffnen die Tore und reiten in den sicheren Tod. Die Frauen und Kinder errichten riesige Scheiterhaufen und gehen freiwillig geschlossen in den Flammentod. Tausende Menschen finden ein grausiges Ende.

Die Festungsstadt Jaisalmer, abgelegen in der Wüste Thar

Wir finden einen idyllischen Schlafplatz auf dem weiten Gelände eines alten Palastes außerhalb der Festungsmauern. Wir staunen nicht schlecht, als wir die Auslagen einer „German Bakery“ sehen, einer deutschen Bäckerei. Der Besitzer muss irgendwann einmal ein Landsmann gewesen sein. Das scheint lange her zu sein, doch die Rezepte blieben. Die Schwarzwälder Kirschtorte ist teuer aber lecker. Wir kommen fast täglich vorbei.

Das Schwärmen vom wunderschönen Jaisalmer könnte ich

noch lange fortsetzten. Ich belasse es dabei und rate jedem Leser: Besuchen sie diesen Ort selbst. Bloß bitte nicht alle auf einmal, sonst ist es mit der Ursprünglichkeit vorbei - wie leider an so vielen schönen Stellen unserer Erde.

Die hier jedem Tourist täglich Hunderte Mal empfohlene Kamelsafari in den nahen Sanddünen von Sam lassen auch wir uns nicht entgehen. Kermit und die Feuerwehr werden mit herumliegendem Holz für ein nächtliches Lagerfeuer beladen und ab geht es in die „kleine Sahara“ der Wüste Thar. Die scheinbare Einsamkeit der hohen Berge und tiefen Täler des wunderbar feinen Sandes täuschen. Jacqueline und Desiree rennen barfuß und lärmend wie die Kinder durch den warmen Sand. Es dauert nicht lange, bis wir plötzlich von sechs Kamelen samt ihren Führern umringt sind. Neugierige Kinder begleiten sie. Das Feilschen um den Preis dauert ziemlich lange, doch werden wir uns einig. Wie so oft haben wir das Gefühl, dass Jacqueline irgendwo aus dem Orient stammen muss. Handeln kann sie.

Die sabbernden Kamele haben natürlich alle so indische Namen wie „Michael Jackson“ und „Elton John“. Bei der nun folgenden Tour über die riesigen Dünen fallen uns mit Schrecken die typischen Touristenritte auf Kamelen an fast allen Stränden des Mittel- oder des Schwarzen Meeres ein. Doch hier, in dieser Weite der einsamen Wüste, so weit von zu Hause entfernt, überwiegt die Freude am Schaukeln durch den Sand. Für ein paar Rupees mehr können wir einen „Cameldriver“ (so nennen sie sich selbst!) dazu überreden, noch bis zum Sonnenuntergang zu bleiben. Mit Teleobjektiv und Stativ gelingt mir ein furchtbar kitschiges Foto: Kamel mit Reiter als Umrisse in der Sonnenscheibe. Zu Hause zeigen wir es kaum herum, schauen es uns selbst aber immer wieder gern an.

Ganz verrückt wird es, als ein Flötenspieler mit seinem kleinen Sohn kommt. Er spielt mit zwei(!) Flötenhälsen gleichzeitig unterschiedliche aber harmonierende Töne und der Junge singt.

Wirklich sehr hübsch. Aber wie sind sie gekleidet? Der Junge trägt die typische grüngraue Unterwäsche und der Vater die dazugehörige Uniformjacke mit der Aufschrift „Grenztruppen der DDR“. Wir sind baff. Wie kommt so etwas hierher? Reicht der Arm der „alten Genossen“ derart weit? Die Merkwürdigkeiten Indiens nehmen kein Ende.

In den nächsten Tagen folgen weitere Paläste, malerische aber arme Orte, viel Wüste und schlechte Straßen.

Mitch und Adrian werden krank. Sie fahren trotzdem weiter. Es gibt einen Unfall mit einem klapprigen und ehedem schon sehr verbeulten Bus direkt in einem Dorf. Kermit sieht sehr traurig aus. Die ganze Vorderfront ist eingedrückt. Die Fahrgäste des Busses lachen sich kaputt. Wie so oft, besitzen die Inder keinerlei Problembewusstsein. Desiree fühlt sehr mit, hat durch die vielen Mitfahrten Mitch mit seinem grünen Kermit richtig liebgewonnen. Sie schreit die lachenden Inder an, die sich darüber noch mehr amüsieren. Stundenlang versuchen wir den von Mitch selbstaufgebauten Landrover wieder einigermaßen lenkbar zu machen. Viele Inder stehen um uns herum, niemand bietet seine Hilfe an. Fast am Schluss nimmt einer einen Hammer und haut auf die verbogenen Gestänge und Rahmen ein. Hundert Rupees will er anschließend dafür haben.

Immer öfter bleibt unsere Feuerwehr mitten auf der Fahrt stehen. Seit Wochen haben wir diese Probleme. Der Motor geht aus, weil er offensichtlich keinen Kraftstoff mehr bekommt. Besonders bergauf und bei extrem schlechten Straßen. Erst die Benutzung der kleinen Hand-Dieselpumpe lässt den Motor wieder anspringen, jedenfalls bis zum nächsten Mal. Erst als durch das Geholper die beiden eisernen Spann- und Befestigungsbänder unseres 400 Liter Zusatz-Dieseltanks reißen, sehen wir (eigentlich Mitch!) die Ursache: Die Benzinleitung ist so dilettantisch unter dem schweren Doppel-Fahrerhaus verlegt, dass die separate Federung bei schlechter Straße die Benzinleitung abdrückt. Die Leitung ist Gott sei Dank schnell neu verlegt und damit die Ursache beseitigt.

Doch muss man erst mal auf solch eine Ursache kommen, zumal bei näherem Absuchen der Leitung die Feuerwehr steht, sie damit auch nicht abgedrückt wird.

Nach Wochen plötzlich die alte Erscheinung. Doch die Leitung ist ordnungsgemäß verlegt. Wieder muss ständiges Benutzen der Kraftstoffpumpe Abhilfe schaffen. Das nervt, weil man nie weiß, wo die Feuerwehr stehen bleibt.

Erst nach weiteren Wochen kommen wir auf diese neue Ursache: Wenn der Tank nur noch weniger als ein Drittel gefüllt ist, schafft die ständig mit dem Motor laufende Kraftstoffpumpe über die Länge der Leitung zum Zusatztank und über die Höhendifferenz es nicht mehr, den Diesel anzusaugen. Einfache Lösung, aber erst mal darauf kommen: Immer mehr als ein Drittel Kraftstoff im Tank haben.

Heiligabend und Silvester stehen vor der Tür. Die Felder blühen in den schönsten Farben, die Sonne scheint angenehm warm. Wir erreichen Udajpur. Wieder ein kleines Paradies aus lange vergangenen Zeiten, wenn auch etwas größer und hektischer als Jaisalmer.

Mehr oder weniger heimlich kauft jeder Geschenke. Wieder ist recht europäisch anmutender Kuchen erhältlich. Wir finden eine Platz im herrlichen Garten eines Restaurants, leicht an einen kleinen Berghang angelehnt. Der Blick geht auf einen See in deren Mitte ein kleiner Palast aus weißem Marmor scheinbar zu schwimmen scheint. Unser Tisch mit den verpackten Gaben steht mitten zwischen meterhohen Büschen von Weihnachtssternen. Ein schöner Zufall. Mitch schmückt die umliegenden Bäume mit kitschigen englischen Glitzergirlanden. Wir bereiten Obstsalat. Die Auswahl dafür kann man sich reichhaltiger kaum vorstellen. Mitch spendiert mit der Freude eines Kindes seinen schon im April eingeweckten echt englischen „Plum Pudding“. Für ihn eine der größten Köstlichkeiten. Ich brauch nach diesem eigenartigen Zwischending aus Kuchen und Kompott einen Whisky. Eine gute Flasche habe ich Gott sei Dank als Geschenk erhalten.

Aus den Lautsprechern des Restaurants tönen über die gesamte Anlage die Weihnachtslieder von Jose Carreras. Die wenigen Inder schauen uns fassungslos an.

Die Sonne geht unter und wir denken doch an zu Hause.
Ob unsere Überraschung für unsere Familien geklappt hat? Schon in Pakistan haben wir damit begonnen, mit unserer kleinen Kamera eine Minikassette zu bespielen, die vor der Badshahi Moschee in Lahore mit den Worten beginnt :"Liebe Familie zu Hause. Heute ist Heiligabend ..." Sie endet nach zwanzig Minuten mit einem von uns gesungenen Weihnachtslied vor der Kulisse des Taj Mahal. Schon vor drei Wochen haben wir sie mit der Post an unseren Freund Peter geschickt, der sie genau am Heiligen Abend an unsere Eltern übergeben sollte.

Sie **ist** tatsächlich angekommen und sorgte allseits für Tränen – genau so wie wir es geplant hatten!

Wir verlassen das malerische Rajasthan und eilen weiter südwärts. Bald ist Silvester und wir wollen den Jahreswechsel am Indischen Ozean verbringen. Seit dem Kaspischen Meer im Iran haben wir kein Meer gesehen. Wir freuen uns riesig darauf.

Die kleine, ehemals portugiesische Insel Diu im Bundesstaat Gujarat ist unser Ziel.

Diu

Ein fast vergessenes Stück Portugal

Über eine kleine Brücke erreichen wir an unserem 148. Reisetag die kleine Insel Diu, die unter eingeweihten Indien-Reisenden ein Geheimtipp ist. Nur 3 km breit und 13 km lang an der südlichen Küste des Bundesstaates Gujarat am arabischen Meer gelegen, war sie ebenso wie Daman und das bekanntere Goa bis 1961 portugiesische Kolonie. Die völlig überflüssigen Bombenangriffe der indischen Armee kosteten in der „Operation Vijay" sieben Rajputen-Soldaten und ein paar Zivilisten das Leben und beendeten die portugiesische Herrschaft auf diesem abgelegenen Eiland.

Bis heute wird sie von der Hauptstadt Delhi als Unionsterritorium direkt verwaltet und gehört nicht zum umgebenden Bundesstaat Gujarat.

An der dem Meer zugewandte Südseite der Insel wechseln sich Kreideklippen, Felsbuchten und sandige Strandbuchten ab, gesäumt von den verschiedensten Palmenarten. Hier kann man, oft noch weitgehend allein, Kilometer weite Spaziergänge an den ausgedehnten Stränden unternehmen. Am besten zu erreichen sind sie mit dem Fahrrad. Man kann sich sogar Motorräder, Mopeds oder Mofas ausleihen, doch sollte man sich über den technischen Zustand gut informieren, um nicht an einer entlegenen Stelle der Insel liegen zu bleiben. Wir sind froh, dass unsere vier Fahrräder zu unserer Ausrüstung gehören, die wir hier reichlich nutzen.

Die Insel hat sogar so etwas wie eine touristische Infrastruktur, zwar bescheiden, so doch ausreichend entwickelt. Neben einem Hauptpostamt und einer Bank gibt es sogar ein Fremdenverkehrsbüro. In letzterem holen wir uns für wenige Rupees die Genehmigung zum Campieren am wunderschönen Strand von Nagoa Beach, einer malerischen palmenumsäumten Bucht. Hier stehen die Feuerwehr und Kermit direkt am Strand. Und hier feiern wir bei selbstgegrilltem Haifischsteak Silvester. Wir bleiben zwei Wochen an diesem Ort.

Unser Standplatz hat weit und breit keine Toilette. So bleibt uns nichts weiter übrig, als jeden Morgen mit einem Spaten bewaffnet loszuziehen, um einen leider immer von weitem einsehbaren Platz in den vielen Dünen zu finden. Beim Schaufeln eines Loches klemme ich mir einen Nerv zwischen Hals und rechter Schulter ein. Nur mir großen Schmerzen kann ich mein dringendes Geschäft erledigen. Der Weg bis zur Feuerwehr ist eine Tortur. Mittlerweile liege ich völlig bewegungsunfähig auf einer Decke am Strand. Die kleinste Regung ruft heftige Schmerzen hervor. Jacqueline fällt ein, dass einige hundert Meter weiter das Fahrzeug zweier Österreicher steht. Sie erinnert sich, dass Marcus und Sonja beide ausgebildete Physiotherapeuten sind und holt sie zu Hilfe. Beide waren schon oft in Indien und haben reichliche Erfahrungen von Yoga bis Ayurveda gesammelt. Mit einer eigenartigen Mischung aus klassischer Therapie und ritueller Handlungen werde ich äußerst wirksam behandelt. Jacqueline ist nachhaltig beeindruckt und ich bin dankbar. Nach drei Tagen gehe ich bereits wieder schwimmen.

Im Westen der Insel liegt das kleine Dorf Vanakbara. Sebastian und ich besuchen es mit dem Fahrrad und der Kamera. Es hat eine ruhige und beschauliche Atmosphäre. Es macht Spaß, die Fischer und ihre Fänge direkt am kleinen Hafen in ihren kunterbunt angestrichenen Kuttern zu beobachten. Wir sehen neben Kingfischen zum ersten Mal auch riesige Rochen und mehrere Meter lange Hammerhaie. So ist das Angebot auf dem Fischmarkt der kleinen Hauptstadt Diu-Town immer gesichert und ausgesprochen reichhaltig. Durch die extreme Überfischung der gesamten indischen Küstengewässer mit großen Trawlern ist dies im ganzen Land leider nur noch selten anzutreffen.

Es gibt ein Restaurant in der Nähe der barocken Pauluskirche in Diu-Town, bei dem man seinen eigenen, auf dem Markt gekauften Fisch abgeben kann, um ihn am Abend äußerst lecker zubereitet serviert zu bekommen. Wir probieren es und sind begeistert.

Die gesamte Stadt Diu-Town, 8 km von unserem Strand entfernt, ist landseitig von einer intakten Stadtmauer umgeben. Der Weg durch das mächtige portugiesische Jampa-Tor mit seinen steinernen Löwen, Priestern und Engeln ist aus roten Backsteinen erbaut und führt nach wenigen hundert Metern direkt zum belebten Marktplatz der Stadt, dem „Arbeitsplatz“ des bettelnden Jannah.

Wie jeden Tag begegnen wir ihm dort. Beide Beine sind stark missgebildet. Vor allem aber das rechtes Bein ist am Knie vollkommen schief zusammengewachsen, seine Fortbewegung mutet recht seltsam an. Sechs Jahre alt, zählt er zu den unzähligen indischen Kindern, die von ihren armen Eltern schon als Kleinkinder verkrüppelt wurden, um ein Leben lang als Bettler größere Chancen auf finanzielle Zuwendung zu haben.

Jeder der ihm Geld gibt, kennt diese schreckliche Praxis, doch das letztlich größere Mitleid zahlt sich dennoch für ihn aus.

Jannah kennt in seinem kurzen Leben keine andere Art zu laufen als dieses eigenartige Vorwärtsschaukeln seines kleinen Körpers. Doch er ist immer freundlich und scherzt mit den wenigen Touristen so oft es geht. Und so bringt ihm wohl seine nette Art letztlich mehr Geld ein, als die augenscheinliche Missbildung seiner Beine. Trotzdem ist er wie alle Bettler über die Gabe von Obst oder Lebensmitteln wenig begeistert, trägt doch nur sein finanzielles „Einkommen“ wesentlich zum Überleben seiner Familie bei.

Überragt wird Diu-Town vom mächtigen Fort der Portugiesen, das 1547 fertiggestellt wurde. Die vielen Kanonen auf den Schutzwällen und die überall herumliegenden Kanonenkugeln täuschen nicht darüber hinweg, dass diese Bauwerk dem langsamen Verfall durch Seewasser und Klima preisgegeben ist. Geld für die Erhaltung steht nicht zur Verfügung. Die letzte Funktion ist die Beherbergung des Gefängnisses, in dem meist nur ihren Rausch ausschlafende Inder eingesperrt sind, die sich durch den übermäßigen Alkoholgenuss nicht mehr ganz so friedlich verhalten haben.

Bei einem Bummel durch die ruhigen Gassen von Diu-Town mit den gut erhaltenen und farbenfroh bemalten portugiesischen Häusern trifft man auf drei reich verzierte und schneeweiß getünchte katholischen Kirchen. Leider sind sie auch nicht mehr im allerbesten Zustand. Die schönste von ihnen, die riesige Pauluskirche ist noch in Betrieb und dient den wenigen verbliebenen christlichen indischen Familien und den westlichen Touristen als Gotteshaus. Die Kirche des Heiligen Franz von Assisi ist heute ein Krankenhaus. In der dritten, der Thomaskirche ist das Museum von Diu untergebracht. Hier kennen wir die größte Zahl der hier ausgestellten christlichen Heiligenfiguren. Wir versöhnen uns ein wenig mit der so verwirrenden Vielfalt hinduistischer Götter.

Das Essen in den vielen kleinen Restaurants von Diu-Town ist, wie die gesamte indische Küche äußerst lecker und abwechslungsreich. Das klassische Thali, ein Gericht mit einem Berg Reis, umgeben von einer Vielzahl völlig unterschiedlich zubereiteten Gemüse und oft mit Nachschlag bis man satt ist, kostet meist nicht mehr als 20 Rupees, nicht einmal eine Mark.

Das gleiche zahlt man hier für ein gutes Kingfisher, das bekannteste und beste indische Bier, das man nur in 0,65 Liter-Flaschen bekommt. Sogar eine Eisdiele mit phantasievoll angerichteten Eisbechern unter Verwendung der vielen tropischen Früchte Indiens ist unweit des Marktplatzes zu finden. Dieser beherbergt eine ganze Reihe von Ständen an denen man für wenige Rupees das in ganz Indien begehrte und äußerst gesunde Lassi bekommt. Ein dickflüssiges Joghurt-Getränk aus meist abenteuerlichen Bottichen, oft verfeinert mit allerlei leckeren Früchten. Man sollte es unbedingt probieren, ja zu jedem Essen bestellen.

Thali-Essen auf Bananenblättern - natürlich mit den Fingern

Eigentlich sollte man solche Schlemmereien in tropischen Ländern eher meiden, besonders wenn man erst vor wenigen Tagen aus Europa angereist ist. Doch in der nicht so heißen Hauptreisezeit von November bis Februar ist viel Betrieb. Alles wird ständig frisch zubereitet und auf Kühlung großen Wert gelegt. Wir sind durch die lange Reisezeit schon ausreichend abgehärtet und hoffen, dass sich unser Innenleben auf diese Art Keime bereits eingestellt hat. Nur meine Därme haben ein anderes Regime. Ich muss vorsichtiger sein. Mein Durchfall beginnt sowieso hinter jeder Landesgrenze von neuem. Egal ob die Landschaft augenscheinlich wechselt oder nicht. Meine Familie lästert immer von neuem. Tabletten lehne ich meist ab. Ein großes Glas Whisky wirkt oft Wunder.

Die Tradition der Portugiesen ist hier weiter lebendig, die Produktion und der Verkauf von Alkohol erlaubt. Die kleine Hauptstadt Diu-Town ist voll von kleinen Schnaps- und Bierläden. Und so kommen aus dem völlig „trockenen“ Gujarat mit seinem totalen Alkoholverbot vorwiegend an den Wochenenden die männlichen Schnapstouristen zu Hunderten. Die nicht daran gewöhnten Inder sind dann oft schon nach wenigen Bieren oder Whisky sturzbetrunken und bevölkern die Strände. Hier albern sie lautstark herum, torkeln, fallen um, bleiben in praller Sonne liegen und schlafen ihren Rausch aus.

Schon wie sie die 0,65-Liter-Bierflaschen anfassen ist zum Schießen. Nicht mit der ganzen Hand halten sie die Flasche fest und führen sie zum Mund, sondern umschließen nur mit Daumen und Zeigefinger den dünnen oberen Rand der schweren Flasche bei ansonsten gespreizten Fingern. Dadurch wackelt die Flasche eigenartig hin und her und rutscht laufend vom Mund ab. Je mehr Alkohol sie intus haben, desto alberner sieht das aus.

Die wenigen am Strand liegenden hellhäutigen Europäerinnen im Bikini sind dann ein gefundenes Fressen. Ohne Hemmungen setzen sie sich in Scharen um sie herum und labern sie zu. Meist bleibt nur noch die Flucht übrig. Einer kommt auf unsere Feuerwehr zu. Brüllt, er wolle **jetzt** dieses Auto sehen, reißt die Tür auf und steigt ein. Jacqueline zieht gerade ihren nassen Badeanzug aus, ist also nackt und schreit laut. Unser Inder kommt derart erschrocken und wie von der Tarantel gestochen aus der Feuerwehr gestürzt und sucht schlagartig das Weite, ohne auf seine ebenfalls nur mit Mühe aufrecht stehenden Kumpels zu warten. Mitch und ich lachen uns kaputt. Wir stellen uns vor, was nun mit seinem völlig prüden Weltbild passieren würde.

Schon am Abend verlassen die meisten die Insel wieder. Die Einheimischen und die wenigen Touristen sind wieder unter sich.

Die hübsche kleine Insel ist besonders über den Jahreswechsel von vorwiegend jungen Leuten aus aller Welt gut besucht. Die Feten in den zum Teil nicht mehr benutzten Kirchen sind sprichwörtlich. Doch außerhalb dieser wenigen Tage im Jahr ist es eher beschaulich. Man kann die einzigartige Atmosphäre mit einem Mix aus europäischer und indischer Kultur in vollen Zügen genießen.

Eine Begegnung ist jedem Besucher jedoch sicher. In den Gassen oder auf dem Marktplatz von Diu-Town trifft man ganz sicher den freundlichen Bettlerjungen Jannah, dem man nicht nur wegen seiner verkrüppelten Beine eine kleine Gabe überlassen sollte. Er wird älter werden aber kaum größer, die Chance auf ein „normales" Leben bleibt ihm für immer verwehrt. Sein dankbares Lächeln wird uns in Erinnerung bleiben.

Wir müssen weiter, wenn wir die Südspitze Indiens noch vor dem Beginn des Monsunregens erreichen wollen.

Bombay

Noch mehr Menschen pro Quadratmeter

Auf der Fahrt nach Bombay besuchen wir noch die berühmte Tempelstadt Palitana, die nicht unerwähnt bleiben soll. Es handelt sich um eines der Hauptheiligtümer der Jains.

Der Jainismus wurde etwa zur gleichen Zeit gegründet wie der Buddhismus, nämlich um 500 v.Chr. Grundidee ist die Achtung allen Lebens in jeder auf der Erde existierenden Form und der Vermeidung jeder Verletzung.

Wir haben völlig in weiß gekleidete Jains gesehen, die mit einem kleinen Besen gebückt ihren Weg ständig sauber fegten, um kein Lebewesen zu zertreten. Andere tragen einen Mundschutz aus Stoff, um nicht versehentlich ein Insekt einzuatmen. Neben diesen Schwetambaras, den „Weißgekleideten" gibt es noch die Digambaras, die „Luftgekleideten" Jains. Sie sind völlig unbekleidet und verzichten auf jeglichen Besitz, Kleidung eingeschlossen.

Von der Stadt Palitana, die in einer weiten Ebene nicht viel höher als Meeresniveau liegt, führen 3.300 zum Teil steile Treppenstufen in die auf einem hohen Hügel liegende obere Tempelstadt. Sie umfasst eine wehrhafte Mauer und besteht ausschließlich aus 800(!) Tempeln. Das müssen wir uns ansehen.

Unsere Feuerwehr steht direkt neben dem Zugang zu den Treppen. Eine furchtbar laut musizierende Prozession weckt uns schon sehr früh am Morgen. Auf eine die Musikanten verbindende Melodie wird verzichtet. Jeder der ein Instrument trägt entlockt diesem ein Ohren betäubendes Gekrächze und Gebumse, hauptsächlich laut. Wobei sich besonders die Blechbläser hervortun. Wir brechen gemeinsam mit Tausenden Pilgern morgens um 5 Uhr, noch in der Dunkelheit auf. Mit völlig weichen Knien erreichen wir so gegen 9 Uhr die hoch oben gelegene Anlage.

Uns spricht ein Jain in fließendem Deutsch an. Er hat an der TU in Dresden studiert und dort lange Jahre gearbeitet. Wir erfahren viel über diese Religion, die das Kastenwesen ablehnt und davon überzeugt ist, dass das Universum schon immer existiert hat und nicht durch einen Gott geschaffen wurde. Sehr gläubige Jains gehen den Weg zur Tempelstadt zwei Mal am Tag. Angesichts unserer Gummibeine für uns unfassbar. Schon der Weg zurück gerät mit unseren untrainierten Beinen zum Horror. Die sich eigenartig anfühlenden Kniegelenke entlocken mir bei jeder Stufe abwärts einen kleinen schmerzverzerrten Lachkrampf. Eine ganze Woche lang verfolgt mich ein irrsinnig starker Muskelkater. Die uns überall beobachtenden Inder schauen sehr seltsam, wenn ich beim Aus- oder Einsteigen ganz eigenartige Laute des Schmerzes von mit gebe.

Drei Tage später erreichen wir die größte Stadt des indischen Subkontinents.

Bombay - schon der Name weist eine eigenartige Faszination aus. Mittlerweile die wohl zweitgrößte Stadt der Welt nach Mexiko-City. Aber wer weiß das schon so genau? Sind es zwanzig Millionen Einwohner, oder noch mehr? Weniger bestimmt nicht.

Eigentlich heißt sie ja gar nicht mehr Bombay sondern Mumbai, von der regierenden nationalistischen Shiv Sena Partei 1996 offiziell in die Landessprache umbenannt.

Wir nähern uns der „Stadt" von Norden auf dem National Highway Nr. 8. Wann sie eigentlich beginnt können wir nicht erfassen. Die ursprünglich sieben Inseln sind zu einer langgestreckten Halbinsel zusammengewachsen, die sich nach Süden immer mehr verjüngt. Dort liegt das Zentrum der Stadt, die Umstände gestatten keine weitere Ausdehnung. So schiebt sich dieser Moloch immer und immer weiter nach Norden vor und schluckt eine Vorstadt nach der anderen.

Trotzdem der Highway fast kerzengerade nach Süden führt, vergehen viele Stunden, ehe wir das vorwiegend viktorianische

Stadtzentrum erreichen. Ampel folgt auf Ampel. Unglaubliche Menschenmassen wälzen sich über die Straße. Der Verkehr bricht immer wieder zusammen.

Links und rechts folgt ein Slum dem anderen.

Wir brauchen einen Stadtplan, sonst haben wir keine Chance. Dass wir noch weit außerhalb vor einem Buchladen auch einen Parkplatz finden, gleicht einem Wunder. Unser Ziel, den Nariman Point zu erreichen, gerät zu einer Nerven- und Schweiß treibenden Sache.

Delhi ist die Hauptstadt Indiens, der Regierungssitz. Doch Mumbai ist die Lokomotive des riesigen Landes, scheint mit ihrer Dynamik, ihrer Ausgelassenheit und ihren Träumen gar keine Teil davon zu sein.

Hier schlägt das Herz Indiens: Finanzzentrum, wirtschaftliches Zentrum, Kulturelles Zentrum, Modezentrum. Hier arbeitet die größte Börse Indiens. Die Hälfte des Außenhandels wird von hier aus abgewickelt. Nirgendwo spürt man mehr unternehmerische Energie als in Bombay. In keiner Stadt werden so viele Filme produziert wie in Bombay. Hollywood ist längst überholt. Die Stadt ist der größte Marktplatz Indiens. Nirgendwo gibt es so viele Basare, nirgendwo lebt es sich so teuer. Die Intrigen der Politik sind nirgends in Indien undurchdringlicher. Das Rotlichtviertel gilt als größtes Bordell der Welt. Bombay hat die mächtigste Mafia ganz Indiens. Superlative allenthalben.

Es wundert uns nicht, dass diese Stadt eine derartige Anziehungskraft auf das übrige Land ausübt. Die Armen strömen täglich zu Tausenden in die Stadt. Hier muss man sein Glück einfach machen können. Das hat die größten Elendsviertel Asiens zur Folge.

Es ist unglaublich, wie weit die Wellblech-, Papp- und Folienbehausungen an die stark befahrenen Straßen heranreichen. Nur Zentimeter neben der abgasgeschwängerten und unglaublich lärmenden Fahrbahn liegen die Menschen, vom Baby bis zur Großmutter apathisch auf primitiven Bettgestellen oder auf der schmutzigen Erde.

Nicht weit davon ragen die Hochhäuser in den Himmel. Gern wäre Bombay ein zweites Hongkong. Doch die ständig nachströmenden Massen sorgen für eine feste Bindung an Indien. Und deshalb ist Bombay doch Indien. Es kann sich trotz aller Urbanität nicht vom Land losreißen.

Wir erreichen Nariman Point ziemlich geschafft aber glücklich. Dieser Punkt markiert das Ende des Marine-Drive, einer breiten und lang geschwungenen Promenade entlang der Back-Bay, der Bucht, die gesäumt ist von einer Vielzahl von Hochhäusern. Wie auf einer Perlenschnur sind Hotels, Banken, Konzern- und Firmensitze aufgereiht. Am anderen Ende der Bucht, in Malabar Hill, stehen die Wolkenkratzer mit den teuren Appartements der Reichen und Erfolgreichen. Ausgefallenster Punkt dieser Gegend ist ein „Turm des Schweigens“, einer Begräbnisstätte der Parsen. Diese Anhänger einer der ältesten Religion der Welt, des Zaroastrismus leben fast nur noch Shiraz im Iran, in Karachi in Pakistan und hier in Bombay. Sie verehren Feuer, Wasser und Erde. Da sie gegen jede Verschmutzung der drei Elemente sind, bestatten sie ihre Toten im Freien, so dass die Geier nur noch die Knochen übriglassen. Es soll schon vorgekommen sein, dass die Geier Menschenknochen auf die Balkons der Hochhäuser fallen gelassen haben.

Ihre Gebetshäuser nennt man Feuertempel. Auch davon gibt es einen in Bombay. Ein weltbekannter Vertreter der Parsen war Eddie Mercury, der leider an AIDS gestorbene Sänger der Rockgruppe Queen.

Sicher ist der Nariman Point der teuerste Parkplatz Bombays. Doch wir können Tag und Nacht bleiben, erhandeln eine Rabatt, um mehrere Tage hier stehen zu können. Der Blick über die ganze Bucht ist atemberaubend. Von hier aus können wir die offene See sehen. Die frische Briese vom Meer her ist angenehm. Das nahe Oberoi, das teuerste Hotel der Stadt, garantiert die tägliche Benutzung der als fürstlich einzustufenden Toiletten, da wir hier unser uriges Trockenklo nirgends entleeren können. Mitch traut sich in seinen Overländerklamotten nicht hinein und ich gebe ihm Anschauungsunterricht, wie das zu absolvieren ist: Man darf mit dem Bedürfnis nach einer Toilette nur nicht bis zum letzten Moment warten. Etwas Zeit muss investiert werden. Aufrechten Gangs, freundlich grüßend, hat man die Schar der Portiers zu passieren, die mehr nach einem Zirkus als nach einem Hotel aussehen. Nach dem Betreten der imposanten Empfangshalle frage ich an der Rezeption, wo die aktuelle „Financial Times" erhältlich wäre. Ist es sehr leer, kaufe ich mir am Ende der luxuriösen Geschäftspassage ein Exemplar. Auffällig sichtbar (die Überschrift nach vorn!) marschiere ich gemäßigten Schrittes auf die Toilette zu. Interessante Lektüre kann schließlich die Zeit versüßen. Ist es voll, kann man sich diese Kosten sparen.

Der im kitschigen Livree gekleidete Toilettendiener öffnet die Tür und begleitet uns in die Kabine, in der er für uns die Keramik nochmals flüchtig abwischt. Nach dem anschließenden Händewaschen reicht er uns persönlich Seife und Handtuch. Ich gebe mit großzügiger Geste ein eher bescheidenes Trinkgeld.

Wir verlassen die Oberoi-Towers und sind über den guten Service hochzufrieden.

Mitch ist begeistert! Die Erziehung von Engländern hat eben auch Lücken!

Doch wenn wir denken, dass wir an diesem Platz gut schlafen können, haben wir uns getäuscht. Die verzogenen Söhne und Töchter der Reichen veranstalten auf diesem letzten Stück der langen Uferpromenade ihre nächtlichen Rennen mit den Autos ihrer Eltern. Laute Technomusik begleitet diese Spektakel, die erst gegen fünf Uhr morgens langsam enden.

Sehenswürdigkeiten im klassischen Sinne hat Bombay wenige. Abgesehen von einigen grandiosen viktorianischen Bauten wie etwa das Victoria-Terminal, der größte Bahnhof der Stadt. Das GPO, Bombays Hauptpostamt, sollte man auch im Inneren gesehen haben. Die organisatorischen Abläufe haben sich seit über 100 Jahren nur wenig verändert. Herausragend ist eigentlich nur das alte Hotel „Taj Mahal“ und das Gateway of India, einem riesigen Triumphbogen, der 1906 zu Ehren des Besuchs King Edwards ein wenig zu gigantisch geraten errichtet wurde.

Hier sind die meisten Touristen anzutreffen und auch die meisten Inder, die davon in irgend einer Art profitieren wollen.

Als ich auf einen vor kurzem kennen gelernten jungen Fotografen warte, beobachte ich folgende abstoßende Szene: Eine Mutter lässt ihr ca. 3 Monate altes Baby aus Hüfthöhe auf den nackten Beton fallen. Das Baby beginnt laut zu schreien. Die Mutter hält das weinende Kind den vorwiegend weiblichen Touristen entgegen und bettelt um Geld, immer wieder auf das weinende Kind zeigend. Ist das Geld vereinnahmt und hat sich das Baby beruhigt, beginnt das schaurige Spiel von vorn. Mir dreht sich fast der Magen um. Wie kann eine Mutter so mit ihrem Kind umgehen? Wie groß muss andererseits die Armut sein, dass eine Mutter zu so etwas fähig wird? Wird sie von skrupellosen Geschäftemachern zum Betteln gezwungen?

Wie so häufig komme ich zu keinem Ergebnis, muss Gesehenes und Erlebtes immer wieder verdrängen.

In dieser Stadt beschließen wir unsere geplante Reisroute zu ändern. Beim Laufen durch die geschäftigen Straßen fällt mir auf, dass die Stadt voller kleiner und größerer Schiffs-Agenturen ist. Warum wollen wir am Ende unseres Jahres in Indien nicht hier unsere Rundreise beenden, um die Feuerwehr anschließend nach Bandar-E Abbas im Persischen Golf verschiffen zu lassen? Wir könnten nach Teheran fliegen. Dort haben wir Freunde. Ein Anschlussflug in diese iranische Hafenstadt dürfte kein Problem sein. Gegenüber einer ursprünglich geplanten Verschiffung von Kalkutta nach Europa mit einem teuren Flug zurück nach Berlin, anschließendes Abholen der Feuerwehr aus Antwerpen eingeschlossen, könnten wir eine Menge Geld sparen. Ohnehin habe ich den frühen Beginn des Monsuns unterschätzt, der das Reisen in Indien problematisch macht. Gegenüber einer Rückreise per Straße kürzt man ganz Nordindien und Pakistan ab, ist direkt von hier aus wieder auf den hervorragenden iranischen Straßen.

Also los. Ein Büro nach dem anderen wird aufgesucht. Mister Safaras, der Chef einer kleinen aber überaus geschäftigen Schiffsagentur, bleibt übrig, scheint der richtige Mann zu sein. Noch weiß ich nicht, wie wenig die überall in Indien zu hörende Klausel „No Problem“ fast immer Wert ist. Alles ist fest verabredet. Sechs Wochen bevor wir unsere Rundreise beenden wollten, telefonische Mitteilung von mir, dann legt er los. Dieses Mal verlasse ich sein Büro noch tief befriedigt ...

Am letzten Abend vor unserer Abreise nach Goa beschließen Sebastian, Mitch und ich den nächtlichen Besuch des berühmten und berüchtigten Rotlichtviertels, des größten der Welt.

Jacqueline mahnt zur bakteriellen und finanziellen Vorsicht, merkt aber, dass sie unser Vorhaben nicht verhindern kann.

Der Taxifahrer, den wir ordern, will uns partout davon abhalten: zu weit, zu voll, zu gefährlich. Viele andere Stellen wolle er uns zeigen. Wir bestehen aber darauf dorthin gefahren zu werden. Er stöhnt verantwortungsvoll, brabbelt irgend etwas auf Marathi, schüttelt den Kopf und fährt los.

Langsam wechselt sein Gesichtsausdruck in ein spitzbübisches, verschmitztes Grinsen. Er kenne das Viertel ganz genau. Nur mit ihm wäre es „No Problem“. Das Bild der Häuser und Straßenzüge ändert sich überhaupt nicht, doch ganz plötzlich sind wir mitten drin. Ein Bordell am anderen. Die Straßen voller Frauen und von Männern, die laut gestikulierend auf uns in unserem Taxi einreden. Wir sollten doch eines der gastlichen Häuser besuchen. Die berühmteste und längste Straße durchfährt unser Taxifahrer, wie wir finden, viel zu schnell. Links und rechts sind die

Erdgeschosse der Häuser offen. Vergitterter Käfig reiht sich an Käfig, dazwischen ein schmaler Vorhang, davor eine Prostituierte stehend. Ich denke an die geradezu winzige Herbertstraße in Hamburg. Gegen das hier, der pure Luxus. Beklemmung macht sich bei uns breit. Doch irgendwie verheißt unser Taxi Schutz.

Plötzlich stoppen uns zwei massige Polizisten. Lässig Kaugummi kauend, mit dunklen Sonnenbrillen im Gesicht schlagen sie den überlangen Gummiknüppel immer wieder drohend in eine Hand. Trotz ihrer dunklen Hautfarbe erinnern sie täuschend echt an amerikanische Cops aus den bekannten Hollywoodschinken.

Unser Fahrer muss aussteigen. Eintausend Rupees, bekommen wir mit, für das Überfahren einer roten Ampel. Doch hier ist gar keine Ampel. Er steht hilflos zwischen den beiden „Bullen". Wir sind empört, steigen aus und wollen ihm helfen. Eintausend Rupees ist mehr als eine Tageseinnahme, das Abrechnen der Kosten nicht mitgerechnet. Die Cops bedeuten uns drohend und mehr als deutlich wieder einzusteigen. Unser Taxifahrer geht verzweifelt mit und zahlt. Als er zurückkommt sollen wir aussteigen, er wolle dieses Viertel so schnell wie möglich verlassen. Nun stehen wir mittendrin. Völlig ungeschützt und auf uns allein gestellt. Wir wollen auf diesen Schreck erst einmal ein Bier trinken. Nicht allzu weit ist eine alter Mann in einer kleinen Bude mit dem Verkauf von Alkohol beschäftigt. Wir stoßen unsere drei Flaschen der Marke „Knock out" mit stattlichen 8,5 % Alkohol im Stehen an. Gleich nebenan ist ein kleiner Aufgang, ein Mann deutet uns an, dass wir oben bequem sitzen könnten. Ohne nachzudenken gehen wir hoch und finden uns in einem offensichtlich etwas besseren Bordell wieder. Wir sitzen wirklich bequem auf einer gemütlichen Couch als der Mann, offensichtlich der Besitzer, eine Tür öffnet. Herein kommen zwanzig (wir haben gezählt!) junge und zum Teil bildhübsche Frauen und stellen sich tuschelnd und lachen um uns herum auf. Immer fester umschließen unsere Hände die Bierflaschen. Der Chef spricht von Preisen, die annehmbar sind und gibt mehr oder weniger detailgenau Empfehlungen. Unser Engländer rutscht immer tiefer in das Polster. Mir wird immer heißer. Sebastian bleibt äußerlich ganz cool.

Ob wir anständig blieben oder nicht, überlasse ich nun der mehr oder weniger ausgeprägten Phantasie des Lesers. Gegen drei Uhr nachts steigen wir gesund und munter(!) am Nariman Point aus einem Taxi aus und in unsere Feuerwehr ein. Wir müssen in unserer "dining hall" noch ein Bier zusammen trinken, schlafen können wir noch nicht.

In unserer "dinning hall" - der Frühstückstisch in der Feuerwehr

Wir verlassen diese Wahnsinns-Stadt, die derart viele Gesichter hat und die doch so ist wie ganz Indien: Begeisterung und Entsetzen wohnen dicht beieinander.

Nach der Hektik der vergangenen Woche freuen wir uns auf die kommenden Wochen in Goa. Viel haben wir von Reisenden bereits gehört. Mehr Schönes als Schlechtes. Strand und Meer sollen aber eine Art Urlaub garantieren.

Goa

Ein bedrohtes Paradies

Schon um 5 Uhr früh sind wir in Bombay aufgebrochen und brauchen nur zwei Tage stramme Fahrt, um Goa zu erreichen. An unserem 174. Reisetag kommen wir im 25. Bundesstaat Indiens an.

Bis 1986 war Goa Unionsterritorium, bis 1961 wie Diu und Damman portugiesische Kolonie. Etwa fünf mal so groß wie das Land Berlin, hat es die schönsten und vor allem meisten Strände ganz Indiens. Unglaublich eigentlich, da Indien doch insgesamt mehrere tausend Kilometer Küste sein eigen nennt.

Doch fast überall werden die Strände als Toiletten benutzt, in der Hoffnung der natürlichen Spülung von Ebbe und Flut. Wir haben viele Strände gesehen, eigentlich traumhafte Fleckchen Erde. Doch die meisten stanken grässlich, deren Wellen waren braun von den Fäkalien.

In Goa haben fast alle Dörfer an der Küste einfache Toilettenhäuschen. Die Verschmutzung der Strände ist verboten und wird geahndet.

Wir besuchen drei verschiedene Orte für zum Teil viele Tage, die für einen sanften und gemütlichen Tourismus bekannt sind. Große Hotel- und Ferienanlagen sind hier (noch) nicht zu finden.

Little Vagator im Norden ist ein steiler, landschaftlich traumhafter Strand mit vielen kleinen Buchten. Hier ist ein bekannter Treffpunkt der motorisierten Overlander aus aller Herren Länder. Hier lassen sich trefflich Informationen austauschen über Straßen, sichere Schlafplätze und Formalitäten bei der Weiterreise.

Leider ist ganz in der Nähe auch einer der immer mehr werdenden Orte, in denen die berüchtigten Strand - und Technopartys gefeiert werden. Tag und Nacht hört man das Gewummer der Bässe, je nach Windrichtung mehr oder weniger störend. Nur Desiree ist begeistert. Zögernd müssen wir ihr versprechen, wenigstens einmal des Nachts mit ihr dorthin zu gehen.

Eigentlich bin ich nach einem neuerlichen "sehr harten Strandtag", man nannte das hier: „very hard beach day“, gegen 21 Uhr schon ziemlich müde. Doch halte ich mich tapfer bis ca. Mitternacht wach, um anschließend in einer der Technokneipen einzukehren. Ich hatte es unserer Tochter versprochen. Im so seltsam unnatürlich anmutenden und furchtbar krachenden Rhythmus der computergemachten Bässe blinkt in den Augen schmerzendes blaues UV-Licht. Ich denke wehmütig an die Anmut und Schönheit afrikanischer Trommeln. Es nützt nichts. Die Luft ist geschwängert vom grässlich süßlichen Duft schlechten Haschischs. Sehr junge und zum Teil ziemlich schräge Typen beiderlei Geschlechts liegen, nein lümmeln in den eigenartigsten Posen auf dem Boden und reichen sich die Selbstgestopften weiter. Desiree ist immer noch begeistert und zwingt uns zum „Tanzen“. Die „Umliegenden“ sind dazu nicht fähig. Die Bewegungen nach dieser künstlichen „Musik“ fallen mir schwer. Selbst Mitch quält sich in eigenartigsten Verrenkungen. In einer Pause robbt sich ein sehr junges und wirklich hübsches Mädel zu mir heran und fragt nach etwas Gutem zu rauchen. Sie kommt, wie die meisten hier, aus Israel. Ich erfahre, dass alle hier den für Mädchen und Jungen gleichermaßen dreijährigen Militärdienst hinter sich haben. Der Wunsch für das übliche Abschlussgeschenk der Eltern lautet fast immer: Flug nach Goa. Und so lassen sie hier bis zu sechs Wochen lang die Sau raus. Indien interessiert sie nicht. Ausschließlich „Fun“ ist angesagt.

Ich halte ihr eine der umherliegenden Zigarettenschachteln hin, worauf sie sich gelangweilt abwendet. Das war es nicht, was sie wollte.

Nur etwa 40 km südlicher liegt, fast in der Mitte Goas, das Dorf Benaulim. Es hat einen breiten und viele Kilometer langen Sandstrand. Beim Laufen mit nackten Füßen knirscht der saubere und feine Sand. In kleineren und größeren Abständen stehen die bunten Boote der Fischer. Die kleinen Strandkneipen, die zur

Monsunzeit allesamt abgebaut werden, sind preiswert und haben zum Teil eine ausgezeichnete Küche. Das langgestreckte Dorf hinter dem Strand wartet mit einer bezaubernden Atmosphäre auf. Hier gilt es ein weitläufiges Fischerdorf unter dichten und schattigen Palmen zu entdecken, in dem die schwarzen Büffel, die ebenfalls schwarzen Schweine und die Hühner der Goaner zwischen den kleinen Kneipen und Unterkünften der Touristen umherlaufen. Das einzige Hotel mit einem kleinen Swimmingpool ist so in das Dorf integriert, dass es zwischen den üppigen Palmen und den blühenden Oleanderbüschen, den Fischerhütten und Gärten kaum auffällt. In Benaulim bleiben wir zwei Wochen. Kaum bemerken wir, wie die Zeit vergeht.

Und schließlich Palolem im Süden Goas, mit einer traumhaften langgestreckten Strandbucht, deren Enden von Klippen begrenzt sind. Die dichten Palmen scheinen sich über den breiten Strand zu beugen, um das Meer zu erreichen. Das Blau des Wassers, das Gelb des Strandes und das satte Grün der Palmen wird nur an einer Stelle von einer kleinen weißen portugiesischen Kapelle mit einem bunten Kreuz auf der Spitze durchbrochen.

Der Standplatz für unsere Feuerwehr liegt direkt am Strand unter schattigen Kokospalmen. Nur durch unseren Allradantrieb sind wir im weichen Sand so weit vorgekommen. Der Blick aus dem Fenster ist paradiesisch. Das unmittelbar hinter uns liegende Dorf versorgt uns mit Wasser und Strom. Jeden Morgen schauen wir zu den Kokospalmen empor, die dicht neben unserer Feuerwehr stehen. Wir bitten dann einen Dorfbewohner, die langsam braun werdenden Früchte abzudrehen. Das unkontrollierte Herunterfallen der schweren Nüsse auf unsere Feuerwehr oder unsere Campingmöbel wäre nur das geringste Übel. Durch die beachtliche Höhe und ihr Gewicht könnten sie auch uns gefährlich werden.

Ehedem werden fast jeden Morgen die jungen Triebe der Palmen, direkt neben den Kokosnusstrauben, von flinken Kletterern gemolken, um daraus den wohlschmeckenden „Feni“ zu brennen. So erledigen die jungen Männer diese unserer Sicherheit dienende Dienstleistung gern mit.

Nur wenige Meter hinter unserer Feuerwehr hören wir täglich das fauchende Geräusch eines Gasbrenners. Er gehört zur abenteuerlich anmutenden Brennerei des alten Goaners Sebastian Rodriguez. Der steht täglich schon am Mittag schwankend und lallend an einer Palme neben unserer Feuerwehr und fragt, ob ich einen Feni mit ihm trinke. Manchmal lasse ich mich hinreißen, meist ist es viel zu heiß und vor allem viel zu früh.

Wie die meisten Goaner ist auch er ein katholischer Christ. Seine Vorfahren wurden von den portugiesischen Missionaren bekehrt. Deshalb klingen ihre Namen so gar nicht indisch.

Natürlich will Sebastian Rodriguez einen viel zu hohen Obolus für den Standplatz der Feuerwehr, obwohl ihm dieses Gelände gar nicht gehört. Ich vertröste ihn auf unsere Abreise, spendiere ihm hin und wieder ein Bier, Jacqueline kümmert sich um seine sehr kranke Frau.

So bekommen wir von Tag zu Tag mehr Einblick in das bescheidene Leben dieser Goaner.

Ein Dorbewohner will eines Tages ein schwarzes Schwein schlachten und bietet uns an, die Hälfte zu kaufen. Am nächsten Morgen werden wir mit herzzerreißendem Quieken und Schreien geweckt. Das Schwein, etwa halb so groß wie unsere rosa Mastschweine, hängt mit zusammengebundenen Beinen kopfunter an einer Stange und muss stundenlang auf seine Erlösung warten. Auf unsere Empörung hin erklärt man uns, dass die Ausschüttung von Stresshormonen das Fleisch zarter machen soll. Der seit einigen Tagen in Mitchs Kermit mitreisende Franzose Chris kann es nicht länger ertragen. Er schnappt sich ein großes Küchenmesser und macht der Qual des Schweins ein Ende.

Uns läuft ein Schauer über den Rücken. Doch er kennt sich im Schlachten aus und zerteilt uns unser halbes Schwein fachmännisch. Gegrillt mit Palmenholz in einer Sandmulde sind wir froh über die fleischige Abwechslung im sonst eher vegetarischen Alltag Indiens.

Jeden Abend sitzen wir vor einer der kleinen palmblattgedeckten Hütten am Strand, lassen wirklich leckeres Essen bereiten und beobachten dabei, wie die Sonne im Indischen Ozean versinkt. Ich habe Schwierigkeiten, den auch bei mir schwindenden Entdeckerdrang einzugestehen.

Doch es wäre fatal, hier noch mehr wertvolle Zeit verstreichen zu lassen. Zu vieles liegt noch vor uns. Immer wieder erinnere ich an einen Aufbruch, Indien ist doch so groß. So wird der Abfahrtstermin auf einen Mittwoch festgelegt, dann auf Montag verschoben, und wiederum der darauffolgende Donnerstag erwogen. Nach insgesamt sechs Wochen schaffen wir es endlich, Goa zu verlassen. Mit schwerem Herzen fahren wir weiter gen Süden. Gott sei Dank hat uns Sebastian Rodriguez zum Abschied eine Flasche Feni mitgegeben.

Von Reisenden, die erst vor kurzem Goa besucht haben, hörten wir, dass inzwischen die überall auf der Welt die Strände verschandelnden Sonnenschirme nun auch in Goa Einzug gehalten haben. Die kunterbunten Werbebotschaften der weltgrößten Getränkehersteller stehen nun auch an diesen paradiesischen Stränden in Reih und Glied und beeinträchtigen diese bisher so unberührt erscheinende Natur. Wir sind richtig traurig über diese Nachricht.

Auch die so profitablen Ferienanlagen sind an vielen Stellen schon im Bau und sorgen langsam aber sicher dafür, dass auch dieses Paradies langsam verschwinden wird.

Norden des indischen Subkontinents.

Zurück auf der Landstraße halten wir an einer kleinen Hütte an, aus deren Inneren ein ziemlicher Krach dringt. Ein kleiner Schornstein ragt aus dem palmblattbedeckten Dach heraus und qualmt mächtig. Hier wird Zucker hergestellt. Die langen und reifen Zuckerrohr-Stangen, die auf den danebenliegenden Feldern wachsen, werden einzeln durch eine mit einem uralten Dieselmotor betriebenen Presse geschoben. Der herauslaufende Saft wird gesammelt und in einer riesigen flachen Schale zum Kochen gebracht. Als Brennmaterial nutzt man die getrockneten ausgequetschten Stangen des Zuckerrohrs. Die siedende Flüssigkeit wird dicker und dicker, verfärbt sich langsam braun.

Der zurückbleibende Sirup wird zum Erkalten in große geschnitzte Formen gegossen. Am Ende werden die braunen Zuckerbarren gestapelt, um auf dem nächsten Markt verkauft zu werden. Die Arbeiter freuen sich sehr über unser Interesse und wir sind begeistert im Angesicht solch alter, aber genial einfacher Technologie.

Bangalore

Seine Majestät der Gott

Wir fahren in das geografische Zentrum Südindiens und reisen in die Hauptstadt des Bundesstaates Karnataka – Bangalore. Der Grund für unseren Besuch sind weniger die Sehenswürdigkeiten dieser modernsten und durch ihre Bevölkerung jüngsten Stadt des Subkontinents, die auch das „Silikon Valley" Indiens genannt wird. Die Beschreibung in unserem Reiseführer macht nicht sonderlich neugierig, hat man hier nichts „Dienstliches" vor. Institut reiht sich an Institut, Glaspalast an Glaspalast. Hier ist die Softwareschmiede Indiens.

Hier lassen die größten Konzerne der Welt ihre Daten auswerten.

Wir kommen, um eine Art Meditationszentrum zu suchen, in dem wir lernen können unser westliches und stressbelastetes Leben besser in den Griff zu bekommen.

Das Herumfragen bringt uns nicht weiter. Viele haben schon etwas davon erfahren, keiner weiß allerdings wo. Des Öfteren fällt der Name Sai Baba, von dem wir bisher noch nie etwas gehört hatten. Die entsprechenden Seiten unseres Reiseführers hatten wir bisher immer überblättert.

12 km außerhalb von Bangalore finden wir schließlich das „Anwesen" dieses lebenden Gottes. Durch ausschließlich selbsterzählte Begebenheiten aus der Kindheit und der Jugend des Meisters wurde er mehrfach erleuchtet. Die Geschichten von der Kobra auf der er schlief und die ihn nicht biss, von Musikinstrumenten, die er zum selbständigen Spielen anregte und viele andere sind mittlerweile zu Legenden geworden.

Wir fahren auf ein riesiges Gelände zu, dass von hohen und von Uniformierten streng bewachten rosa Mauern umgeben ist. Nur zwei Eingänge führen hinein. Ein größeres Tor ausschließlich für Männer, ein kleineres danebenliegend für Frauen. In der Straße vor dem Tor reiht sich Andenkenladen an Andenkenladen. Alles, was es zu kaufen gibt, trägt das Konterfei Sai Babas. So guckt der ziemlich fett geratene Lockenkopf von jedem Aschenbecher, von jedem Feuerzeug, jedem Spazierstock herunter. Es ist schier unglaublich, wo man diesen „Gott“ überall drauf kleben kann.

Das Innere sieht aus wie ein riesiges Zwischending aus DDR-Ferienlager und militärischem Kasernengelände. Viele Neubaublocks, Verwaltungsgebäude und Speisesäle, die nachträglich mit eigenartigen, schnörkeligen Türmchen und Verkleidungen verziert wurden und furchtbar kitschig in hellblau und rosa angestrichen sind. Auf dem freien Platz in der Mitte des Geländes steht eine riesige Überdachung aus einer modernen Stahlkonstruktion. Darunter zwei unterschiedlich hohe Freiflächen, die höhere für Männer, die niedrigere für Frauen. Wie wir später erfahren wegen der unterschiedlichen energetischen Schwingungen von Mann und Frau. Aha. In der Mitte ein mehrstufiges Podest mit einem einzigen, mit rotem Samt bezogenen riesigen Sessel, dessen Holzteile vergoldet sind.

Alle, die hier herum laufen, sind in weißes Leinen gekleidet, in eine weiße Hose und ein darüber hängendes, ebenfalls weißes, langes Hemd. Die überwiegend europäisch aussehenden Menschen schreiten förmlich und lächeln ganz eigenartig. Wir versuchen mehr zu erfahren und betreten das Gebäude, das wie ein Verwaltungsgebäude aussieht. Unsere Fragen treffen auf völliges Unverständnis. Die vielen Wachkräfte sind geradezu unfreundlich. Wenn wir Sai Baba nicht kennen würden, was hätten wir dann hier zu suchen. Informieren können wir uns draußen bei den Pilgern.

Desiree und Sebastian verabschieden sich in die Feuerwehr: „Die spinnen ja alle!“ Wir wollen es genauer wissen und sind froh, dass sich eine Belgierin sich unser annimmt und uns in gutem Englisch mehr erzählen will. Tausende Europäer, Amerikaner und in letzter Zeit immer mehr Russen, zwischen 18 und 70 Jahren alt, machen hier sechs- bis zwölfwöchige Meditationskurse. Der Meister lässt sich bei den großen Andachten unter der riesigen Dachkonstruktion meist zweimal am Tag sehen. Dabei erzählt er nicht viel, schreitet nur zwischen den Sitzenden hindurch. Manche berührt er auch. Dann gehen seine Energien auf die ihn anbetenden Menschen über. Das ist dann das größte.

Seine Religion hat keinen Namen und so gut wie keine Regeln. Nur eines wird gepredigt: die Liebe. Unsere Frage, was solche mehrwöchige Aufenthalte kosten würden bleibt unbeantwortet. Geld spielt keine Rolle, nur US-Dollar sollten es schon sein und wie wir glauben herauszuhören: nicht wenige.

Viele Anhänger kommen jedes Jahr wieder, sie brauchen es förmlich. Unsere ca. 50 Jahre alte Belgierin hat das Berufsleben aufgegeben und bleibt jedes Jahr drei Monate. Offenbar kann sie sich das auch leisten.

Nach fast drei Stunden verlassen wir das Gelände, natürlich getrennt durch die beiden Tore (Wegen der unterschiedlichen Schwingungen!).

Besonders Jacqueline hatte sich vorher für neue Erfahrungen und Denkweisen innerlich auf tolerante Weise weit geöffnet. Ihr Kommentar nach dem wir zu unseren wartenden Kindern zurückgekommen sind: „Jetzt habe ich wieder zugemacht!"

Im Umkreis der kleinen Stadt des Sai Baba haben sich etliche Wahrsager niedergelassen, die versprechen, auf klassische hinduistische Weise die Zukunft vorauszusagen. Ich kann es noch nicht lassen und investiere 100 Rupees. Erfreut durch meine rosige Zukunft will ich nach 15 Minuten schon aufstehen, als mich der Wahrsager zurückhält, um neun doch etwas bedrückende Ereignisse vorauszusehen. Fast alle beziehen sich auf das Fahren mit unserer Feuerwehr und den gefährlichen indischen Straßenverkehr. Und alle sollten an jeweils neun aufeinanderfolgenden Tagen passieren. Das Erwähnen unserer ausgiebigen Auto-Puja zählt nicht. Aber er verspricht Abhilfe. An jedem Tag ab morgen würde er für uns auch von Ferne eine Puja abhalten, um das vorausgesehene Unheil von uns abzuhalten. Jede sollte weitere 100 Rupees kosten. Mit der einmaligen Zahlung von 900 Rupees bestünde somit keine Gefahr mehr. Ich lehne etwas brüskiert aber dankend ab und gehe. Nun habe auch ich „zugemacht".

Grinsend erwartet mich der Rest der Familie, sieht mir meinen Frust an. Unser erster Ausflug in die indische Glaubenswelt ging mit diesem Tage erst einmal schief.

Wir kehren zurück nach Bangalore, gehen in einen der vielen sehr englisch anmutenden Pubs und diskutieren das Erlebte bei einigen guten „Kingfisher"-Bieren.

Ein Taxifahrer, den wir kennen lernen, erzählt Jacqueline von einem Palmreader namens Mister Shastri. Sie kann sich daran erinnern, bereits des Öfteren von diesem in ganz Indien bekannten Herrn gehört zu haben. Das erste Mal in Diu von den beiden Physiotherapeuten aus Salzburg, Sonja und Marcus. Er ist ein Wahrsager, der von uralten sanskritbeschriebenen Palmblättern lesen kann und so die Zukunft seiner Klienten deutet. Meine Frau ist begeistert, endlich eine konkrete Adresse. Der Taxifahrer kann sogar mit einer Telefonnummer helfen. Sie ruft an, um sich einen Termin zu besorgen. Allerdings ist dafür unter anderem der Tag und die genaue Uhrzeit der Geburt notwendig.

Jacqueline ruft ihre Mutter in Berlin an, um die konkrete Zeit zu erfahren. Doch der Termin, den sie daraufhin erhält, liegt um viele Wochen später. Das hieße die Reiseroute ändern. Ich muss versprechen, darüber nachzudenken, so sehr wünscht sie sich die Wahrnehmung dieses Termins.

Mysore

Warum ein Maharadscha Glühlampen sammelt

Nicht allzu weit von Bangalore liegt die für uns schönste und anmutigste Kleinstadt ganz Südindiens, Mysore. Zentrum der indischen Weihrauchstäbchen-Produktion und des wohlriechenden Sandelholzes hat diese Stadt neben vielen historischen Gebäuden einen wunderschönen Maharadschapalast. In indisch-sarazenischen Stil vor nicht allzu langer Zeit erbaut, liegt er mit seinen Gärten mitten in der Stadt und verleiht so dem Zentrum einen Ort der Ruhe. Alles geht in Mysore beschaulicher zu als in anderen Städten. Der Markt gilt als einer der bestsortiertesten und farbenprächtigsten ganz Indiens. Wir müssen unsere Film- und Fotokameras richtig bremsen, so viele Motive gibt es hier.

Hier besuchen wir die nur an wenigen Wochen des Jahres arbeitende Manufaktur zur Herstellung von Bidies. Nach eingebrachter Tabakernte versammeln sich in den Räumen der Manufaktur die Bauern, um Millionen von Zigaretten von Hand zu drehen und zu stopfen, bis die Rohstoffe verbraucht sind. Bekannt und beliebt sind sie in ganz Indien besonders bei den einfachen Leuten, kostet das Päckchen umgerechnet nur wenige Pfennige. Am weitesten verbreitet sind die Ganesh-Bidies mit dem Abbild des Elefantengottes Ganesha, dem Glücksbringer in der indischen Götterwelt.

Das echte Tabakblatt wird nach dem Zuschneiden und Stopfen blitzschnell gerollt und mit einem winzigen Faden zusammengebunden. Wir haben es in Nahaufnahme gefilmt und trotzdem nicht mitbekommen, wie man einen derartig kleinen Knoten so schnell knüpfen kann, zumal der wirklich hält. Bis zu 16 Stunden am Tage sitzen die nach ihrer Leistung bezahlten Bauern und Tagelöhner fast drei Monate lang ohne einen einzigen freien Tag. Dann kehren sie ausgezehrt zurück zu ihren Familien, die sehnsüchtig auf den Verdienst warten. Bis sie ein Jahr später nach der neuen Ernte wiederkommen.

Es fällt uns nicht schwer fünf Tage lang in Mysore zu bleiben. Wir warten den Sonntag ab, an dem wie jede Woche ein wahrhaft märchenhaftes Schauspiel abläuft. Tausende Menschen versammeln sich nach Einbruch der Dunkelheit auf dem großen Vorplatz des Maharadschapalastes. Eine Gruppe Musiker spielt indische Musik. Die Atmosphäre gleicht einem Volksfest. Noch ist nur wenig Licht zu sehen, die vielen Menschen sind eher zu ahnen. Plötzlich, genau um 19.30 Uhr erstrahlt der Maharadschapalast und mit ihm alle umliegenden Gebäude für eine Stunde in einem Meer von 97.000 Glühlampen. Jede Kontur, jedes Türmchen, jedes Fenster wird von den Lichterketten nachgebildet. Grandios! Wir alle sind bezaubert von so viel Schönheit. Desiree jubelt vor kindlicher Freude. Sie fühlt sich wie in einem Märchen. Das hin und wieder eine Lampe ausgefallen ist, fällt in dieser Menge überhaupt nicht auf. Wir stellen uns die Arbeit der fest angestellten Mitarbeiter vor, die jahrein jahraus damit beschäftigt sind, die kaputten Lampen auszuwechseln.

Wir haben viel gehört und gelesen vom indischen Kino. Noch augenscheinlicher sind die riesigen handgemalten Plakate vor den Kinos auch der kleinsten Orte, überall in Indien. Die Filmindustrie, vor allem in Bombays, Madras oder Bangalores produzieren schon lange mehr Spielfilme als der Rest der Welt, Hollywood eingeschlossen. Doch durch die überwiegend unglaublich kitschigen, ja oft irrsinnig brutalen und gewaltverherrlichenden Themen kommen nur wenige Filme in europäische Kinos.

Hier in Mysore wollen wir es wagen, einen richtigen indischen „Schinken“ anzusehen. Unter drei Stunden Länge ist solch ein Erlebnis allerdings nicht zu haben. Nach dem Kampf um die Eintrittskarten betreten wir ein erstaunlich europäisch anmutendes Kino. Der riesige Saal ist brechendvoll, zu 99 Prozent Männer. Die Sprache des Films ist Kannada, die Amtssprache des Staates

Karnataka. Dass wir davon nichts verstehen macht überhaupt nichts. Die Handlung ist nur sehr einfach gestrickt. Es ist schon erstaunlich, wie man alle Klischees, die man im Laufe der Filmgeschichte entwickelt hat in einen einzigen Film hineinbekommt. Liebe, Gewalt, Tanz, Autojagden, Explosionen, ein Feuerwerk an Farben und Effekten. Eigentlich wird es nie langweilig. Nur die Zuschauer nerven ein wenig. Sie schreien, heulen, springen von ihren Sitzen, ja rennen zur Bühne und ziehen sich vor der Leinwand tanzend und johlend ihre Hemden und langen Hosen aus. Einer hat einen Laser-Spot und zielt mit dem kleinen roten Punkt ständig auf die Brüste und den Unterleib der Schauspielerinnen. Wie die Kinder schreien die Zuschauer vor Begeisterung. Sichtlich beeindruckt aber nicht wenig gestresst verlassen wir das Kino.

Mit dem festen Vorsatz wieder zu kommen, verlassen wir am nächsten Morgen Mysore in Richtung des Bundesstaates Kerala.

Ich frage einen Passanten nach dem Weg. Er versichert mir: bis zum nächsten Kreisverkehr, dann rechts und 7 km weiter an einer Kreuzung nach links. Aus unseren bisherigen Erfahrungen heraus frage ich kurz vor dem Kreisverkehr sicherheitshalber noch einmal: dieser nun besteht auf links und 7 km weiter an der Kreuzung nach rechts. Wir nehmen den linken Weg und fragen innerhalb der 7 km noch einmal einen Polizisten: der erklärt kategorisch, an der Kreuzung nach links zu müssen zeigt mit dem Arm allerdings vehement nach rechts. Ich frage nochmals nach: „Rechts?“ und zeige mit dem Arm nach rechts. Er besteht trotz des Zeigens nach rechts: „Links, links, links!“ That's India!

Auf dem Weg durchqueren wir den Nationalpark von Mudumalai mit seinem Tiger und Elefantenreservat, der schon zum südlichsten Staat Tamil Nadu gehört.

Je weiter wir nach Süden gelangen, desto mehr verändert sich die Pflanzenwelt. Mehr und mehr bekommen wir uns völlig unbekannte Arten zu Gesicht. Jacqueline nervt uns mit ihrem tropischen Pflanzenbuch. Die vielen neuen Namen können wir uns sowieso nicht merken. So bringen wir absichtlich alles durcheinander und veralbern sie beim Erblicken einer neuen Pflanze. Nur ab und zu entsprechen wir ihrem Wunsch und halten an.

Es ist ein riesiges Glück, als wir anhalten und beim Fotografieren eines uns wieder einmal unbekannten blütenüberströmten Baumes ein Knacken im Geäst hören. Eine frei lebende Elefantenfamilie überquert direkt vor uns mit ihrem Baby die Straße. Wir sind entzückt und geben keinen Laut von uns.

Bei der Übernachtung im Nationalpark sehen wir für eine wenige Augenblicke im Licht der Scheinwerfer auch noch einen Panther, der irgend ein Federvieh als Beute in seinem Maul hält. Der geplante Elefantenausritt von einem Zuchtcamp dieser gutmütigen Schwergewichtler aus, muss leider ausfallen. Die Trockenheit im dichten Dschungel ist in dieser Saison zu groß. Die Gefahr von Waldbränden durch Touristen will man nicht eingehen, was wir durchaus verstehen. Das Camp selber, mit seiner Aufzucht und Erziehung von kleinen Elefanten zu geschickten und kräftigen Arbeitselefanten ist uns interessant genug.

Langsam führt die Straße über die Western Ghats mehr und mehr bergab. Wir verlassen das innere südindische Hochland mit seinen 1000 bis 1500 Höhenmetern und seinem angenehmen Klima.

Der südwestliche Bundesstaat Kerala verläuft wie ein schmales Band entlang der Küste. Hier herrscht heißes und vor allem feuchtes tropisches Klima. Das üppige Grün verhalf dem Staat zu der Bezeichnung „Grüne Hölle" Indiens.

Je weiter wir uns der tief unten liegenden Küste nähern, je weiter steigt das Thermometer. Die Feuchtigkeit macht uns zu schaffen. Alle Kleidungsstücke sind bis auf die Unterhosen klitschnass. Der Umschwung kommt innerhalb weniger Stunden. Wir können es kaum glauben, dass es nun für viele Wochen so bleiben soll.

Nach zwei Tagen erreichen wir Trichur. Noch zu Hause gab man uns den Tipp, hier ein katholisches Krebshospital zu besuchen, das auch mit ayurvedischen Methoden gegen diese tückische Krankheit ankämpft. Die uralten indischen Heilmethoden des Ayurveda sind besonders für Jacqueline eine Gelegenheit zur Erweiterung ihres schulmedizinischen Wissens.

Der stellvertretende Direktor des Hospitals, Vater Walter, ist mit seiner typisch südindischen tiefdunklen Haut und seiner langen weißen katholischen Robe eine respektvolle Persönlichkeit. Ohne bürokratische Hürden gibt er uns die freundliche Genehmigung mit unserer Feuerwehr direkt auf dem weitläufigen und vor allem schattigen Gelände des Krankenhauses zu parken. Er bemerkt, wie wir in den ersten Tagen in Kerala mit dem Klima zu kämpfen haben und schlägt sogar vor, ein billiges Gästezimmer zu mieten, in dem eine Dusche und ein Ventilator zur Verfügung stehen. Die Kantine der Mitarbeiter können wir zu allen Mahlzeiten ebenfalls besuchen. Wir sind begeistert und dankbar.

Am nächsten Tag zeigt uns eine junge indische Ärztin in ihrer typisch katholischen Kopftracht das Hospital. Trotzdem in Kerala die meisten Christen Indiens leben, sind die Mehrzahl der Patienten Hindus und Moslems. Um möglichst alle Patienten in ihre morgendlichen und abendlichen Andachten einzuschließen, ist der zentrale Gebetsraum in der Mitte der Klinik in Form einer Lotosblüte gebaut, deren Dach wiederum die Form einer kleinen Moschee hat. So können die Kranken aller drei Religionen ohne Berührungsängste zu ihrem Gott beten und so die Heilung ihres Leidens befördern. So viel religiöse Toleranz haben wir bis dahin noch nicht zu sehen bekommen.

Einmal hat uns Vater Walter eingeladen auf einen nahen Hügel spazieren zu gehen, um die Aussicht auf die umliegenden Palmenwälder, in denen das Hospital eingeschlossen ist, zu genießen. Selten habe ich einen so gebildeten, toleranten und weltoffenen Mann kennen gelernt wie diesen indischen Arzt. Er kannte sich mit den Inhalten der anderen Religionen bestens aus, würdigte positive Teile daraus. Wir erzählten ihm von unserem schockierenden Erlebnis bei dem selbsternannten lebenden „Gott“ Sai Baba. Auch hier verstand er die Sehnsüchte dekadenter Europäer und Amerikaner, die in ihren hochgezüchteten Zivilisationen keine Werte mehr finden können. Aus den Gesprächen mit ihm erfahren wir, dass der Katholizismus hier eine einmalige tolerante Form angenommen hat, welche die Menschen mit ihren hiesigen Bedürfnissen auch brauchen. Andererseits kann er auch nur so weiter existieren. Wir bekommen Denkaufgaben, mit denen wir noch lange zu tun haben. Wir versprechen ihm auf unserem weiteren Weg nach Süden das Schwesterhaus in Ernakulam, ein ebenfalls katholisches Kloster zu besuchen.

Am nächsten Morgen untersucht uns Schwester Austin alle fünf einzeln, den Engländer Mitch eingeschlossen. Sie verordnet uns jeweils drei ayurvedische Ganzkörper-Massagen. Das dazu notwendige Öl wird für jeden von uns extra zusammengemischt.

In einer separaten, eigenartig dunklen Abteilung des Hospitals liegen zwei kleine dunkle Räume, die bis an die Decke gefliest sind und in deren Mitte je ein Plastik-Tisch mit hochgezogenen Rändern und eigenartigen Löchern steht. Jacqueline, die zuerst an der Reihe ist, erkennt sofort ihre frühere Funktion. Es sind Seziertische. Neben dem Tisch steht ein laut röchelnder Gaskocher, auf dem das jeweils verordnete Öl erwärmt wird. Ein von einem Laken frisch abgerissener Leinenfetzen wird wie im tiefen Urwald um die Genitalien gebunden. Der Masseur ergreift meine Hand und spricht ein Gebet.

Das warme Öl wird über den ganzen Körper gegossen und eine halbstündige intensive Massage beginnt. Ich habe das Gefühl, dass kein Körperteil dort bleibt, wo er war. Ganz seltsam schiebt der Masseur meinen auf dem glatten Plastikuntergrund ständig verrutschenden Körper wieder in die richtige Lage. Sichtlich amüsiert sieht er meinen teils ungläubigen, teils schmerzverzerrten

Gesichtsausdruck. Das ständig nachgegossene Öl läuft durch die kleinen „Blutlöcher“ des sonst so anderweitig benutzbaren Tisches wieder ab. Es nimmt kein Ende.

Irgendwann stehe ich doch unter einer warmen Dusche und versuche mühevoll das Öl abzuwaschen. Bis zum Abend, immer noch recht fettig, kann ich nicht so recht sagen, wie es mir eigentlich geht. Schließlich folgen ja noch zwei dieser Tortouren, ich warte erst mal ab und vertraue Jahrtausende alten Kenntnissen.

Trotz des gesundheitsbewussten Umfeldes haben Mitch und ich mächtigen Durst auf ein kühles Bier. In Kerala gibt es Alkohol nur in bestimmten staatlichen Läden zu kaufen. Wir erkundigen uns nach dem einzigen in Trichur und nehmen uns eine der preiswerten Motorrikschas, die vor dem Eingang des Hospitals reichlich anzutreffen sind.

Schon von weitem sehen wir die laute, ständig schiebende und drängelnde Menschenmasse. Als wir uns hineinstürzen, merken die Inder recht schnell, dass wir Ausländer sind. Sie wollen wissen woher wir kommen. Mitch hält aus historischen Gründen den Mund und ich erkläre frei: „Germany“. Plötzlich schiebt uns die Menge nach vorn, wir stehen vor dem Tresen und vor uns steht eine Flasche Rum. Es ist Ruhe eingekehrt. Alle schauen auf uns. Auf dem Etikett der Flasche steht mit großen altdeutschen Buchstaben: Adolf Hitler. Wir sind baff! Mitch weiß gar nicht mehr wie er schauen soll. Immerhin sind wir im einzigen kommunistisch regierten Bundesstaat Indiens. Ich merke schnell, dass alle erwarten, dass wir uns freuen würden. Ich tue ihnen den Gefallen, nehme die Flasche und noch ein paar Bier und bedanke mich „freudig“. Die Menge jault los. Alle brüllen Germany, Germany und sind ebenfalls happy. Mitch ist froh aus der Menge heraus zu sein. So richtigen Durst, glaube ich, hatte er kurzzeitig nicht mehr. Der Abend am Campingtisch hatte mit diesem Erlebnis seinen politisch-geschichtlichen Charakter weg. Der Rum schmeckte nicht besser und schlechter, als andere indische

Schnäpse. Durch das Bier schwitzten wir noch mehr als vorher. Wir schliefen fest in Kermit und der Feuerwehr und die Mädels genossen den Komfort von Dusche und Ventilator in ihrem Zimmer.

Jacqueline benötigte viel Zeit um die sechs Meter langen Stoffbahnen eines traditionellen Saris zu wickeln

Kap Comorin

Wo Gandhi bestattet wurde

Auf dem Weg zur Südspitze Indiens, Kap Comorin oder indisch Kanyakumara, lösen wir unser Versprechen gegenüber Vater Walter ein und besuchen das katholische Kloster in Ernakulam.

Vater Baby Sheppard (ein eigenartiger Name!) wurde bereits telefonisch über unser Kommen informiert. Wir hatten Schwierigkeiten in den engen Gassen den Eingang zum Kloster zu finden. Ein Strom- und Telegrafenmast aus Beton wollte unsere Weiterfahrt verhindern, hatte nach dem Zusammenprall mit unserer Feuerwehr dafür ca. zwei Meter an Höhe eingebüßt. Die noch intakten Leitungen hielten ihn weiter aufrecht. Er behielt zum Dank die Türklinke unserer Seitentür und gab uns ein paar böse Schrammen mit auf den Weg. Ein tiefer Wassergraben am Rand der Gasse machte zusätzlich Probleme. Es dauerte fast eine Stunde bis die Feuerwehr wieder fuhr. Sebastian musste nun aufs Dach der Feuerwehr, um die vielen niedrigen Lichterketten des Eingangstores über unsere Ersatzreifen zu hieven. Endlich standen wir auf der Kombination aus Schulhof der katholischen Schule und Sportplatz des Klosters. Eine Eimerdusche wurde uns zugewiesen und die furchtbar heiße und feuchte Welt war wieder in Ordnung.

Nach einer ausgiebigen Besichtigung des Klosters, das sich mit Schule und Bibliothek vorwiegend der Ausbildung von Jugendlichen verschrieben hat, werden wir für den nächsten Morgen eingeladen die Morgenmesse in der großen Klosterkirche zu besuchen.

Die Messe, die morgens und abends zelebriert wird, besuchen zu unserer Verwunderung nicht nur Christen. Auch Hindus, ja manchmal auch Moslems nutzen die Gelegenheit in einem Gotteshaus zu beten, wenn der Tempel oder die Moschee zu weit entfernt sind. Wir stellen uns hinter die vielen Betenden, die Kirche ist gut gefüllt. Trotzdem Vater Baby Sheppard diese Messe in der Landessprache Keralas liest, merken wir schnell, dass sie nur uns zu Ehren abgehalten wird. Ständig drehen sich die Gläubigen zu uns um, oft fällt der englischen Begriff „german family". Wir sind sichtlich gerührt. Deshalb hat der Vater so auf unser Kommen gerade an diesem Morgen bestanden.

Anschließend werden wir sogar zum Frühstück in die Räume des Klosters eingeladen. Alle an diesem Morgen anwesenden Priester sitzen gemeinsam mit uns an einer langen hölzernen Tafel. Wir werden von den Dienern fürstlich versorgt. In den freundlichen Gesprächen mit den Geistlichen erfahren wir viel über die Arbeit des Klosters in einem so komplizierten Land wie Indien. Für uns in der DDR geborenen und aufgewachsenen ist das der erste intensive Kontakt zur katholischen Kirche überhaupt. Und das so viele tausend Kilometer von unserem zu Hause entfernt. Ich empfinde es als großes Manko, ob gläubig oder nicht, so wenig aus der christlichen Lehre zu wissen. Haben wir doch auf dieser Reise so viel über den Islam und den Hinduismus gelernt.

Die Verabschiedung ist herzlich. Wir verlassen das Kloster mit einer gehörigen Portion Hochachtung.

Der weitere Weg zur Südspitze Indiens verläuft direkt entlang der Küste. Über Cochin, die alte portugiesische Hafenstadt, gelangen wir nach Kollam, dem Tor zu den Backwaters. Wir mieten gemeinsam mit anderen Deutschen, die wir treffen, ein Hausboot mit Besatzung und lassen uns durch das riesige System von Seen und Kanälen schippern. Das Land ist vorwiegend mit Kokospalmen dicht bewachsen. Hier kann man den Begriff „Grüne Hölle" nachempfinden.

Die kleinen Dörfer ernähren sich vom Fischfang und von den Kokospalmen. Diese dienen ja nicht nur der Nahrung, auch Arzneimittel, Schnaps und Seilerwaren werden aus diesen universellen Früchten hergestellt. Hier in Kerala geschieht das in perfekt organisierten Manufakturen. Alle wechseln sich bei der Arbeit ab, alle bekommen den gleichen Lohn. Eine solche Manufaktur zur Herstellung von Seilerwaren, aus denen die Netze der Fischer geknüpft werden, dürfen wir besuchen.

Die Backwaters in Kerala sind ein weit verzweigtes System aus Seen und Kanälen, die man nur mit dem Boot erkunden kann.

Oft wird eine Arbeitskraft dazu abgestellt, den anderen aus der Zeitung vorzulesen. Kerala hat mit der größten Alphabetisierungsrate im immerhin dichtbevölkertsten Bundesstaat den höchsten Lebensstandart in ganz Indien.

Wir fahren weiter nach Varkala, einen Ort mit einem schönen Sandstrand am Rande einer sehr hohen Steilküste, so richtig zum Relaxen. Die Atmosphäre gleicht der in Goa. Die kleinen Strandhütten, die als Restaurants dienen sind nur noch mäßig gefüllt. Die meisten Rucksacktouristen aus aller Herren Länder haben den Ort bereits verlassen, der Monsun naht.

Jeden Morgen sitze ich am Rande der steil abfallenden Felswand und beobachte die Fischer. Noch im Halbdunkel des sehr frühen Morgens haben sie ihr Boot gegen die starke Brandung gestemmt, um das riesige Netz auszubringen. Die lange Leine reicht so weit, dass das Boot kaum mehr zu erkennen ist. Durch die kleinen Schwimmkörper kann man die große Schlaufe auf dem wogenden Meer nachempfinden. Nachdem das Boot zurückgekehrt ist, wird die riesige Schlaufe langsam zugezogen. An jedem Ende des Seiles ziehen etwa zwanzig Fischer Meter für Meter aus dem Wasser. Es ist schwere Arbeit. Als die Konturen des Netzes sichtbar werden, schwimmen einige hinaus, um in einem Bogen um das Netz ihre Arme laut schreiend auf das Wasser zu schlagen. Langsam kommt das Netz an Land. Inzwischen sind die Frauen der Fischer mit Behältnissen gekommen. Fassungslos und still stehen die Menschen um das fast leere Netz. Jeden Morgen wiederholt sich dieses bedrückende Schauspiel.

Über Trivandrum, die Hauptstadt Keralas, erreichen wir nach wenigen Tagen den südlichsten Punkt Indiens, den Ort Kanyakumari oder das Kap Comorin.

Am 241. Tag unserer Reise, nach 19.437 km, sind wir an dem Punkt angekommen, der uns am weitesten von unserem zu Hause trennt. Hier an diesem Kap ist der Zusammenfluss der Arabischen See, des Indischen Ozeans und des Golfs von Bengalen. Hier wurde die Asche Mahatma Gandhis entsprechend seinem Wunsche einige Tage aufbewahrt und anschließend in alle drei Meere gestreut. An diesem Ort steht heute ein eigenartig hässliches Monument, in dem die architektonischen Stile der drei großen Religionen Indiens vereint sind. In einer großen Halle steht der schwarze Stein, der die Asche trug. In der Decke der Kuppel befindet sich ein kleines Loch, durch das einzig am Todestag Mahatma Gandhis das Sonnenlicht auf diesen Stein fällt. Auf dem Gedenkstein sind die Worte Gandhis eingemeißelt:

„Ich schrieb das am Kap.
Vor mir die See,
dort wo sich drei Meere treffen
zu einem Anblick, unvergleichlich auf der Welt.
Doch dies ist kein Halt für Schiffe;
gleich der Göttin sind diese Wasser unberührt.“

Gleich neben diesem Monument steht ein alter hinduistischer Tempel, der schon vor Gandhis Tod Wallfahrtsort war. Und so haben wir den Eindruck, dass dieser Ort mehr und intensiver besucht wird, als das Monument zu Ehren des größten Mannes in der indischen Geschichte.

Mich beschleicht ein Gefühl der Wehmut, dass ich all die Tage hier nicht loswerde. Es gibt zwar noch so viel zu sehen und zu entdecken. Monate liegen noch vor uns. Doch führt der Weg jetzt wieder rückwärts, nähern wir uns langsam aber stetig der Heimat. Ich spüre zum ersten Mal, dass auch ein Traum irgendwann zu Ende geht. Die Frage quält, was wird danach sein, wenn wir wieder zu Hause sind? Wird alles sein wie es war?

Unser Ziel im Norden Indiens heißt Kalkutta. Doch Jacqueline will, koste was es wolle, zurück nach Bangalore, zu ihrem Palmreader.

Ich ändere die Reiseroute radikal; wir fahren bis Madras, lassen unsere Feuerwehr dort stehen, fahren mit dem Zug nach Kalkutta und wieder zurück, biegen anschließend wieder nach Bangalore ab und fahren von dort nach Bombay. Hier versprach Mister Safaras das Ablegen eines Schiffes zum Persischen Golf.

Jacqueline ist glücklich und dankbar. Nun kann sie Ihren Termin bei dem Wahrsager doch noch wahrnehmen.

Wir brechen auf und fahren über die berühmte Tempelstadt

Madurai, die ehemals französische Kolonie Pondicherry und dem reizenden Küstenort Mahabalipuram nach Madras.

Gleich, nachdem wir das Kap hinter uns gelassen haben und erstmals wieder nordwärts fahren, bekommen wir ein modernes Stück Indien zu Gesicht. Tausende Windräder zur Energiegewinnung stehen links und rechts der Straße. Ein „Windpark" folgt dem nächsten.

Der Zusammenfluss der drei Meere ist eben auch eine sehr zugige Ecke, ideal für eine derartige Form der Energiegewinnung.

Der Kontrast zum traditionellen Indien könnte hier nicht größer sein. Direkt an den Füßen der Windanlagen sind an einem Fluss ausschließlich Männer(!) mit dem Waschen der Wäsche beschäftigt.

In Madurai angekommen, besuchen wir inmitten der geschäftigen Altstadt den gewaltigen Shree-Meenakshi-Tempel mit seinen hohen Gopurams, den größten Tempelkomplex, den wir bis dahin gesehen haben.

Weiter im Unionsterritorium Pondicherry sind die Überbleibsel der französischen Kolonialherren noch weit mehr zu sehen als die der Portugiesen in Goa.

Ein französisches Konsulat, ein französisches Kulturinstitut, viele hübsch herausgeputzte Häuser im französischen Stil und eine ganze Reihe französischer Restaurants zeugen von der ehemals sehr intensiven und noch heute spürbaren Präsenz unseres europäischen Nachbarn.

Leider gehört fast alles in dieser Stadt dem Shri Aurobindo Ashram, einem von Europäern 1926 gegründetem und noch heute bestehendem Ashram, der eine Synthese von traditionellem Yoga und modernen Lebensformen anstrebt. Er ist einer der wohlhabendsten in ganz Indien.

Hotel auf Hotel, alle im offensichtlichen Eigentum des Ashrams, klappern wir ab, um einen Standplatz für unsere Feuerwehr zu bekommen. Da wir keine Mitglieder des Ashrams sind und auch keine werden wollen, weist man uns in meist sehr distanzierter bis unfreundlicher Form ab. Noch beeinflusst von dem Erlebnis im Anwesen des Sai Baba haben wir auch keine Lust, mehr über dieses vielleicht doch interessante Experiment zu erfahren. Schließlich stellen wir unsere Feuerwehr im schäbigen Innenhof eines staatlichen guesthouse ab, versorgen uns am nächsten Morgen reichlich mit dem billigsten Bier Indiens und reisen weiter.

Nicht weit vor Madras machen wir in dem reizenden kleinen Ort Mahabalipuram noch einmal Station, bevor wir in das stressige Großstadtleben von Madras und Kalkutta eintauchen.

In einem hübschen Garten eines Gasthauses finden wir einen lauschigen Standplatz. Der Strand mit seinem 1.400 Jahre alten berühmten Strandtempel ist nicht weit. Viele kleine vegetarische oder Fischrestaurants gestatten für ein paar Tage eine Art Urlaub.

Madras

... oder der Untergang der Titanic

Nach gut einer Woche erreichen wir Madras, die Hauptstadt des Bundesstaates Tamil Nadu, die in der Landessprache heute Chennai genannt wird.

Sie ist nur eine der vielen gesichtslosen Millionenstädte in Indien. Laut, hoffnungslos verstopft und abgasgeschwängert. Wir bleiben nur, um unsere abenteuerliche Reise mit der indischen Eisenbahn nach Kalkutta zu organisieren. Sehenswürdigkeiten sind nur wenige vorhanden. Verblüfft und beeindruckt sind wir an einem Sonnabendabend vom Strandleben der Marina, des 13 km langen Stadtstrandes von Madras. Der gut 100 bis 200 m breite Sandstreifen ist mit Menschen hoffnungslos überfüllt, so dass man das dahinterliegende Meer nur ahnen kann. Es müssen Millionen sein. Schnell aufgebaute Bruchbuden, an denen es so ziemlich alles gibt, Verkäufer mit Bauchladen, kleine Karussells, Bettler, irrsinnig laut krächzende Lautsprecher, starke Gerüche von Gestank bis lecker und Unmengen Müll – so etwas haben wir noch nie gesehen. Wir stürzen uns schockiert und begeistert hinein in dieses unglaubliche Getümmel und erreichen sogar das Ufer des Meeres. Die größte Mühe verwenden wir auf das Zusammenbleiben. Nicht auszudenken, wenn wir uns hier verlieren würden.

Wir haben unsere Feuerwehr auf dem schattigen Parkplatz des Youth Hostel im Süden der Stadt abgestellt und bereiten uns auf die Bahnreise nach Kalkutta vor. Ein „Familienmitglied“ müssen wir jedoch hier lassen, unser bisher so zuverlässiges Haus auf Rädern.

Mein Versprechen auf ein angemessenes „Aufsichtshonorar“ bei Unversehrtheit unserer Feuerwehr bei unserer Rückkehr, entlocktem dem Direktor des Hauses unter seinem riesigen Zwirbelbart ein gewichtiges Grinsen. Nebenverdienste dieser Größenordnung wiederfahren ihm sicher selten. In zwei Tagen wollen wir starten.

Es ist der 14. April. Ein denkwürdiges Datum, weil vor genau 89 Jahren die „Titanic“ zwischen den Eisbergen in den Fluten des Atlantik versank.

Eher durch Zufall haben wir an diesem Tage beschlossen, den neu in die indischen Kinos gekommenen Film von James Cameron noch hier in Madras in der Originalversion anzusehen. Erst später im deutschen Fernsehen bemerkten wir, dass die hübschen Nacktszenen auf der Couch und im Auto unter Deck für die prüden indischen Zuschauer sorgsam herausgeschnitten worden waren.

Das klimatisierte Kino erscheint eisig in Anbetracht der heißen Außentemperaturen und ist rappelvoll. Trotz des für Mücken untypischen Klimas scheinen sich angesichts derart vieler saftiger Opfer einige Exemplare dieser Spezies recht wohl zu fühlen.

Die Hautschwellungen nach den erfolgreichen Attacken sind bei mir besonders groß, sorgen aber noch nicht weiter für Unruhe. Trotz größter Vorsicht werden wir eigentlich täglich gestochen. Lange Kleidung und Schutzmittel für die offenen Hautpartien scheinen die lästigen Viecher eher herauszufordern als abzuhalten.

Auf Grund Jacquelines sehnlichen Wunsch nach dem Besuch ihres Palmreaders in Bangalore, haben wir uns ja entschlossen, den beschwerlichen Weg im heißen Vormonsun in das 1.700 km entfernt liegende Kalkutta oder Howrath, wie es heute heißt, nicht mit unserer Feuerwehr zu fahren. Stattdessen reizt der abenteuerliche Weg mit der indischen Eisenbahn, von der wir schon so viel Beeindruckendes aber ebensoviel Abschreckendes gehört hatten. Eine Reise mit dem größten Arbeitgeber der Welt mit seinen 1,6 Millionen Beschäftigten versprach ein bis dahin nicht gekanntes Erlebnis zu werden.

Die Buchung im riesigen viktorianischen Bahnhof von Madras geht mit moderner Computerunterstützung erstaunlich unbürokratisch und schnell vonstatten. Die einfache Fahrt im klimatisierten Liegewagen soll 33 Stunden dauern – ein Tag und zwei Nächte.

Wir fahren beruhigt und mit Spannung zum hell erleuchteten Bahnhof der quirligen Millionenmetropole. Die Lichterketten des Palastes von Mysore müssen hier Pate gestanden haben.

Der Stadtbus hat, wie fast alle Busse im Süden Indiens, eine Klimaanlage in der Form scheibenloser Fenster, die es ermöglichen, die unglaublichen Abgasmengen der vielen abenteuerlichsten Gefährte direkt zu inhalieren. Den gelegentlich spürbaren Fahrtwind auf den vollgestopften Straßen haben wir trotzdem als angenehm empfunden.

Wir sitzen mit unserem Gepäck für sechs Tage eingequetscht, auf der hitersten Sitzreihe, die uns entgegenfallenden Inder ständig zurückdrückend. Der Fahrer des Busses drangsaliert Kupplung und Bremse beängstigend. Die junge Mutter mit ihrem süßen Baby zwei Sitze neben mir wird Dank der ruckartigen Bewegungen des Busses immer blasser. In einer harten Rechtskurve schiebt sie ihr Kind plötzlich ihrer verdutzten Nachbarin auf den Schoß. Sie übergibt sich lautstark aus dem Fenster. Die Kurve verleiht dem Erbrochenen noch mehr Schwung. Wir fahren über einen Basar voller Fußgänger, die infolge jeglicher Ignoranz größeren Fahrzeuge kaum ausweichen. Das freundliche Baby wird in die Arme der erleichterten Mutter zurückgegeben und wir erreichen amüsiert den Bahnhof von Madras.

Das riesige und dabei doch funktionierende Unternehmen der Indian Railways, der indischen Eisenbahn, zu beschreiben, würden viele Seiten eines gesonderten Buches in Anspruch nehmen. Ein faszinierendes und perfekt funktionierendes Beispiel: Bei jedem Halt auf einer der planmäßigen Stationen (der Zug hält auch gelegentlich auf freier Strecke!) kann man einfache aber leckere indische Speisen und Tee bestellen. Die telegrafische

Weitergabe an den in über hundert Kilometern nächsten Haltepunkt, das dortige Servieren, das Abräumen und Kassieren wiederum hundert Kilometer weiter ringt Respekt ab.

Wir sind von der extrem einfachen aber perfekt ablaufenden Organisation beeindruckt. Man muss den Komfort der auf den unglaublich wackeligen Schienenwegen langsam aber konstant dahinschaukelnden Waggons nicht mit europäischen Maßstäben messen, doch kann man den bescheidenen Service in diesen Überland-Express-Zügen durchaus genießen – wäre da nur nicht das plötzliche aufkommende Fieber.

Die frühe Ankunft in der Hauptstadt Bengalens – Kalkutta sowie die anschließende Taxifahrt über die zwar hässliche, aber nicht minder berühmte Howrah-Brücke zum Hotel kann ich nur noch schemenhaft wahrnehmen.

Jaquelines schlaues Buch der Tropenkrankheiten stellt die wahrscheinlichste Diagnose: Dengue-Fieber. Alle Symptome sind typisch.

Genau sieben Tage hohes Fieber unter den kaum noch kühlenden Bewegungen des Deckenventilators folgen. Die Abstände der fiebersenkenden Zäpfchen werden immer kleiner. Die Schwäche unter der anhaltend hohen Temperatur wächst. Das schlaue Buch sagt weiter, dass es bei dieser Krankheit keine Medikamente gibt. Nur Durchhalten ist angesagt. Ich schimpfe, warum wir meine Frau so viele Jahre auf die Universität geschickt haben und ich hier ohne Medikamente derart leiden muss.

Die fünf Etagen hinunter bis zum Taxi sind eine Qual. Doch Jacqueline will sicher gehen und einen ansässigen Arzt konsultieren. Das Taxi bringt uns zu einer nahen Privatklinik. Ich sitze nicht, ich hänge auf einem der breiten weißen Ledersessel, nehme das um mich Vorgehende kaum wahr. Plötzlich müssen wir weiter, hier denkt keiner daran, mich zu behandeln. Zu Fuß, denn das Taxi ist längst weg, schwanke ich mit Jacquelines Unterstützung zu einer staatlichen Arztpraxis. Gott sei Dank nur wenige Straßen weiter.

Blut wird abgenommen. Nein, zum Glück keine Malaria, aber das vermutete Dengue-Fieber. Und dagegen gibt es nichts. Jacqueline und ihr Buch hatten also Recht.

Von der Rückfahrt zum Hotel und den Treppen fünf Etagen aufwärts weiß ich nichts mehr.

Die Kinder haben ihr eigenes Zimmer, die Außentemperaturen mit einer irrsinnigen Luftfeuchte tun ein übriges. Wir halten uns in unserem Zimmer nur noch nackt auf. Nach der temperatursenkenden Wirkung eines Zäpfchens regt sich eine Art verzweifelte Lust im Angesicht des unbekleideten und schwitzenden Körpers meiner Frau. Ich habe das Gefühl einer leichten Besserung. Doch das täuscht. Der in dieser Extremsituation voll Stolz durchgehaltene Höhepunkt bringt mich an den Rand eines Kollapses. Mein Gesicht wird spitz. Alles dreht sich. Das letzte bisschen Kraft verlässt mich. Jacqueline macht sich Vorwürfe und verteilt blitzschnell nasskalte Handtücher auf meinem wieder glühenden Körper. Sie schüttet Mengen von Flüssigkeit in mich hinein und kann ein Wegbleiben verhindern. Wenigstens war der Wille noch da.

Bei wieder steigendem Fieber muss ich an die Mücke in Madras und an den Untergang der Titanic denken.

Durch diese Krankheit muss ich dem Leser eine Schilderung der so spannenden und durch die außergewöhnliche Freundlichkeit seiner Bewohner berühmten Metropole Kalkutta leider schuldig bleiben.

Unter unglaublichen Mühen ist Jacqueline die Buchung eines Rückfluges nach Madras gelungen. Der Transport über wiederum 33 Stunden Eisenbahn ist für mich unzumutbar.

Der Abflug des Airbus der Indian Airlines um 10 Uhr wurde wie in Indien normal, immer wieder verschoben. Plötzlich rutscht Desiree in ihrem Wartesessel in der riesigen Abflughalle immer weiter nach unten. Fiebermessen – 39,6 Grad. Jacqueline ist der Verzweiflung nahe. Sie vermutet nun auch bei Desiree dieses so tückische Fieber.

Ungeachtet der vielen Wartenden ringsum liegen Desiree und ich auf den weichen Polstern der Halle und werden von Jacqueline und Sebastian immer wieder mit kühlenden Umschlägen versorgt.

Der Rückflug ist eine Katastrophe. In der überfüllten Maschine ist kein Platz für Desiree, die nun auf den Knien von Sebastian, Jacqueline und mir liegend, ganz apathisch versucht zu schlafen. Bei der nicht geplanten Zwischenlandung in Bubaneswahr schmiert der Airbus bei der Landung durch den irrsinnigen Seitenwind fast ab. Die Rollbahn liegt direkt neben der Küste des Indischen Ozeans. Das seitliche Schlingern der Maschine und das schiefe auf und ab der Tragflächen ist so stark, dass die Räder abwechselnd aufsetzen und wieder abheben. Plötzlich hebt eine starke Böe das ganze Flugzeug seitlich wieder in die Luft. Selbst nach dem endgültigen Aufsetzen gerät die Maschine in eine starke Schlingerbewegung, die der Pilot nur mit Mühe ausgleichen kann.

Als schon alles vorbei ist, erklärt eine der Stewardessen voller Angstschweiß, dass es keinen Grund zur Beunruhigung gäbe. Die hat Nerven. Sebastian geht nach vorn. Der kreidebleiche Käpt'n (und das bei dunkler Hautfarbe!) öffnet eine Einstiegstür und meint mit kläglicher Stimme: „It's a very good airplaine!"

Beim Start drückt der Pilot das Flugzeug auch bei schon sehr hoher Geschwindigkeit noch an den Boden, um dann schlagartig und mit voller Kraft nach oben zu schießen. Wie uns zumute war, kann man sich sicher vorstellen. Besonders aber Desiree, die trotz senkender Mittel immer noch 39 Grad Fieber hat.

Der Weiterflug nach Madras verläuft dann ohne Probleme.
Endlich zurück in unserer Feuerwehr stellt sich Desirees Fieber als kleiner Darminfekt heraus. Mein Fieber ist am achten Tag plötzlich verschwunden. Die Schwäche sollte noch drei Wochen anhalten. Das schlaue Lehrbuch beschreibt für diese Zeit wech-

selnde Stimmungszustände.

Wir sitzen beim Frühstück, die Sonne scheint, die Temperatur ist angenehm und ich fange plötzlich an zu heulen. Die Tränen kullern nur so über mein Gesicht. Ich kann nichts dagegen tun. Nach zehn Minuten ist es vorbei. Und das dann bis zu drei mal am Tag. Mitten beim Steuern der Feuerwehr oder beim Bummel durch die Straßen. Und jedes Mal Desirees Kommentar: „Fängt der schon wieder an!“

Nach drei Wochen ist auch das vorbei, alles ist wieder bestens. Ein wirklich schlaues Buch!

Überall in Indien sind sie anzutreffen, die Ghats - oft dienen sie rituellen Bädern oder ganz praktisch zum Waschen der Wäsche.

Mr. Shastri

Woher bezieht ein Wahrsager seine Informationen?

Jacqueline ist schon etwas aufgeregt. Endlich solle sie den Termin bei Ihrem „Palmreader“ in Bangalore wahrnehmen können. Doch es wird sich herausstellen, dass sich das Warten und der Umweg gelohnt haben. Nach über vier Stunden kommt sie aus dem unscheinbaren Gebäude und erzählt schier Unglaubliches.

Sie darf während der gesamten Sitzung mitschreiben und sitzt nun mit sechs vollgeschriebenen Seiten vor uns. Am besten gibt das Jacqueline aber selbst weiter. Ich zitiere hier ihr Tagebuch:

„Es ist noch ruhig in der sonst so lebendigen Stadt Bangalore, erst langsam erwacht der Tag. Die Familie schläft noch tief und fest. Ich bin hellwach, alle Müdigkeit ist wie weggefegt. Heute soll ich endlich erfahren, was der international berühmte „ Palmist“ oder „Sri Shuka Nadi Interpreter“ aus Bangalore mir zu sagen weiß.

Bereits in Diu hatte ich zum ersten Mal erfahren, dass in Bangalore ein Astrologe die alten indischen Weisheitsschriften, geschrieben in Sanskrit auf Palmenblättern, zu interpretieren wisse. Vergleichbar einem Horoskop sei es ihm möglich, allein mit Hilfe von Geburtstag und genauer Geburtszeit Ereignisse aus Vergangenheit, Gegenwart und Zukunft eines Menschen zu weissagen. Nun hatte mich die besondere spirituelle Aura Indiens schon so sehr in ihren Bann gezogen, dass ich diesen Weisen kennen lernen muss.

Nun ist es soweit, ich bin bereit. Bereit, so lange zu warten, bis Mr. Shastri mich heute empfängt. Den durch Matthias Krankheit bereits zwei Mal verschobenen Termin wollte er mir für heute nicht bestätigen. Ich bin entschlossen, mich nicht abweisen zu lassen. Zur zweiten Tageshälfte wollen wir wieder auf der Piste sein. Ich nehme eine Rikscha und fahre quer durch die Stadt, finde mich in einem recht sauberen Viertel in der 5th Main Road wieder und betrete einen eher düsteren Warteraum im ersten Stock eines Buchladens. Jeder der groben Stühle ist besetzt, ganze Familien haben sich eingefunden. Ich bin die einzige Fremde hier und werde das Gefühl nicht los, in einer Arztpraxis gelandet zu sein.

Stunden vergehen, neue Ratsuchende kommen und gehen. Von mir nimmt der eher privat gekleidete Mann, der nur für Sekunden den Kopf aus der Tür steckt, kaum Notiz. Als ein Herr hereingebeten wird, der zwei Stunden nach mir gekommen war, werde ich trotz inzwischen erlernter indischer Gelassenheit ärgerlich. Doch vergeblich, Mr. Shastri gebietet mir zu warten. Zunächst hätten alle Klienten mit einem Termin Vortritt. Wenn dann noch Zeit bliebe, sei ich an der Reihe. Mit einer Mischung aus Frust, aufkommendem Zweifel, Wissensdurst und der Gewissheit, die Familie sei nun besorgt, weil ich nach mehr als 3 Stunden noch nicht zurück sei, entschließe ich mich, zu handeln. Erkläre also den Wartenden, woher ich komme, wie lange ich schon vergeblich warte und dass ich eigentlich schon abreisen müsse. Und bitte, als der nächste Herr aufgerufen wird, mich doch vorzulassen. Und wirklich, zu meinem und offenbar noch mehr Mr. Shastris Erstaunen, akzeptiert der Herr. Kühl bittet Mr. Shastri mich herein, für alle vernehmlich, und erstmals am heutigen Tag erklärend, er hätte nur wenig Zeit. Da kann ich, erleichtert und durchaus mit mir zufrieden, ihn beruhigen. Das was mich interessiere, sei ganz bestimmt schnell besprochen. Und betrete – ja was betrete ich eigentlich? Auf den ersten und auch auf den zweiten Blick wirkt der Raum wie eine Amtsstube. Eng, schlecht belüftet, Neonlicht, Schreibtisch, kahl und irgendwie distanziert. So habe ich mir den berühmten Ort altindischer Weisheit nun wirklich nicht vorgestellt, so ganz ohne Räucherstäbchen, rituelle Gegenstände, Blüten und vor allem ohne Bücher aus Palmenblättern. Irritiert setze ich mich auf den mir zugewiesenen Stuhl hinter den

Schreibtisch. Mr. Shastri, noch immer kann er seinen Unmut über meine Dreistigkeit, oder strömt da schon ein Hauch von Achtung mit hinein(?), schlecht verbergen, fragt nach Geburtstag und – Stunde. Und, woher ich käme, was meine Profession sei. Unberührt von meinen Antworten bittet er um etwas Geduld, verlässt die Amtstube und lässt mich noch einmal 20 Minuten warten. Doch warum auch immer, in dieser Zeit des Wartens beginnt für mich bereits das Erlebnis, das mein Leben seither so bereichert. Nach meinen Augen kreisen die Gedanken um diesen Raum, fragend. Und noch tief in den sich anschließenden Gedanken über den Grund meines Besuchs versunken spüre ich plötzlich jemanden in meiner unmittelbaren Nähe, zuerst wird mir kühl, dann angenehm warm. Ich bin nicht allein. Mein Gegenüber schaut tief in mich hinein, so als könne es bis ins Innerste meines Ichs vordringen. Es ist ein alter Mann mit der Aura eines Gurus jedoch ohne äußere Zeichen eines solchen. Im Schatten eines weit ausladenden Baumes sitzt er, bekleidet mit einem weißen Lungi (breiter Schal aus Leinen, der um die Lenden gewickelt wird) und einem leichten weißen Oberhemd. Sein Blick ist auf den Betrachter des etwa 50x70 cm großen Fotos in s/w gerichtet. Und nun sehe auch ich ihn an, wissend, dass ich am rechten Ort bin.

Mr. Shastri kehrt zurück, in seiner Hand einen Gegenstand, der mich an einen Zollstock erinnert. Beim näheren Hinsehen erkenne ich, das dies wohl ein Buch aus Palmenblättern sein müsse. Später blättert er in den hölzern wirkenden, leicht gekrümmten Seiten, die mit dünnen Schnüren zusammengehalten sind.

Zunächst möchte ich etwas zur Bezahlung wissen. Jeder seiner Klienten solle entsprechend seinen Möglichkeiten etwas geben, eine Pflicht zur Bezahlung gibt es nicht, erwidert Mr. Shastri. Das freut mich sehr, denn dies lässt eine gewisse Seriosität erkennen, die wir bei einem ähnlichen Erlebnis vermisst hatten.

Zunächst zeichnet er meinen Lebensweg nach Zeitqualitäten auf, die nach Planeten benannt sind. Z.B. lebe ich vom 29. bis zum 49. Lebensjahr im Zeichen des Jupiter. Dann berichtet er aus meiner beruflichen Entwicklung und hier bin ich zum ersten Mal überrascht über die präzisen Angaben. Mr. Shastri weiß auch einiges über unsere Vorbereitungen zur „family- orient- tour“, so dass ich nur staunen kann.

Er wendet sich meiner Vergangenheit zu, wählt einige Details aus meinen früheren Leben (Inkarnationen) aus, wohl um mir zu erklären, woher bestimmte Eigenschaften, Vorlieben oder Talente herrühren, die meine Individualität jetzt prägen. Erstaunlich viele Fakten treffen wirklich zu. Schließlich kehrt er zurück in mein aktuelles Leben. Er weiß, dass ich eine Tochter habe, aber auch, dass es da noch jemanden in der Familie gibt. Gemeint ist Sebastian, von dessen enger Verbindung zu mir Mr. Shastri überzeugt ist. Sebastian sei in einem früheren Leben mein Bruder gewesen. Mr. Shastri kennt exakt den Altersunterschied zwischen den Kindern, weiß einiges aus meiner Beziehung zu Matthias und zeichnet einen kurzen Abriss der beruflichen Zukunft von mir und den Kindern. Warten wir ab, was davon eintreten wird!

Schließlich komme ich dazu, meine Fragen zu stellen. Ursprünglich war da nur eine einzige und sie war es, die mich zu ihm geführt hatte. Doch zuerst erfrage ich, was mich seit 30 Minuten bewegt: „Wer ist der Mann auf dem Foto?“ Da lächelt Mr. Shastri zum ersten Mal und antwortet: „ Das ist mein Vater.“ Und er berichtet, dass seit Generationen vom Vater auf einen der Söhne das alte Indische Wissen gemeinsam mit den Büchern weitergegeben wird.

Auch er wird dies tun und seinem Sohn das Lesen und Interpretieren der Sanskritschriften lehren.

Nun sind wir schon in ein eher privates Gespräch verwickelt und alle Distanz ist gewichen. Ich erkläre den eigentlichen Grund meines Besuchs, möchte wissen , welche Hinweise Mr. Shastri mir geben kann, um des Sinn meines ganz persönlichen Lebensweges zu erkennen, so wie er vom Schicksal vorgezeichnet ist, wie es zum großen Teil auch in seinen Schriften steht. Ich möchte wissen, was ich dazu tun kann, um Schritt für Schritt eine höhere Stufe des Bewusstseins zu erfahren. Die Antwort ist sehr umfangreich und ich will nur so viel sagen: Spirituelle Themen sind es, die mich zunehmend beschäftigen werden. Helfen sollen dabei Yoga und Meditation. Mr. Shastri schreibt mir dafür ein Mantra auf.

Als er mich hinaus begleitet, sagt er: "Wann immer Sie hierher zurückkehren, dieses Haus ist von nun an auch das Ihre." Ich bin sicher, dass, nachdem unser Gespräch erst nach einer dreiviertel Stunde endet, dieser Satz mehr ist als nur Höflichkeit."

Zurück in Bombay

Wie ein Schiff ins Wasser fällt

Unter den starken Eindrücken von Jacquelines Wahrsager verlassen wir Bangalore zum zweiten Mal und fahren nordwestlich in Richtung Bombay.

Wie bei unserem ersten Besuch in Bombay verabredet, nahmen wir nun telefonischen Kontakt zu Mister Safaras auf, dem Inhaber der Schiffsagentur, die unsere Feuerwehr zurück in den Iran transportieren will. Er bescheinigt uns noch zwanzig Tage bis zur Abfahrt des Schiffes.

Auf dem noch 1250 km langen Weg nach Bombay liegen die einzigartigen Orte Hampi, Badami und Bijapur. Wir besuchen jeden für mehrere Tage. Jeder ist für sich eine längere Reise wert.

Viele grandiose Tempel und Grabmäler in einer bezaubernden Landschaft, jeder für sich ein architektonisches Meisterwerk. Hier steht die zweitgrößte Kuppel der Welt nach dem Petersdom in Rom – wer weiß das schon. Mit jeder Säule und jedem Detail tief in den Felsen gehauene Tempel, alles quasi aus einem Stück vor 1500 Jahren kunstvoll gefertigt – nicht nur für Fachleute ein Weltwunder.

Die freundlichen Menschen in den kleinen und überschaubaren Orten, romantische Standplätze am Rande von Tempelanlagen und ein erträgliches Klima machen den Aufenthalt zu einem Genuss. Die eigenartigen Schreie der Vögel und Affen verzaubern uns zusätzlich. Letztere sind rotzfrech und klettern sogar in die Feuerwehr, so dass ein Fenster abbricht.

Doch nicht zuletzt das köstliche Essen in den unzähligen einfachen Restaurants halten uns hier fest. In dieser Atmosphäre könnte man Wochen verbringen.

An einer Stelle fällt direkt vor uns in der größten Mittagshitze eine Fledermaus vom Baum. Sie bleibt im Stacheldrahtzaun des

Hotels, vor dem wir stehen, hängen. Sofort beginnen die Kinder mit Steinen nach dem Tier zu werfen. Selbst die erwachsenen Angestellten des Hotels werfen mit Knüppeln und lachen sich halb kaputt. Nun tritt Desiree auf den Plan, rettet und schützt das Tier. Sie schreit jeden an, der nur zu nahe kommt. Sie ist überzeugt, dass die Fledermaus in der Hitze nur zu schwach ist wieder auf den Baum zu fliegen. Als nachtaktiv bekannt, wird sie gegen Abend sicher die Kraft finden. Den ganzen Nachmittag bewacht Desiree das Tier aufmerksam. Als sie mit den Affen spielt, passt sie nur einen Augenblick nicht auf. Ein Hund kommt angelaufen und verspeist die Fledermaus laut schmatzend. Desiree ist wütend. Ihre Liebe zu den so überaus zutraulichen und frei umherstreunenden Hunden Indiens ist nun nachhaltig gestört.

In einem anderen Ort lernen wir den kleinen Sidar kennen. Vielleicht sechs oder sieben Jahre alt, lebt er auf der Straße und bettelt auf eine ganz eigene charmante Weise die Touristen an. Wir schließen ihn in unser Herz, lassen ihn in die Feuerwehr, füttern ihn zum Frühstück bis er nicht mehr kann und nehmen ihn zum Abendessen mit. In einem kleinen Restaurant schläft er nach dem Essen in meinem Schoß ein. Sebastian trägt ihn zu unserer Feuerwehr. Umherstehende Inder warnen uns, ihn nicht mit in die Feuerwehr zu nehmen. Er kennt kein Bett. Eine Frau nimmt ihn Sebastian ab und legt ihn ohne irgendeine Decke auf die nackten Steine. Als Kissen legt sie seinen Unterarm unter seinen kleinen Kopf. Sie bemerkt unsere Verstörung und winkt ab. Es ist kein Problem für den Kleinen. Er schläft immer so, das ist er gewöhnt. Wir steigen ein und legen uns in unsere kuscheligen Betten – und können alle vier nicht recht einschlafen. Was für eine Welt!

Am nächsten Morgen frühstückt Sidar wach und quietschvergnügt mit uns. Er will mitkommen, wenn wir den Ort in Richtung Bombay verlassen. Wir denken ernsthaft darüber nach. Doch als wir aufbrechen, springt er ängstlich und vom Geschrei seiner kleinen Freunde begleitet von der bereits fahrenden Feuerwehr ab. Wirklich traurig schaut er uns winkend nach. Wie schon so oft in diesem Land dreht sich uns das Herz um.

Sidar und seine Freunde

Zu diesen ruhigen und friedlichen Orten könnte der Kontrast zum Moloch Bombay nicht größer sein. Die Abfahrt von der mittelindischen Hochebene ins feuchte, heiße und chaotische Bombay kann stressiger nicht sein. Dazu kommt dann noch die bedrückende Nachricht von Mister Safaras, dass sich die Abfahrt des Schiffes um 10 Tage verschieben wird.

Die hier in Bombay beantragten und erstaunlich schnell bewilligten Visa für den Iran sind davon Gott sei Dank nicht weiter betroffen. Die Gültigkeit ist lang genug. Doch die bereits gekauften und bezahlten Flugtickets der Iran Air nach Teheran müssen umgebucht werden.

Doch mit unserer Feuerwehr bekommen wir ein Problem. Wir haben für Indien ein einjähriges Visum und für das Fahrzeug ein einjährig gültiges Carnet de Passage, das sind die internationalen Zollpapiere für unsere Feuerwehr. Doch in Indien darf jedes Fahrzeug nur sechs Monate im Land bleiben, und das auf den Tag genau. Eine Verlängerung, und sei es nur für wenige Tage ist so gut wie unmöglich. Ich brauche ganze zwei Tage, um in der Außenstelle der Ausländerbehörde und in der Zentrale der Zollbehörde die „großzügige“ Genehmigung zu bekommen, unsere Feuerwehr am buchstäblich letzten Tag innerhalb der sechs zugelassenen Monate auf das Zollgelände des Hafens zu stellen. Hier gilt sie dann pro Forma außer Landes. Wir können dann sicher mühelos ein paar Tage in einem Hotel zubringen. Trotzdem habe ich Angst, wenn ich daran denke, was bis zur Abfahrt des Schiffes aus dem Inhalt der Feuerwehr werden könnte.

Doch vorerst haben wir noch ein paar Tage Zeit, um nochmals aus dem heißen Bombay zu fliehen. Wir fahren die Straße zurück auf der wir gekommen sind und verbringen die Wartezeit in einem der Orte, die als „Hill-Stations“ der Engländer berühmt geworden sind. Über 1000 m hoch gelegen verbrachten hier die Kolonialherren und ihre reichen indischen Zöglinge in einem angenehmen Klima die in Bombay so heiße und feuchte Vormonsunzeit.

Wir lernen, wie so oft, wieder einmal die Allmacht des in Indien so weit verbreiteten staatlichen Sektors kennen. Die Angestellten eines Governmental Guesthouses können nicht so recht sagen ob wir und zu welchem Preis wir unsere Feuerwehr auf dem weit verzweigten und schattigen Gelände parken können.

Der Direktor ist auf dem Grundstück unterwegs. Nach einer halben Stunde kommt dieser mit einem Tross Angestellter im Schlepptau schnellen Schrittes auf uns zu. Seine bedrohliche Miene ist derart finster, dass wir Schlimmes befürchten. „What do you want?" Laut und vorwurfsvoll vorgetragen ist diese Frage für den Chef eines Beherbergungsbetriebes an uns ausländische Gäste geradezu unverschämt.

Wir sind mittlerweile dieser Art Behandlung in den vielen Monaten in Indien einigermaßen gewöhnt. Da es schon spät ist, akzeptieren wir sein Ultimatum, Zimmer oder Abfahrt, mit der Buchung eines Zimmers, obwohl wir es ja Dank unserer gut ausgerüsteten Feuerwehr nicht brauchen.

Die Tage des Wartens verbringen wir mit dem Auflisten aller, ja wirklich aller Gegenstände, die sich in unserer Feuerwehr befinden. Ein mühsames und zeitraubendes Prozedere.

Aber das Klima ist viel besser als in Bombay. Wir stehen im Schatten, nutzen die Dusche in unserem Zimmer und sind doch irgendwie froh, dass wir Indien nun bald verlassen können.

Letzteres wird durch das Zünden der ersten indischen Atombombe noch verstärkt.

Die Medien verbreiten diesen Schritt in das „indische" Atomzeitalter mit einem unglaublichen nationalistischen Brimborium.

Endlich kann es Indien den Großmächten zeigen, endlich wird der Erzrivale Pakistan in die Schranken verwiesen. Das, was Fernsehen, Rundfunk, ganz besonders aber die Zeitungen in geradezu riesigen Überschriften verbreiten, zeigt Wirkung. Das Verhalten uns gegenüber wird selbstbewusster, ja aggressiver.

Halb verhungerte Bettler, die kaum die Kraft haben zu stehen oder zu laufen brüllen uns mit erhobener Faust und mit letzter Kraft entgegen: „India is great!"

Ob sie ihr „großes" Indien am nächsten Tage noch am Leben lässt, ist ungewiss. Doch das unheilvolle und derartig nationalistische Aufbegehren geht spürbar durch das ganze Land und durch alle Schichten der Bevölkerung. Es ist verrückt, aber wir sind irgendwie froh, als wenige Wochen später Pakistan ebenfalls ein Atombombe zündet. Mit einem Schlag sind alle wieder auf dem Teppich gelandet. Der harte Alltag hat die Inder wieder.

Pünktlich nach zehn Tagen sitze ich erneut im Büro von Mister Safaras. Er sitzt schwitzend hinter einem seiner Schreibtische und schimpft auf die indische Arbeitsmoral. Es ist eine halbe Stunde nach Geschäftsbeginn und von seinen 15 Mitarbeitern ist gerade einmal der junge Tea-Wallah zugegen. Seine Aufgabe ist es, den lieben langen Tag für die übrigen Angestellten Tee zu kochen und zu servieren. Die Miene des Chefs verfinstert sich plötzlich und mich trifft fast der Schlag: Das Schiff von Kalkutta nach Bandar-E Abbas im persischen Golf wird Bombay nicht anlaufen, es ist voll und fährt durch. Das nächste Schiff geht erst in mehr als einem Monat, mitten im Monsun.

Das bedeutet über viele tausend Kilometer auf dem Landwege zurück in den Iran! Durch Nordindien und über die schlechten Straßen Pakistans zurück bei Temperaturen von bis zu 55 Grad im Schatten! Mir kommen die Tränen vor Verzweiflung. Auf den Treppenstufen sacke ich zusammen, meine Beine sind wie Gummi.

Ich wanke mit nassen Augen zurück zu meiner Familie, die in der etwas entfernt geparkten Feuerwehr auf mich wartet.

Schon von weitem sehe ich eine Demonstration. Mehr und mehr männliche Demonstranten finden sich direkt neben unserer Feuerwehr ein. Wenige Meter weiter auf der anderen Straßenseite ist eine Polizeistation. Schon gehen Polizisten und Demonstranten mit langen Knüppeln aufeinander los. Schreie sind zu hören. Blutüberströmte Köpfe sind zu sehen. Plötzlich fallen Schüsse. Ich brülle Jacqueline und Desiree entgegen, sich in der Feuerwehr auf den Boden zu legen und flüchte mit anderen Indern in einen Hausflur. Nur Sebastian versucht den Helden zu spielen und filmt das ganze mit unserer kleinen Kamera. Der Bursche hat zu Hause zu viel privates Fernsehen gesehen! Mir wird noch schlechter als mir ohnehin schon ist.

Mehr und mehr Polizei erscheint und löst die Demonstration nach etwa einer halben Stunde mit Gewalt auf.

Meine Familie tröstet mich nach den niederschmetternden Nachrichten rührend und verbreitet einen geradezu unglaublichen Optimismus.

Wir gehen ins Cafe Mondegar, dem besten Pub mit der besten westlichen Musik in Bombay. An diesem Abend betrinke ich mich mit der wohlwollenden Zustimmung meiner drei Familienmitglieder.

Schon am nächsten Tag brechen wir in Richtung Delhi auf. Uns bleibt keine andere Wahl. Fünf Tage stramme Fahrt, von morgens fünf Uhr bis spät abends liegen vor uns. Je weiter nördlich wir kommen, desto heißer wird es. Als wir Rajasthan erreichen klettern die Temperaturen auf 50 Grad im Schatten. Doch die karge Halbwüstenlandschaft bietet keinen Schatten. Ich mache mir sorgen um unseren Motor. Doch die Gebläseturbine arbeitet zuverlässig und auf Hochtouren. Auch bei dieser Hitze kommt die Anzeige der Motortemperatur nicht in den roten Bereich. Wir sind stolz auf unsere Feuerwehr. Plötzlich reißen die beiden Haltebänder des Diesel-Zusatztanks. Der Pfusch der Firma, über die wir uns schon zu Hause so sehr aufgeregt haben, fordert erneut Tribut.

Gott sei Dank gibt es in fast jedem Dorf an der Straße einfache aber für gutes Geld hilfsbereite Schweißer-Wallahs, die uns helfen. Doch allein die Wartezeit während der Reparatur wird bei diesen Temperaturen zur Tortur. Während der Fahrt, mit den vier weit geöffneten Fenstern des Doppelfahrerhauses, ist es gerade noch auszuhalten. Viel Wasser trinken und immer ein paar Spritzer auf den Kopf. Aber leider ist unser Wasser im Zusatztank auch an die 40 Grad warm, was den Genuss erheblich schmälert. Erstaunlicherweise haben wir alle gute Laune, nehmen die Hitze als zwar belastende aber dennoch außergewöhnliche Erlebenswürdigkeit dieser Reise in Kauf. Nach der Feuerwehr bin ich somit auch wieder einmal stolz auf meine Familie.

In Delhi angekommen steigt die Temperatur auf 53 Grad. Das Atmen fällt bei diese Hitze schwer. Erstaunlicherweise sind die Duschen des Tourist Camp, in dem wir wieder Station machen, ziemlich kühl. Doch bereits nach fünf Minuten ist man wieder klitschnass.

Die Feuerwehr heizt sich tagsüber derart auf, dass die Bettwäsche noch in der Nacht so heiß ist, dass wir sie mit dem Schweiß unserer Körper kühlen, wenn wir spät ins Bett gehen.

Tagsüber ist es so heiß, dass die Kinder schreiend und in Massen auf jede Motorrikscha zukommen, in denen ein vermeintlicher Tourist sitzt. Sie stehen tippelnd und barfuß auf dem regelrecht glühenden und schmelzenden Asphalt und zeigen immer wieder auf ihre Füße. Sie betteln nach Geld für Schuhe. Doch es sind Tausende Kinder in ganz Delhi. Wie können wir da helfen? In den Zeitungen lesen wir täglich über die Zahl der Kinder und der alten Männer, die in dieser mörderischen Hitze wieder gestorben sind.

Hier in der Hauptstadt steht nun die undankbare Aufgabe vor mir, die nun endgültige zeitliche Überziehung der maximal möglichen sechs Monate für das Fahrzeug beim Ministerium für auswärtige Angelegenheiten und beim Zoll zu klären. Ohne diese können wir unsere Feuerwehr aus Indien nicht herausbringen. Praktisch heißt das, vor den Gebäuden, in Treppenhäusern und vor Büros anstehen, drängeln, bei den verschiedensten Beamten bitten und betteln, um die entsprechenden Papiere zu bekommen. Immer wieder und ohne erkennbaren vernünftigen Grund werde ich vertröstet, muss wieder und wieder kommen.

Der Zoll, weit außerhalb von Delhi und in der Nähe des Flughafens gelegen, praktiziert das gleiche Spiel. Allein die Rikschafahrt dorthin an drei aufeinanderfolgenden Tagen ist eine Qual.

Mehr und mehr verliere ich die in Indien so notwendige Geduld. Ein Beamter erklärt mir nach einem neuerlichen Wutanfall freundlich, dass schließlich nicht die Inder an diesen Prozeduren Schuld sind. Die Engländer haben diese Bürokratie hier eingeführt. Und die lebt fort. Ich lächle nur säuerlich.

Desgleichen müssen Visa für Pakistan beantragt werden. Auch das geht nicht ohne Verzögerungen ab, doch hier bekommen wir Hilfe von einem hohen Mitarbeiter des All-India-Radios, den wir bereits in Bombay kennen gelernt haben. Nur drei Tage reichen aus und wir halten die Visa in unseren Händen.

Und schließlich wird es zur nervenzehrenden Aktion, das Geld für die in Bombay bezahlten Flugtickets nach Teheran vom Büro der Iran Air in Delhi wiederzubekommen. Hier hatten wir schließlich nicht bezahlt. Nach dem Zurücksenden der Tickets nach Bombay wechseln Anträge, Persönliche Erklärungen, Bankbestätigungen, Auszahlungsgenehmigungen von Delhi nach Bombay und zurück. Allerdings haben die Büros der Iran Air die am besten funktionierenden Klimaanlagen, was die zahlreichen Wartezeiten angenehmer macht.

Eines Abends gegen 23 Uhr, wir sitzen nach der Hitze des Tages apathisch am Campingtisch vor unserer Feuerwehr, als wir durch einen unglaublichen Knall erschrecken. Etwa acht Meter von uns entfernt kracht ein schwer mit Ziegeln beladener LKW durch die drei Meter hohe Mauer, die das Tourist Camp umgibt. Mitten in der zusammenbrechenden Mauer kommt er zum Stehen, das Licht der Scheinwerfer brennt weiter.

Jacqueline läuft als erste heraus, um von außen zu sehen was passiert war. Als nach einiger Zeit Desiree hinterher läuft, kommt Jacqueline zurück und schickt sie zu mir, mit der Bemerkung, wir sollen bleiben wo wir sind.

Ein Reifen war geplatzt. Daraufhin scherte der LKW aus und fuhr in die Mauer. Bei der Überquerung des Bürgersteiges überrollte er zwei schlafende Bettler und zerteilte sie in mehrere Stücke. Von einem wurde der Kopf abgetrennt. Jacqueline schreit die vielen tatenlos umherstehenden Inder an, nimmt ein paar zerrissene Stoff-Fetzen und deckt die Leichenteile ab. Keiner hilft ihr dabei. Ein Menschenleben ist in diesem übervölkerten Land nicht viel wert, schon gar nicht, wenn es sich um die Ärmsten der Armen handelt. Niemand weiß, wer die Toten sind. Der Fahrer hat Fahrerflucht begangen. Die Firma des LKW wird in den nächsten Tagen an die Polizei ein paar Rupees Strafe zahlen und der Fall ist erledigt.

Bis tief in die Nacht sitzen wir vor der Feuerwehr. Schlafen gehen will keiner von uns. Noch immer brennen die Scheinwerfer des LKW in unsere Richtung, wenn auch von Stunde zu Stunde schwächer.

Am nächsten Tag verschenken wir bis auf einen kleinen Rest alle übriggebliebenen Medikamente an das Rote Kreuz, das in den riesigen Slums der Hauptstadt versucht, die Not der Menschen wenigstens ein kleines bisschen zu lindern.

Nach insgesamt sieben der wohl härtesten Tage meines Lebens haben wir alle Papiere zusammen und machen uns völlig erschöpft auf den Weg nach Amritsar, der Stadt an der Grenze zu Pakistan, in der wir vor fast sieben Monaten Indien erreicht hatten.

50 Tage Heimreise

Der Kulturschock wartet

Am 300. Tag unserer Reise verlassen wir das vor Hitze glühende Indien. Die Beamten des Zoll können sich noch gut an uns erinnern, obwohl es fast sieben Monate her ist, dass wir diese Grenze überschritten haben. Derartig widerborstige Reisende haben sie scheinbar nicht oft. Die Dokumente aus Delhi, in denen unsere überzogene Reisedauer schließlich genehmigt wurde, werden erstaunt akzeptiert. Man bescheinigt uns, dass Derartiges nur selten vorkommt.

Beim Überfahren der Grenzlinie weint Desiree. Zu gut hat es ihr gefallen, zu gut kannte sie sich mit der indischen Götterwelt aus, sie hatte sich am besten von uns allen an die Lebensverhältnisse angepasst. Es war immer wieder erstaunlich, wie wenig ihr die große Hitze ausgemacht hat. Lautstark protestiert sie gegen das Abnehmen der indischen Flagge vorn in unserem Fahrerhaus und das Abziehen von Aufklebern mit der Schrift „I love India". Doch ist es besser so, wollen wir die Pakistanis nicht provozieren.

Immer noch ist es wahnsinnig heiß. Wir haben es eilig ins pakistanische Bergland zu gelangen. Wir wollen bei kühleren Nachttemperaturen endlich einmal wieder gut und fest schlafen. Schon am ersten Abend im islamischen Pakistan sitzen wir nach einer Einladung wieder in einer freundlichen Familie und werden fürstlich bewirtet. Es ist schon erstaunlich: Bei der Hinreise war diese Gastfreundschaft in Syrien, der Türkei, dem Iran und in Pakistan fast die Regel. Jedoch in Indien, dem riesigen Land, das wir in sieben Monaten kreuz und quer bereist haben, kam es mit Ausnahme zweier fast offizieller Einladungen in ein Restaurant nicht ein einziges Mal vor, dass wir gemeinsam mit einer indischen Familie speisen durften.

Über Lahore und Multan erreichen wir wieder den breiten Indus, der uns vor vielen Monaten das Tor nach Indien öffnete. Wir wählen die berüchtigte Nordroute nach Quetta. Es ist bekannt, dass die Straßenverhältnisse noch schlechter sein sollen, als am Indus entlang. Der Weg führt mitten durch die „Trible Areas", die pakistanischen Stammesgebiete, die sich vollständig selbst verwalten. Doch wir haben nur den Wunsch in den Bergen an Höhe zu gewinnen und angenehmere Temperaturen zu spüren.

Wir passieren einen Schlagbaum, müssen eine Art Zoll bezahlen und sind praktisch in einem eigenständigen Land. Hier leben vorwiegend Paschtunen, ein recht kriegerisches Völkchen. Es wird richtig spannend.

Höher und höher schlängelt sich die Straße auf oft halsbrecherischen Abschnitten. Riesige Felsüberhänge passieren wir im Schneckentempo. Große Fels- und Gesteinsbrocken liegen mitten auf der Straße, als wären sie eben erst abgebrochen. Sie zeugen eindrucksvoll von der Gefährlichkeit dieser Route.

Doch der euphorische und ständig wiederholte Blick auf unser Thermometer lenkt ab: es wird kühler. Schon werden die 40 Grad unterschritten. Ich rufe Jacqueline zu: „Hole bitte die Pullover vor, wir frieren!" Wir sind bester Laune.

Jeder, ja buchstäblich jeder Mann, den wir zu Gesicht bekommen ist bewaffnet. Die Kalaschnikow gehört offenbar zu ihren Lieblingswaffen. Die Patronengurte kreuzen die Brust, Handgranaten sind am Gürtel befestigt. Doch viele der kriegerischen Gestalten grüßen uns und winken freundlich. Frauen sind fast nie zu sehen in dieser Männerwelt.

Als wir die Hochebene erreichen beobachten wir eine Szene, die ich unbedingt filmen will, mich aber dann doch nicht traue. Ein bis an die Zähne bewaffneter Krieger stolziert in einem derart albernem und stapfendem Schritt etwa fünf Meter vor seiner Frau über ein Feld. Die trägt, von der schweren Last gebückt, ein riesiges Bündel auf ihrem Rücken, das mit einem breiten Band über der Stirn verbunden ist. Ständig dreht er sich um, weil die Frau nicht so schnell nachkommen kann.

Dieses Bild sieht aus, wie in einem Zeichentrickfilm eines Märchens. Leider zeigt es auch die Grundzüge dieser mittelalterlichen Gesellschaft: Männer arbeiten hier kaum. Das gesamte öffentliche Leben ist ausschließlich ihnen vorbehalten.

Wenn wir in kleinen Dörfern die Märkte durchfahren, sind ausschließlich Männer zu sehen. Die männlichen Verkäufer hinter den Ständen und die allesamt schwer bewaffneten Einkaufenden davor. Ständig müssen wir hupen, weil die Krieger in kleinen Grüppchen mitten auf der Straße stehen und schwatzen wie die Waschweiber.

Am Abend dieses Tages erreichen wir Fort Munro. Die Inhaber eines Gasthauses kochen für uns Hühnchen mit Reis. Ein kühles indisches Bier aus unserer Kompressorkühlbox ist ein Genuss. Wirklich holt Jacqueline mühsam die Pullover vor, die natürlich ganz weit unten verkramt waren. Wir tanzen vor Glück – es ist kühl!

Die grandiose Bergwelt Belutschistans zu durchfahren ist ein Abenteuer für sich, trocken, karg und einsam wechseln die Farben von Sand und Felsen zwischen Gelb- und Brauntönen.

Verlassene Dörfer in den Bergen reizen uns zu spannenden Erkundungen. Doch zieht es uns in den Iran zurück. Viele Tage Fahrt auf holprigen Straßen liegen noch vor uns.

Ein Wirbelsturm kommt auf uns zu. Wir können der Windhose nicht ausweichen, da es nur diesen einen Weg gibt. Die Feuerwehr wird mächtig durchgeschüttelt, vor lauter aufgewirbeltem Sand ist nichts mehr zu sehen. So schnell, wie er auf uns zu gekommen ist, ist er auch wieder verschwunden. Im nächsten Dorf blasen wir sicherheitshalber unseren völlig versandeten Luftfilter aus.

Wir erreichen Quetta, die Hauptstadt Belutschistans und quartieren uns wiederum im Hotel Lourdes mit seinem hübschen Garten ein, um bei angenehmen Temperaturen einige Tage zu entspannen. Wie schon in Indien, passieren wir auf der spannen. Wie schon in Indien, passieren wir auf der Weiterfahrt in nur wenigen Kilometer Entfernung das Atomtest-Gelände Pakistans. Uns berührt es nur insofern, als das die Straßen dieser Gegend seit unserer Hinreise erstaunlich schnell ausgebaut wurden, was unser Fortkommen enorm beschleunigt.

Ohne besondere Vorkommnisse erreichen wir die iranische Grenzstation, die diesmal mit afghanischen Flüchtlingen überfüllt ist. Das fundamentalistische Schreckensregime der Taliban zeigt seine ersten Wirkungen. Wer die Mittel zur Flucht hat, verlässt das Land. Trotzdem dauert die Abfertigung für uns nicht länger als bei unserer Hinreise. Wir werden bevorzugt bedient.

Wir müssen die Straßenseite wechseln, weil hier wieder Rechtsverkehr angesagt ist. Wieder spüren wir, dass damit ein weiteres Stück unserer Reise vorüber geht. Auf den hervorragenden, aber meist leeren Wüstenstraßen des Iran fahren wir des öfteren übermütig auf die linke Seite und denken doch ein wenig wehmütig an die vielen Monate in Indien und Pakistan.

In vielen Orten klingeln wir bei iranischen Freunden, die wir bei unserer Hinreise vor gut neun Monaten kennen gelernt hatten. Die Wiedersehensfreude ist durchweg riesengroß. Überall müssen wir länger bleiben, als wir ursprünglich vorgesehen haben. Die Abschiede fallen noch schwerer als beim ersten Mal.

Wir lassen uns Zeit. Und wir lassen uns den Iran wiederum gut tun. Basare, Teehäuser, Restaurants, eine herrliche Architektur und eine Gastfreundschaft, die seinesgleichen sucht.

Der schon bekannte Hussein aus Kerman hat eine gute Idee. Ein Picknick in der Wüste mit unseren beiden Familien. Zuerst schauen wir etwas ungläubig daher, doch lassen wir uns überraschen. Er selbst kauft alles notwendige auf dem Basar ein. Nur frisches Brot dürfen wir besorgen. Nun leitet er uns etwa 20 km außerhalb der Stadt zu einer Quelle, mitten in der Wüste. Ein kleines glasklares Bächlein fließt noch mehrere Kilometer in die Wüste hinein, bis es sich schließlich der übermächtigen Trockenheit geschlagen gibt und verschwindet.

An unserem Rastplatz stehen durch den Bach gespeist einige Bäume, die kühlenden Schatten spenden. Ein mitgebrachter Teppich wird ausgerollt. Alle waschen und schneiden gemeinsam das Gemüse und die übrigen Zutaten. Die Frauen kochen in der Küche unserer Feuerwehr Kashk-E Bademgan, ein leckeres Auberginengericht. Gegessen wird es mit Datteln aus Bam und dem bereits erwähnten unvergleichlichen Brot aus Kerman. Um uns ausgebreitet, die einsame, trockene aber vielfarbige Bergwelt der Wüste. Der Kassettenrecorder spielt Lieder von Hafis. Getrunken wird persischer Tee. Nach dem Essen spielen die Kinder in der Wüste, die Frauen sitzen artig und schwatzen über Familienprobleme, die sich zwischen Deutschland und dem Iran doch kaum unterscheiden. Und schließlich lümmeln wir Männer langgestreckt in schweren Kissen auf dem weichen persischen Teppich und philosophieren über die ach so ungerechte Welt, die doch mit etwas mehr Verstand für alle genug Platz zum Glücklichsein hätte. Ich stoße angenehme Seufzer aus.

Hussein schaut unruhig auf die Uhr und blickt sich um. Er ist sich durch die Entfernung zu Kerman nicht so sicher, in welcher Richtung Mekka liegt. Es ist Sonnenuntergang und Zeit zum Gebet. Wir holen den Kompass und unsere Karten heraus, zeichnen ein paar Linien aufs Papier und sagen ihm geographisch auf den Strich exakt, wo Mekka liegt. Er ist verblüfft, sichtlich beeindruckt und dankbar. Sicher hat sein mitgebrachter kleiner Gebetsteppich noch niemals so genau ausgerichtet gelegen wie heute. Leise wenden wir uns ab, um ihn bei seinem Gebet nicht zu stören.

Die türkische Grenze naht und uns wird zunehmend mulmiger in der Magengegend. Unser gewohnter und heimischer Kulturkreis kommt unabwendbar näher und näher auf uns zu.

Auch hier die nun schon gewohnte Wiedersehensfreude. In unserer kurdischen Familie kam der greise Großvater gerade aus dem türkischen Arrest. Fast amüsiert erzählt man uns, dass man es für ein paar nicht so sehr legale Geschäfte leider versäumt hatte „to charge some Parlamentariers“ (einige Abgeordnete zu schmieren, d.V.).

Wir wählen die Route an die türkische Südküste, um uns hier noch etwas zu akklimatisieren und zu entspannen, bevor es in die mehr und mehr europäisch geprägte Welt geht.

Es gleicht einem Schock, als wir an der „türkischen Riviera“ den Urlaubsort Alanya passieren. Hotel an Hotel, Bettenburg an Bettenburg für die Massenunterbringung von Urlaubern, übervolle Strände und Kitschladen an Kitschladen für die „schönsten Wochen des Jahres“. Nachdem, was wir hinter uns haben, schier unglaublich.

In der Küstenstadt Izmir wartet die Autofähre auf uns und unsere Feuerwehr. Nachdem der Zoll in unseren Pässen die vielen Stempel von vermeintlichen Drogenländern zur Kenntnis genommen hat, sind die Zollformalitäten im Hafen ganz besonders intensiv. Der Drogenhund fühlt sich in unserer Feuerwehr besonders wohl, springt übermütig auf den Sitzen hin und her und bleibt schließlich genüsslich auf dem gemütlichen Doppelstockbett liegen. Die Zollbeamten sind korrekt und freundlich.

Drei Tage und drei Nächte geht die Schiffsreise durch die Ägäis, den Kanal von Korinth und die Adria nach Venedig. Wir betreten europäischen Boden. Desiree isst nichts mehr und weint.

Aber nicht Fernweh ist die Ursache des Schmerzes sondern ein junger Amerikaner, den sie auf dem Schiff kennen gelernt hatte und den sie nun wohl nie wiedersehen würde.

In Bozen holen wir unsere Nummernschilder ab, mit denen unsere Eltern die Feuerwehr nach unserer Ausreise abgemeldet hatten, da für das Befahren von Ländern außerhalb Europas bzw. der Anrainerstaaten des Mittelmeeres keine Steuern und keine Haftpflichtversicherung zu zahlen ist. Per Post schickten die Eltern die mit Vollmacht wiederangemeldeten Schilder in das norditalienische Büro des ADAC. Alles klappt wirklich gut.

In den Südalpen suchen wir uns einen Campingplatz an einem schönen Gebirgssee, eingeschlossen von hohen Bergen. Insgesamt 309 saubere Parzellen sind mit niedrigem akkurat geschnittenem Buschwerk voneinander abgeteilt und korrekt durchnumeriert. Man weist uns durch die Größe der Feuerwehr eine doppelte Parzelle zu. Doch bis zum Ende der Mittagszeit dürfen wir den Platz nicht befahren. Dann fahren wir betont langsam Weg für Weg ab. Die vorwiegend holländischen, belgischen und deutschen Camper mit ausgesprochen luxuriösen und zum Teil riesigen Wohnwagen und Wohnmobilen sehen unserer etwas mitgenommenen Feuerwehr argwöhnisch nach. Wie ein fremdes Wesen schleicht unser treues Fahrzeug zu seinem Standplatz.

Als wir unsere Campingmöbel aufbauen und uns vor die Feuerwehr setzen, kommen mehr und mehr Camper an uns vorbeispaziert, um mit gekniffenen Augen die Aufschriften zu lesen, um zu erfahren, woher wir gekommen sind. Wir schauen die Vorbeigehenden freundlich an, darauf gefasst, die eine oder andere Antwort geben zu können. Doch sobald sich unsere Blicke treffen, wenden sie sich ab und entfernen sich schnelleren Schrittes. Alle verhalten sich so. Wohin sind wir geraten? Sind die Menschen hier derart spießig, dass wir als vagabundierende Fernreisende hier zu Fremdkörpern werden? Haben die Leute Angst, wir würden ihnen die gebührende Achtung vor ihrem überdimensionierten Luxusgefährt streitig machen? Jaqueline will nur noch weg - egal an welcher lärmenden Straße, auf welchem Parkplatz wir übernachten müssten. Sie bekommt Schwindelgefühle und muss erbrechen.

Da ist er, der Kulturschock, vor dem uns andere Overlander gewarnt hatten, den wir uns so gar nicht vorstellen konnten.

Mit einer Flasche Rotwein können wir Jacqueline überreden doch noch etwas zu bleiben, um uns an die alten und doch neuen Lebensweisen zu gewöhnen.

Als wir auf der Autobahn in Bayern einfuhren, wurden wir von einer Zivilstreife für eine „verdachtunabhängige Personenkontrolle“ angehalten. Die sehr stark bayerischen Dialekt sprechenden Beamten vermittelten den Eindruck, als seien sie bei der Volkspolizei der ehemaligen DDR ausgebildet worden, derart unfreundlich waren sie. Nach 25 Minuten dürfen wir weiterfahren. Eine gute Heim- oder Weiterreise kommt ihnen nicht über die Lippen. Nun hebt sich in mir der Kulturschock. Jetzt will auch ich wieder weg, obwohl wir doch noch gar nicht zu Hause angekommen sind.

In Berlin angekommen, fahren wir zu meinen Eltern, da sie die Schlüssel zu unserer Wohnung haben. Niemand ist zu Hause. Wir fahren zu Schwiegerelter. Ebenfalls niemand zu Hause.

Vielleicht erwarten sie uns doch in unserer Wohnung, obwohl das nicht abgesprochen war.

Bereits aus Italien hatten wir mit unseren Eltern telefoniert und um eine ganz sachte und ruhige Einreise gebeten. Wir bräuchten Zeit, um uns zu akklimatisieren.

Wir biegen um die Ecke unserer Straße und erschrecken. Schon von weitem sehen wir ein riesiges Transparent an unserem

Balkon „Welcome!“ Auf dem Balkon und auf der Straße vor dem Eingang stehen viele Freunde, Bekannte, Klassenkammeraden von Desiree und ... die ganze Familie. Jede Menge Hausbewohner sitzen an den geöffneten Fenstern. Nur die Blasmusik fehlt. Uns ist ganz schlecht.

Wir liegen den Eltern und den Großeltern in den Armen. Alles heult. Aus der Traum!

Eigentlich ist es ganz gut so. Im Angesicht dieses Trubels mit kalten Platten und jeder Menge an Getränken haben wir keine Chance unsere Trauer über das Ende unseres Traumes nachzudenken.

Als uns um halb zwei am nächsten Morgen die letzten Gäste verlassen, gehen wir hinunter und steigen in unsere gute alte Feuerwehr.

Wir schlafen ein letztes Mal in unseren gewohnten Betten.

Teil III - Ratgeberteil

1. Alle Übernachtungsstellen

Wer mit dem Fahrzeug (Schlafplätze im Inneren vorausgesetzt!) in unbekannten Gegenden unterwegs ist, für den stellt sich fast jeden Abend die Frage nach einer möglichst ruhigen und sicheren Stelle zum Übernachten.

Wir sind von Reisenden, die wir unterwegs trafen, immer wieder nach sicheren Übernachtungsstellen gefragt worden.

Im Folgenden will ich alle Plätze beschreiben, an denen wir für nur eine oder für mehrere Nächte gestanden haben und die wir zum größten Teil als sicher empfanden. Manche Plätze waren so traumhaft schön, dass wir uns richtig drängen mussten weiterzufahren.

Oft haben wir aber auch Stunden gesucht und uns immer wieder durchgefragt. Immer aber haben wir nicht erst bis zum Einbruch der Dunkelheit gewartet. Insgesamt beschreibe ich nur wenige Stellen, die ich zur Nachnutzung nicht empfehlen kann. Oft kam es uns darauf an, möglichst weit an das Zentrum von Städten heranzukommen. Hier haben wir Kompromisse gemacht, obwohl weiter draußen bessere Plätze zu finden gewesen wären. Um unsere Toilettenkapazität zu schonen, entschieden wir uns of für Stellen, in denen eine Toilette in der Nähe war. Und schließlich war auch der Preis wichtig, den man für etwas Sicherheit bezahlen musste, der für oder gegen bestimmte Örtlichkeiten gesprochen hat. Schöne aber sehr teure Plätze haben wir oft gemieden. Die Reisekasse musste ja für ein ganzes Jahr reichen.

Um dem Nachnutzer unserer oder einer ähnlichen Route hier oft viel Zeit und Mühe zu ersparen, füge ich diesen Teil an.

Deutschland

Auf der Fernstraße zwischen Dresden und Prag, Richtung Zinnwald (Grenzstation zur Tschechischen Republik) im Osterzgebirge, kurz hinter Schmiedeberg. Ein lang gezogener LKW-Parkplatz links an der Straße.

Tschechische Republik

In Prag, Ein großer, bewachter Parkplatz direkt an der Moldau, Straße Na Frantisku direkt an der Brücke Svernuv Most, im Zentrum günstig gelegen. Für ein oder zwei Nächte geeignet.

Auf der Autobahn zwischen Prag und Bratislava hinter Brno. Autocampingplatz Humpolece.

Ungarn

Am Nordufer des Balaton (Plattensee) eine Vielzahl von Campingplätzen direkt am Seeufer zur Auswahl.

An der Fernstraße Szeged Richtung Sibiu (Rumänien). Grenzort Mako, kurz vor Ortsausgang Richtung Grenze rechts, etwa 30 m von der Straße, ein kleiner Autocampingplatz.

Rumänien

In Sibiu (Hermannstadt), Innenstadt durchqueren, Ausfallstraße nach Rasinari und Paltinis. Ein großer Vergnügungspark mit Campingplatz, rechts in Fahrtrichtung.

Bukarest, die Peripherie besteht rund um die Stadt aus riesigen Neubauvierteln. Zwischen den Blocks sind oft größere Brachflä-

chen, zum Übernachten geeignet. Wir haben in der Nähe eines MacDonald Restaurants geparkt (wegen der Toilette).
Ausfallstraße (nach dem Stadtzentrum) Richtung Giurgiu/Russe - Donaubrücke.

Bulgarien

Die großen Kurorte an der Küste haben große Bus- und Truckparkplätze, oft mit einer Toilette, so in Nessebar (Slantschev Brjag) fast in der Mitte des am Meer langgestreckten Ortes.

Die gesamte Küste des Schwarzen Meeres hat viele Campingplätze, Südlich von Burgas liegt der Campingplatz Smokina (ca. 20 km südlich hinter Sosopol), viel Platz, wenig Menschen.

Türkei

Istanbul, an der großen Umfahrungsstraße der Altstadt direkt am Bosporus, bewachter Parkplatz direkt neben dem Fischmarkt, Preis für Übernachtung muss man aushandeln, direkt am Meer, allerdings Fischgeruch. Ansonsten ist es schwer, in der Nähe der engen Altstadt einen sicheren Platz zu finden (weit außerhalb des Zentrums soll ein Campingplatz sein).

Autobahn bis nach Ankara, die Außenbezirke sind voll von Neubaugebieten, zwischen denen größere Brachflächen liegen, für eine Nacht immer geeignet.

Weiter in Richtung Kappadokien. In Göreme liegt ein kleiner netter Campingplatz mitten im Ort.

An der Fernstraße Richtung Adana – Iskenderun bis kurz vor die Syrische Grenze, liegt ein Parkplatz an einer großen Tankstelle,

Toilettenbenutzung ist möglich.

Syrien

In Aleppo soll ein Campingplatz sein, wir haben ihn nicht gefunden. Die Innenstadt ist laut und voll, für Übernachtungen kaum geeignet.

Im Tal der 500 toten Städte, nördlich von Aleppo, liegt das Simeon-Kloster; Parkplatz neben der Gaststätte mit grandioser Aussicht, Toilettenbenutzung in der Gaststätte, sehr ruhig.

Die Fernstraße von Aleppo Richtung Mittelmeerküste; kurz vor Latakya, Parkplatz vor einem Restaurant, links der Straße; Toilettenbenutzung im Restaurant, laute Hauptverkehrsstraße.

Tartous. Der Campingplatz direkt am Meer ist nicht zu benutzen; einen Parkplatz gibt es direkt im Zentrum, neben den Schiffsanlegestellen zur Insel Arwad, direkt am Meer; ruhig aber keine Toiletten.

Ein Parkplatz liegt direkt vor der Kreuzritterfestung Krk de Chevalier; Toiletten- und Duschenbenutzung in der Herberge, guter Platz.

Damaskus. Einziger Campingplatz am Ortseingang aus Richtung Norden, schöner Platz von hohen Mauern umgeben.

Palmyra. Parkplatz vor dem Hotel „Zenobia", mit separaten, sehr einfachen Toiletten.

Die große Syrische Wüste hält bei der Durchquerung in Richtung Norden jede Menge einsamste Rastplätze bereit. Achtung: vorher für genug Wasser und Lebensmittel sorgen!

Am nördlichen Rand des Assad-Stausees (vorher von Süden aus den Euphrat-Damm überqueren!) liegt auf einer Halbinsel die Ruine der alten seldtschukischen Zitadelle Qal at Jabar; Restaurant mit herrlichen Badeplätzen, sehr guter Standplatz zum Übernachten.

Die Grenzstation zur Türkei Tal Abiad hat nur Stundenweise geöffnet; gut "bewachte" Übernachtungsmöglichkeit gibt es direkt vor dem Schlagbaum.

Türkei

Diyarbakir, Hauptstadt der türkischen Provinz Kurdistan. Unmittelbar im Zentrum sind viele Neubauten mit in der Nacht sehr ruhigen Nebenstraßen.

Fernstraße in Richtung Van-See, Kreisstadt Bitlis; sehr bergiger Ort. Kurz vor der Ausfahrt aus der Stadt stark ansteigende Straße an einem tief eingeschnittenen Gebirgsfluss, am rechten Straßenrand sind breitere Parkmöglichkeiten. In der Nacht ist es überwiegend ruhig.

Am Van See kurz vor Geras liegt der kleine Campingplatz „Akdamar“ direkt an der Anlegestelle zur gleichnamigen Insel. Landschaftlich einmalig, einfache aber saubere Toiletten und Duschen.

Kurz vor der türkisch-iranischen Grenze liegt die Kleinstadt Dogubajazit. Die kleine Straße zum Izthak Pasha Palast entlang; Campingplatz Murat, schon in den Bergen gelegen, mit einmaligem Ausblick; einfache Toiletten und Duschen.

Iran

Tabriz, nach Durchfahrt in Richtung Teheran. Am Stadtrand liegt ein Vergnügungspark, im Inneren des Parkes gibt es einen Parkplatz mit sehr einfachen Toiletten, ruhig und sicher.

Von Tabriz kommend, in Richtung Norden zum Kaspischen Meer, abseits der Hauptstraße, liegt der Badeort Sarein mit heißen Mineralquellen. Hier gibt es viele kleine Hotels, einige davon mit befahrbarem Innenhof.

Rasht etwa 20 km vom Meer entfernt, haben wir eine ruhige Nebenstraße in der Nähe des Zentrums gefunden. Hier sind wir nur wegen einer Visaverlängerung geblieben.

Weiter östlich liegt Ramsar, direkt am Kaspischen Meer. Die wenigen Straßen, die direkt ans Meer führen haben genug Übernachtungsstellen. Hier gibt es sehr einfache Restaurants, nur wenige mit Toiletten.

Noushar, wir sind einer Einladung einer Familie gefolgt und haben im Garten Platz gefunden. Hier muss man ansonsten nicht bleiben.

Teheran, hier hat man nur eine Chance ruhig zu schlafen, wenn man ganz weit in den Norden fährt, fast bis die Stadt am Rande der Berge zu Ende ist. Nur hier gibt es ruhige Nebenstraßen. Es ist weit bis ins Zentrum.

Wer den Weg aus Teheran herausgefunden hat (Respekt!), fährt auf die Autobahn nach Süden in Richtung Qom. Ca. 30 km hinter Teheran liegt direkt neben der Autobahn das Grabmahl von Ajatollah Khomeni mit einem riesigen Parkplatz und bis spät geöffnetem guten Restaurant (Toiletten).

Hinter Qom endet die Autobahn und führt als gute Landstraße in Richtung Isfahan. In der ruhigen Kleinstadt Natanz gibt es jede Menge ruhiger Nebenstraßen.

In Isfahan, unweit des zentralen Meydan-E Eman, liegt ein bewachter Parkplatz an der westlichen Verbindungsstraße zwischen der Shahid Ayatollah Madani und Hasht-Behesht Straße. Toiletten gibt es im nahen Park des Hasht Behest Palastes. Nicht weit weg vom wunderschönen Zentrum (südwestlich vom Zentrum an der Nordseite des Flusses Zayanderud) sind direkt am Wasser gute Schlafplätze zu finden. Die Taxis ins Zentrum sind billig, doch würde ich das Fahrzeug dort nicht allein lassen!

An der Fernstraße in Richtung Shiraz, liegen ca. 50 km vorher die Ruinen von Persepolis mit einem riesigen Parkplatz. Vor dem Eingang, der von Armee bewacht wird, gibt es eine einfache Toilette und eine Steinmauer mit Wasserhähnen.

In der Innenstadt von Shiraz war während unseres Besuches direkt neben der Spiegelmoschee ein Baubrache, günstig zum zentral gelegenen Übernachten. Mittlerweile dürfte diese verschwunden sein (muss aber nicht). Es gibt auch einen richtigen Campingplatz, allerdings sehr teuer – wir haben ihn nicht benutzt. Ansonsten haben wir an der Ausfallstraße in Richtung Sirgan, noch vor Ortsausfahrt,viele ruhigere und grüne Plätze gesehen.

Sirgan ist eine kleine ruhige Stadt, in der man fast überall stehen kann. Die Nähe zu einem Restaurant ist zu empfehlen, wir haben aber nur eines gefunden.

In Kerman ist im Hof des Hotels Axavan die beste, aber auch die teuerste Möglichkeit der Übernachtung; hier parken auch die Busse von "Rotel-Tours" und "Encounter Overland". Toiletten sind incl., Duschen muss man extra bezahlen.

30 km hinter Kerman liegt das Oasenstädtchen Mahan mit dem etwas außerhalb liegenden Prinzessinnengarten. Davor ist ein schön gelegener Parkplatz gelegen. Wenn man am Eingang fragt, kann man für sehr wenig Geld die Toilette und die Dusche benutzen. Von hier aus hat man einen traumhaften Ausblick auf Oase und Wüste – hier könnte man länger bleiben!

In der Festungsstadt Bam ist es etwas schwierig, will man in unmittelbarer Nähe der Ruinen über Nacht parken. Stellen gibt es auf der Rückseite zum Eingang genug, doch die Polizei war der Meinung, dass es in der Nähe zu Belutschistan zu gefährlich wäre. Weiter außerhalb direkt an der Straße in Richtung Zahedan gibt es eine Art Musterstadt mit einem bewachten Eingang. Hier haben wir zwischen jungen Pflanzungen eine Nacht verbracht.

In unmittelbarer Nähe zum Grenzübergang nach Pakistan liegt der kleine Ort Mirjaveh in dem Polizei und Armee dominiert. Wir wurden aus Sicherheitsgründen angewiesen, direkt vor einem Kaserneneingang zu parken. Wenn die Grenze noch offen ist, sollte man diese überqueren und im pakistanischen Guesthouse Taftan, zwischen Grenzstation und Zoll gelegen, übernachten.

Pakistan

Zwischen iranischer Grenze und der Hauptstadt der Provinz Belutschistan Quetta sind einige Zoll-, Polizei- oder Armeestationen, in denen man sicher übernachten kann. Die Dunkelheit sollte man zur Anfahrt dringend meiden. Im Weiteren erwähne ich den Standard von Toiletten und Duschen nicht mehr extra, er ist meist einfach bis primitiv. Unsere erste Übernachtung war die Zollstation Nok Kundi, die zweite die Armeestation Padag. In Quetta steht das nicht gerade preiswerte Hotel „Lourdes“ mit einem hübschen Garten zur Verfügung. Hier ist Treffpunkt vieler Overlander in Richtung und aus Richtung Indien, ein wichtiger Platz für Erfahrungsaustausche.

In direkter Richtung auf den Indus erreichten wir nahe der Stadt Sibi (Ortsausgang) ein bewachtes Betriebsgelände mit einem ramponierten und geschlossenen Guesthouse, links der Straße, an einer weiten Rechtskurve gelegen.

In Sukkur, direkt am Indus, verlangte das direkt an der Brücke gelegene Hotel Wucherpreise. Die Polizeistation hatte keinen Platz; ein zentral gelegener Platz unweit der Brücke war stockfinster. Trotzdem turnten nachts die Kinder auf unseren Fahrzeugen herum, an Schlaf war nicht zu denken.

In den vielen Dörfern und Städtchen entlang des Indus in Richtung Multan sind kaum Plätze zu finden. Hier hilft nur Durchfragen weiter. Evtl. helfen auch Polizei oder Privatpersonen (viel Zeit einplanen/rechtzeitig mit der Suche beginnen!). Wir fanden ein einziges Krankenhaus, das uns auf seinem Gelände übernachten ließ sowie die im Text erwähnten Landlords. Meist sind Tankstellen die letzte Chance. Allerdings liegen die immer unmittelbar an lauten Straßen.

In Lahore liegt das Guesthouse des YWCA, das gleichzeitig Schule für christliche Kinder ist. Diese Herberge ist ein sehr einfacher Treffpunkt der Overlander und liegt recht zentral, doch etwas versteckt in der Fatima Jinnah Road 14. Der kleine Eingang liegt unmittelbar neben einer Tankstelle (Das Gelände des YMCA in der The Mall Road 16 soll ebenfalls geeignet sein).

Indien

In Amritsar ist Misses Bhandaris Guesthouse die erste Übernachtungsmöglichkeit in Indien (Cantonment Nr. 10). Ein hübscher Garten, annehmbare sanitäre Ausstattungen, Swimmingpool und Getränke mit Vertrauenskasse rechtfertigen den für indische Verhältnisse hohen Preis. Lage: Die Hauptstraße aus Wagah (Grenzstation) kommend noch vor dem Zentrum rechts in die Albert Road einbiegen, dann wieder rechts in die Court Road, jetzt durchfragen.

Zwischen Amritsar und Delhi gibt es vorwiegend im Bundesstaat Haryana einige wenige Guesthouses an der Hauptstraße auf deren Parkplätzen man übernachten kann. Allerdings ist es laut, weil auf allen indischen „Highways" in der Nacht starker Verkehr herrscht.

In Delhi war bis vor kurzem das „Tourist Camp" in der Jawaharlal Nehru Marg, gegenüber dem Narayan Hospital in Alt-Delhi. geöffnet. Für Overlander mit Fahrzeug ein Muss. Zur Zeit soll es geschlossen sein, aber irgendwann wieder öffnen – telefonisch nachfragen (3272898). Einzige Alternative ist das gegenüber dem Busbahnhof (Interstate Bus Station) sehr laut gelegene Tourist Camp Qudsia Gardens. Aber ohne vorher gekauften Stadtplan von Delhi hat man kaum eine Chance!

In Agra, der Stadt mit dem Taj Mahal gibt es verständlicherweise sehr viele Hotels. Das „Highway Inn" hat eine Art Campingplatz, es liegt nur wenige Rikscha-Minuten südlich des Taj. Zu finden. ist es am Besten, wenn man in die ungefähre Gegend fährt und sich für einen vorher ausgehandelten Preis von einer Motorrikscha führen lässt.

Im kleinen Ort Fatehpur Sikri kamen wir im Garten des Hotels Maurya-Guest-House unter, in dem wir auch lecker gespeist haben. Es liegt in der Hauptstraße und ist kaum zu verfehlen.

Jaipur, die Hauptstadt Rajasthans hat viele Hotels, die im Garten das Parken von Overlandern erlauben. Für uns kam nur ein abgelegenes in Frage, weil alle anderen für unsere riesige Feuerwehr zu kleine Eingangstore hatten. Das Hotel Narain Niwas Palace ist im Süden der Stadt gelegen. Ein ehemaliger Maharadscha-Palast, bei dem der Herrscher zum Hotel-Direktor mutiert ist.

Amber mit seinem riesigen Fort liegt nur 11 km von Jaipur entfernt. Wir blieben auf dem Parkplatz vor dem oberen Eingang (Hintereingang) des Forts. Hier sind die Affen die uneingeschränkten Herrscher. Bitte vorsichtig sein, in der Nacht war es sehr einsam und ein bisschen gruselig.

Fatepur liegt auf halbem Wege zwischen Jaipur und Bikaner; der große Garten des Hotel Haveli des staatlichen RTDC bietet einen guten Platz.

In Bikaner hat das RTDC-Hotel Dhola Maru am Pooran Circle ein ausreichend großes Gelände zum Parken von Fahrzeugen. Toilette und Dusche kann man gegen einen Obolus in einem leeren Zimmer nutzen.

In Richtung Jaisalmer bietet die einsam anmutende Wüste Biwakstellen im Überfluss, das überall reichlich umherliegende Buschwerk garantiert ein tolles Lagerfeuer.

Jaisalmer, einer der für uns schönsten Orte ganz Indiens. Das Hotel Jawahar Niwas Palas mit seinem riesigen Gelände war in besseren Zeiten ebenfalls ein Maharadschapalast. Lagerfeuer sind erlaubt, Duschen mit einem Eimer heißen Wassers angenehm, der Blick vom Dach des Palastes auf die Festung Jaisalmer bei Sonnenuntergang ist traumhaft.

Die Dünen von Sam liegen 42 km von Jaisalmer entfernt. Brennholz für das Lagerfeuer ist mitzubringen. Nervend sind nur die vielen „Camel-Driver“, die eine Wüstentour anbieten. Sollte man die annehmen, ist es wichtig, um den Preis gut zu handeln. Nachts ist es ruhig und sicher.

In Jodhpur kommt das RTDC-Hotel Ghoomar in der High Court Road mit einem kleinen Hof in Frage. Wer eine Dusche will, muss ein Zimmer nehmen.

Auf dem Weg nach Udajpur besuchten wir die Jain-Tempel von Ranakpur. Vor dem Tempelkomplex kann man gut und sicher parken. Wir nutzten den Garten des RTDC-Hotel Shilpi. Hier gab es preiswertes Essen und ein gutes Bier.

In Udajpur verbrachten wir Weihnachten, wofür wir einen besonders schönen Platz gefunden haben. Das Restaurant und Hotel „Rani Village“ am Fateh Sagar See in der Rani Road, etwas außerhalb gelegen, war das Richtige. Der Blick auf den See mit einem kleinen weißen Palast in der Mitte ist traumhaft, die blühenden Blumen des gepflegten Gartens und ein gutes Restaurant laden zum Bleiben ein.

Ahmadabad ist die Hauptstadt Gujarats. Direkt gegenüber dem Mahatma Gandhi Ashram (7 km vom Zentrum am Westufer des Flusses Sabarmati) liegt eine kleine abgeschlossene Siedlung in der man kostenlos und sicher stehen kann.

Der weitere Weg zur Insel Diu führt über Rajkot und das einzigartige Städtchen Junagadh bis an die Küste des Arabischen Meeres. Kleine, extrem einfache Rasthäuser zwischen den Orten und direkt an der Straße gibt es viele, eine Übernachtung ist kein Problem, Toiletten und Dusche allerdings fehlen.

Über eine kleine Brücke erreicht man die Insel Diu. Im Fremdenverkehrsamt in Diu Town in der Bunder Road holt man sich die kostenpflichtige Genehmigung zum Benutzen des Campingplatzes in Nagoa Beach. Dieser Platz zwischen vielen Palmen und vor einer riesigen Düne ist nur spärlich besucht, die Dusche ist nur ein Schlauch, Toiletten benutzt man im nahen Hotel. Einen weiteren Rastplatz fanden wir an einer weiten Bucht, direkt am Strand. Hier möchte man lange bleiben.

Der weitere Weg führt über Una, Mahuva und Bhavnagar in den Pilgerort Palitana. Wir parkten direkt vor dem Eingang zur Treppe zu der 3300 Stufen höher gelegenen Tempelstadt der Jains (Sackgasse), Ab 5 Uhr morgens beginnen die Prozessionen mit lauter Musik.

Um den Highway nach Bombay zu erreichen, muss man fast bis Ahmadabad zurück. Übernachtung in Baroda. Es gibt auch Neubaugebiete am Rande der Stadt mit vielen freien Flächen. Allerdings mit Unmengen von Neugierigen.

Daman war wie Diu und Goa ehemalige portugisischen Kolonie. Am Ende der Hauptstraße (Seaface Road), die direkt zum Meer führt, ist kurz vor dem Ende rechts abgehend eine Sackgasse vor alten Lagerhäusern. Sie ist zum einmaligen Übernachten geeignet. Daman ist wie Diu eine Alkoholenklave und voller Kneipen und Schnapsläden.

Noch am selben Tag kann man Bombay erreichen. Direkt im

Zentrum am Ende des Marine Drive, der langen Bucht zum offenen Meer, findet man den Nariman Point. Eine Sackgasse, die vor einem ungenutzten Hafenbecken endet. Ein bewachter Parkplatz ist für wenige Nächte geeignet. Alle Sehenswürdigkeiten Bombays sind mit dem Taxi (reichlich vorhanden) bequem erreichbar. Nachts ist es wegen der Partys jugendlicher Neureicher ziemlich laut.

Von Bombay aus in Richtung Goa wählten wir die Küstenstraße, nicht den vollen Highway Nr. 4 über Pone. Eine weniger befahrene Straße in meist gutem Zustand. An Restaurants oder Tankstellen sind viele Übernachtungsplätze, vorwiegend außerhalb von Orten.

In Nordgoa, über Mapusa bis nach Vagator zu erreichen, liegt ein Strandstück (eine Art Steilküste). „Little Vagator" ist ein kostenloser Treffpunkt der Overlander mit den tollsten für Fernreisen hergerichteten Fahrzeugen. Händler bringen täglich frisches Brot und Milch. Ein herrlicher Platz um länger zu verweilen.

In Mittelgoa liegt das große, in Palmewäldern versteckte Dorf Benaulim, direkt am herrlichen Sandstrand mit bester Sandqualität. Zu erreichen über Margao. Übernachtung auf dem Gelände des O Palmar Beach Cottages mit Benutzung der Toiletten und Duschen in einem der oft freien Zimmer. Viele Rucksacktouristen aus aller Herren Länder trifft man hier. Auch hier kann man länger bleiben.

In Südgoa, kurz vor Chaudi, liegt Palolem - eine langgezogene, palmengesäumte Strandbucht zwischen Felsen. Ein paradiesischer Ort zum hängen bleiben. Eine deutsche (aber teure) Bäckerei fehlt ebensowenig wie ein österreichisches Restauranz sind zu finden. Zwischen dem Fischerdorf und dem Strand sind gute

Standplätze. Achtung: fallende Kokosnüsse! Die Toilettenhäuschen des Dorfes sind benutzbar.

Gokarna an der Straße nach Mangalore. Der schöne Strandort für viele Rucksacktouristen war mit unserer Feuerwehr nicht zu erreichen, da es zu steil bergab ging.

Bei Udipi liegt der Ort Malpe. Vom Hafen aus fahren Boote auf die nahegelegene Marieninsel (St. Mary's Island) – hier betrat Vasco da Gama zum ersten mal den indischen Subkontinent. Wir fanden interessante Basaltfelsen vulkanischen Ursprungs, Übernachtung am Malpe Beach auf dem Festland.

Auf dem Highway Nr. 48 von Mangalore nach Bangalore, die Western Ghats hinauf, noch vor dem nördlichen Abzweig nach Belur liegen gute Übernachtungsplätze an Restaurants oder Rastplätzen für Trucker.

In Halebid, im Hotel „Tourist Cottages" haben wir direkt neben den berühmten Tempelanlagen übernachtet. Ein ruhiger Garten ist für Overlander gut geeignet.

Weiter in Sravanabelagola fanden wir einen Standplatz im Hof einer der vielen Pilgerherbergen. Dusche und Toilette gibt es nur bei Buchung eines (allerdings sehr preiswerten) Zimmers.

In Bangalore war es schwer, einen Standplatz auszumachen, das YMCA Guest House haben wir nicht gefunden. Ein anderer Platz (zur Not): die Mahatma Gandhi Road endet östlich in einen Kreisverkehr. Fast in Fahrtrichtung führt eine schmalere Straße in Richtung Whitefield. Vielleicht 30 m hinter dem Kreisverkehr geht von dieser Straße eine Stichstraße rechts ab, sie führt zu einem Armeeobjekt. Eine ruhige Anliegerstraße, sicher durch die

Armee, für eine oder zwei Nächte geeignet.

In Mysore fanden wir das Chamundi Guesthouse: Devaraj Urs Road /Ecke Narayana Shastri Road. Ein großes schattiges Gartengelände. Die Benutzung der Toiletten und Duschen in einem freien Zimmer des Hauses ist möglich. Für den Besuch dieser Stadt benötigt man viele Tage. Ein guter Standplatz unweit des Zentrums.

Aus Mysore in Richtung Trichur in Kerala durchquerten wir den Nationalpark Mudumalai. Nach einem Übernachtungsplatz für ein Fahrzeug muss man die Mitarbeiter des Forstamtes fragen. Vor dem Hotel „Tamil Nadu“ wies man uns einen ruhigen Parkplatz zu. Hier kann man nachts die Tiere beobachten.

Ca. 10 bis 15 km hinter Kottakal, auf der Küstenstraße (NH 17) nach Süden im Bundesstaat Kerala Richtung Trichur: Rechts neben der Straße fanden wir das Hotel mit dem seltsamen Namen „Hi-Q“. Es hat einen Garten und separate, aber sehr einfache Toiletten.

In Trichur übernachteten wir im Garten des Amla Cancer Hospitals (durch die Vermittlung deutscher Freunde).

In Ernakulam waren wir, ebenfalls wieder durch die Empfehlung des vorgenannten Hospitals, Gäste des Katolischen Klosters.

In Fort Cochin liegt hinter der Franziskanerkirche ein schöner großer Platz, der sich für eine Übernachtung trefflich eignet. Die Stände, die frischen Fisch zubereiten, sind in unmittelbarer Nähe.

In Kollam standen wir im etwas außerhalb gelegenen Governmental Guesthouse auf einem großem und einsamen Gelände.

Hier ließen wir die Feuerwehr für ein Bewachungsobolus stehen und fuhren mit einem gemieteten Hausboot durch die Backwaters.

Zwischen Kollam und der Hauptstadt Keralas liegt der schöne Badeort Varkala. Direkt neben dem Helicopter-Landeplatz, an der hohen Steilküste, sind gute Parkplätze. Direkt unterhalb dieses Platzes kommt am Strand eine Quelle aus der Steilküste, die von allen als Dusche benutzt wird.

Wir erreichten das Kap Comorin oder indisch Kanyakumari, die Südspitze des indischen Subkontinents. Ein Übernachtungsplatz findet sich auf dem Gelände des Hotel „Tamil Nadu“. Toiletten- und Duschenbenutzung ist im zugehörigen Youth Hostel möglich.

Nach dem Verlassen des Kaps führt unsere Route direkt nach Madurai, der Tempelstadt in Tamil Nadu. Im weitläufigen Gelände des Hotel „Tamil Nadu II“, in der Alagenkoi Road (Richtung Norden aus dem Zentrum heraus), liegt ein guter Standplatz. Für Dusche und Toilette besteht der Manager auf das Buchen eines Zimmers. Im gegenüber der Straße liegenden „Ashok Hotel“ kann man gegen Gebühr den Swimmingpool benutzen.

Weiter nach Pondicherry über Trichy auf der NH 45. Wir haben an einer christlichen Kirche an der Landstraße übernachtet. Markantes Zeichen: Ein separater Glockenturm mit Jesus und mit einem aus dem Turm herausragenden Schiff. Die Benutzung der Toilette war möglich.

In Pondicherry ist das „Gouvernmental Tourist Guesthouse“ im betonierten Innenhof ausgesprochen preiswert. Dusche und Toilette sind in einem freien Zimmer benutzbar. Das Guesthouse liegt südlich der Eisenbahnlinie.

Aus Pondicherry fährt man die verlängerte MG Road (Mahatma Ghandi) auf der neuen ECR (East Coast Road) bis Mamallapuram. Ein guter Platz findet sich im Garten des „Tamil Nadu Unit II“, ruhig und nicht weit zum Strandtempel.

Die ECR weiter nach Madras: Das „Youth Hostel“ liegt am Beginn der Stadt (aus Mamallapuram kommend) in der Second Road im Stadtteil Indira Nagar. Parkplätze sind im Garten zu finden, separate Toiletten und Duschen sind sehr preiswert. In die City geht es mit dem Bus.

Von Madras aus sind wir mit dem Zug nach Kalkutta gefahren, die Feuerwehr wurde im Youth Hostel eine Woche lang gut bewacht.

Zurück aus Kalkutta, ging es auf der NH 4 wieder in Richtung Bangalore. Wir benutzten den gleichen Standplatz wie Wochen vorher (bereits beschrieben).

Auf dem Weg nach Hampi und Badami auf der NH 4 bis Chitradurga. Dann weiter in Richtung Hospet. Übernachtung ist in einem kleinen Dorf bei Tumkur möglich.

In Hampi muss man den Ort umfahren, um den guten und schattigen Standplatz vor dem „Shanti Guest House“ zu finden (Ende der Sackgasse). Er ist direkt neben dem Ghat des Virupaksha-Tempels gelegen. Toiletten- und Duschenbenutzung muss man in einem der Guesthouses erbitten, oder das öffentliche Toiletten- und Duschhaus in den Gassen zwischen der Bus-Haltestelle und dem Fluss benutzen. In Hampi kann man sehr lange bleiben.

Im 195 km entfernten Badami fanden wir einen Standplatz vor dem KSTDC Hotel „Mayura Chalukya“. Sehr ruhig und schattig, allerdings Unmengen nervender Affen. Fenster zu!

In Richtung Pune und Bombay kommen wir nach Bijapur: das KSTDC-Hotel „Mayura Adhi Shahi“ (nicht zu verwechseln mit dem „Mayura Adhil Shahi Annexe“!) nahm uns kostenlos auf seinem kleinen Parkplatz auf., falls wir im Restaurant des Hotels essen würden. Das war kein Problem, weil dies lecker und preiswert ist.

Hinter Pone, kurz vor der Abfahrt die Western Ghats nach Bombay hinunter, liegt links von der Straße ein riesiger Trucker-Parkplatz mit Tankstelle. Für eine Nacht kann man auch Toiletten und Dusche benutzen.

Zurück im Zentrum von Bombay, nahmen wir nicht den gleichen Parkplatz am Nariman Point, sondern waren Gäste des All India Radios.

Um die Wartezeit bis zur vermeintlichen Abfahrt unseres Schiffes in Bombay erträglicher zu machen, fuhren wir zurück in Richtung Pone, nach Lonvala, einer sog. Hill Station der Engländer. Unterkunft im Governmental Guesthouse ist nur bei Buchung eines Zimmers möglich. Es ist schattig, ruhig und preiswert.

Da die Ankunft unseres Schiffes abgesagt wurde (siehe Text), fuhren wir so schnell es ging von Bombay nach Delhi. Auf dem National Highway Nr. 8 gibt es Übernachtungen nur an der Straße, an Tankstellen, Restaurants und Fabrikanlagen.

Delhi und Amritsar wie bei Hinfahrt.

Pakistan

Lahore wie bei Hinfahrt.

Hinter Multan nahmen wir die Nordroute nach Quetta über Loralai. Die erste Übernachtung gab es in den hier vorwiegend von Paschtunen bewohnten „Trible Areas“, den Stammesgebieten. Vor dem PTDC-Hotel von Fort Munro fanden wir einen guten Platz.

In Loralai haben wir im Hof der Polizeistation kostenlos geparkt.

Quetta bis zur iranischen Grenze wie bei der Hinreise. Zusätzliche Möglichkeiten gibt es in Dolbuhin, mitten in Belutschistan: PA's Guest House, nach Absprache mit dem örtlichen Police Commissioner.

Iran

Bis auf Yazd und Kasan haben wir alle Orte wie bei der Hinfahrt wieder aufgesucht.

In Yazd gibt es einen sauberen, bewachten Parkplatz direkt neben dem Kreisverkehr des Meydan-E Beheshti in der Shahid Raia Straße. Von Gebäuden und einer hohen Mauer umgeben, wird er des Nachts abgeschlossen. Es sind keine Toiletten vorhanden.

Kasan, ein großer freier Platz hinter einer Moschee in der Alavi Straße. Allerdings wollte die zivile Polizei, dass wir nahe eines Vergnügungsparks übernachten, es wäre sicherer. Da wir die umliegenden Bewohner informiert hatten, sind wir geblieben.

Bis Tabriz übernachteten wir wie auf der Hinfahrt.
Am Ortsausgang Tabriz, in Richtung Grenze, ist auf der rechten Seite ein großer Trucker-Hof. Von Mauern umgeben und bewacht, mit Toilette.

Türkei

Der Weg bis nach Izmir geht quer durch die Türkei. Wir sind zur Südküste gefahren, um noch etwas Badeurlaub zu genießen. Ich spare mir hier die Aufzählung der Übernachtungsplätze. Es sind sehr viele Möglichkeiten vorhanden. Die Sicherheit, auch außerhalb von Ortschaften, ist weitgehend gegeben. Wir haben uns nirgends unsicher gefühlt. Außerdem sind die Türken außerordentlich gastfreundlich, was noch mehr Möglichkeiten beschert.

Die Schiffspassage von Izmir nach Venedig kann man in jedem Türkischen Reisebüro buchen. Von Venedig aus ist man ja, solch eine lange Tour hinter sich, fast schon zu Hause.

2. Hinweise zu Impfungen, Reiseapotheke und Ernährung

(von Jacqueline Mesletzky)

Wenn man, wie wir, zum ersten Mal so weit, über einen so langen Zeitraum und dann noch mit Kindern reist, ist es besonders wichtig, zu allen Fragen der Gesundheit gut vorbereitet zu sein.

Deshalb überprüfte ich zunächst die Impfbücher der Familie nach notwendigen Auffrischimpfungen. Der dann folgende Blick auf die Liste der für Fernreisen empfohlenen Impfungen ließ mich dann doch nachdenklich werden und so fuhren wir ins Landesinstitut für Tropenmedizin. Dort gab man uns wesentliche Hinweise. Nicht nur zu Schutzimpfungen, sondern auch zur Malariaprophylaxe und persönlichen Schutzmöglichkeiten.

Die **Gelbfieberimpfung** wird von vielen Ländern vorgeschrieben. Für die von uns bereisten Länder gilt, dass bei Einreise aus einem Gebiet mit Gelbfieberinfektionen die Impfung vorgeschrieben ist. Gelbfieberendemiegebiete sind vor allem das mittlere Afrika und weite Teile Südamerikas. Wer also eine Tour über Afrika nach Indien plant, sollte sich vor Reiseantritt impfen lassen. Wer, wie wir, auf dem europäischen und asiatischen Weg nach Indien reist, benötigt keine Gelbfieberimpfung.

Zur **Choleraimpfung** nur so viel: Die Impfung per Spritze ist generell nicht zu empfehlen, da nur zu etwa 40 % ein sicherer Impfschutz erreicht wird und häufig starke Schmerzen an der Einstichstelle auftreten. Wichtig ist, die Hygieneregeln zu beachten. Auch lässt sich die Erkrankung mit dem Antibiotikum Doxycyclin gut behandeln. Wer sich dennoch impfen lassen möchte, kann, da in Deutschland nicht zugelassen, über internationale Apotheken den Schluckimpfstoff Orochol® beziehen.

Empfohlene Impfungen

Es empfiehlt sich ein Internationaler Impfpass (mehrsprachig), der schon bei Kindern im Rahmen des nationalen Impfplans Verwendung finden sollte. Das hat den Vorteil, dass der Impfstatus auch für Ärzte im Ausland überschaubar und kontrollierbar bleibt. Ich halte wenig von Impfkärtchen, die schnell einmal verlegt sind oder anderweitig verloren gehen.

Tetanus

Der Wundstarrkrampf (Tetanus) tritt meist nach Hautverletzungen oder Brandwunden auf. Die Wunden müssen dabei nicht offen sein. Kaum sichtbare Bagatellverletzungen wie sie im Alltag zu Hause, aber auch auf Reisen recht häufig sind, können deshalb durchaus gefährlich sein. Den einzig wirksamen Schutz vor dieser Erkrankung bietet die Impfung. Also unbedingt den bestehenden Impfschutz gegen Tetanus überprüfen und auffrischen, wenn die letzte Impfung länger als 10 Jahre zurückliegt.

Diphtherie

Da die Diphtherie auch heute noch endemisch vor allem in Entwicklungsländern vorkommt, ist die Impfung unbedingt anzuraten. Gut geeignet ist die Kombination als Tetanus-Diphtherie (Td)- Impfstoff. Aber auch die isolierte Diphtherie- Impfung ist möglich.

Poliomyelitis

Die Kinderlähmung (Poliomyelitis) ist weltweit zwar zurückgegangen, doch kommen Erkrankungen noch immer in ärmeren Gebieten Asiens und Afrikas vor. Deshalb gilt auch hier: Impfschutz überprüfen und Auffrischung, wenn die letzte Polio-Impfung länger als 10 Jahre zurückliegt. Übrigens wird in Deutschland nur noch die Injektion eines Totimpfstoffes empfohlen, weil die bekannte Schluckimpfung in seltenen Fällen zur Polio-Erkrankung geführt hat.

Typhus

Gegen diese Darminfektion, die durch eine Salmonellenart übertragen wird, ist eine Schluckimpfung (je 1 Kapsel an den Tagen 1, 3 und 5) zu empfehlen. Die Erkrankung tritt vor allem in Südostasien, besonders Indien, Nepal und Indonesien auf. Die Schutzdauer nach Impfung beträgt 1 bis maximal 3 Jahre und hängt von der richtigen Einnahme und der Einhaltung der Kühlkette ab. Eine Malariaprophylaxe darf erst 3 Tage nach Einnahme der letzten Kapsel begonnen werden. Es wird auch eine Injektion angeboten (Totimpfstoff). Beide Impfstoffe erreichen jedoch jeweils nur eine Schutzrate von 60-80 %.

Hepatitis A und B (Gelbsucht)

Hepatitis A- Viren werden durch fäkal-verunreinigtes Trinkwasser, Gemüse, Früchte, Meerestiere (besonders Muscheln) übertragen. Hepatitis B- Viren gelangen dagegen durch Blut, Blutprodukte, Körpersekrete von akut oder chronisch Kranken bzw. nach engem körperlichen Kontakt zu Infizierten in den Körper. Zu empfehlen ist vor allem bei längerem Aufenthalt in Ländern Asiens, Afrikas und Südamerikas die Kombinationsimpfung. Der Impfstoff ist sehr gut verträglich, 3 Injektionen sind nötig. Alternativ stehen Einzelimpfstoffe zur Verfügung. Der Impfschutz beträgt 10 Jahre.

Tollwut (Rabies)

Das Tollwutrisiko sollte bei längeren Reisen, vor allem mit Kindern, nicht unterschätzt werden. Allein in Indien sterben laut WHO jährlich 12000 bis 30000 Menschen daran. Auch wir haben uns impfen lassen, da Desi sehr tierlieb ist und jeden streunenden Hund zu gern behalten hätte. Eine Impfung sollte generell in Erwägung gezogen werden. Auch der Tollwutimpfstoff zeichnet sich durch gute Verträglichkeit aus, 3 Injektionen sind nötig. Die erste Auffrischimpfung erfolgt nach einem Jahr, danach alle 2-5 Jahre.

Meningokokken- Meningitis

Diese Form der Hirnhautentzündung tritt vorwiegend während der Trockenzeit in den Golfstaaten, der Sahelzone, aber auch in Nordindien und Nepal auf. Geimpft werden sollten Reisende, die besonders engen Kontakt zur einheimischen Bevölkerung haben, z.B. beruflich. Eine einmalige Injektion mit dem Totimpfstoff reicht aus. Der Impfschutz beträgt 3 Jahre.

Japanische Enzephalitis

In Deutschland ist bisher kein Impfstoff gegen diese durch Stechmücken übertragene Viruserkrankung zugelassen, aber über internationale Apotheken erhältlich. Gefährdet sind Reisende, die sich während der Sommermonsunzeit in ländlichen Gebieten aufhalten, in denen Schweine gehalten werden.

Nicht erwähnt habe ich Keuchhusten (Pertussis)-, Masern-, Mumps-, Röteln- und die FSME- Impfung. Auch hier gilt es, den bestehenden Impfschutz zu überprüfen und Lücken zu schließen. Für Einzelheiten verweise ich auf die Empfehlungen der Ständigen Impfkommission am Robert-Koch-Institut, die jedem impfenden Arzt bekannt sind. Eine Impfung gegen **Tuberkulose** wird generell nicht mehr empfohlen.

Wer eine der unseren ähnliche Reise plant, sollte die **Impfberatung mindestens 8 Monate vor Reiseantritt** durchführen. So kann der Impfschutz schrittweise und sicher aufgebaut werden. Falls an Impfungen bzw. Malariaprophylaxe erst kurz vor Reiseantritt gedacht wird, trotzdem schnellstens Tropeninstitut oder impfberechtigten Arzt aufsuchen! Die meisten der genannten Impfungen lassen sich in Kombinationen verabreichen und bieten einen zumindest akzeptablen Schutz.

Zu den **Impfkosten** nur so viel: Die Krankenkassen übernehmen nur einen Teil der Impfungen. Auch die Beratung beim Tropeninstitut ist nicht kostenfrei, aber erschwinglich. Je nach aktuellem Impfstatus sollten bis zu einigen Hundert Euro eingeplant werden. Die sogenannte **Rückkehrer-Untersuchung** ist besonders nach längeren Reisen zu empfehlen. Wer mit Krankheitszeichen zurückkehrt, sollte sofort ein Tropeninstitut bzw. einen Tropenmediziner aufsuchen. Ansonsten empfiehlt sich eine solche Untersuchung nach 6 bis 8 Wochen.

Malariaprophylaxe

Die wichtigsten Maßnahmen sind zunächst alle, die den Stich der Anopheles- Mücke, welche die Malaria überträgt, verhindern:

1. Stets unter einem (eigenen) Moskitonetz schlafen.

2. Mückenabwehrende Mittel benutzen (sog. Repellentien).

3. Lange, helle Kleidung tragen (am besten ab dem späten Nachmittag).

Die Auswahl der Medikamente zur Malariaprophylaxe richtet sich nach dem Reiseziel bzw. der Zone A, B oder C. Näheres dazu und auch zur sogenannten „Stand by- Medikation“ für den Fall der Erkrankung sollten bei der Impfberatung **unbedingt** erfragt werden!

Wir haben erst spät Mokitonetze benutzt, was mir trotz Prophylaxe die leichte Form der Malaria einbrachte. Ich erkrankte vier Monate nach unserer Rückkehr, nachdem die Malariaprophylaxe unwirksam geworden war.

Reiseapotheke

Inzwischen informieren nicht nur Tropenmedizinische Institute, einige Gesundheitsämter und Hausärzte über den Inhalt einer Reiseapotheke, sondern auch Apotheken. Deshalb an dieser Stelle nur einige Basis-Empfehlungen:

Wichtig ist, ausreichend bevorratet mit den Medikamenten auf Reisen zu gehen, die regelmäßig auch daheim eingenommen werden müssen. Es kann unterwegs problematisch sein, ein identisches Präparat nachzukaufen. Für Erkrankungen in der Vorgeschichte, die zum Wiederauftreten neigen (z.B. Herpes, Heuschnupfen, Magenschleimhautentzündung, Migräne, Hämorrhoiden) sollten ebenfalls die vom behandelnden Arzt verordneten Medikamente bereitgehalten werden.

Wenn erste Krankheitszeichen, welcher Art auch immer, auftreten, ist es ratsam, in die Nähe einer größeren Stadt zu reisen. So ist bei Verschlechterung schneller professionelle Hilfe möglich.

Wichtige Medikamente:

Malariamittel (zur Prophylaxe **und** Therapie, nach bereister Zone A,b oder C)
Schmerz- bzw. Fiebermittel (z.B. Paracetamol, Aspirin®)
Durchfall ohne Fieber (z.B. Perenterol®-Kapseln,Loperamid)
Elektrolyte bei Durchfallerkrankungen (z.B. Oralpädon®, Elotrans®)
Übelkeit, Erbrechen (z.B. Iberogast®)

Reisekrankheit (z.B. Scopoderm TTS®-Pflaster)
Sonnenschutzmittel mit hohem Lichtschutzfaktor
Insektenschutz (z.B. Autan®)
Allergie (z.B. Tavegil®)
Insektenstich/Juckreiz (z.B. Tavegil®-Gel)
Wundsalbe (z.B. Panthenol)
Antibiotika (Doxyzyklin, Amoxycillin(bei Penicillinallergie Erythromycin) **und** Cotrimoxazol, evtl. Ciprofloxacin)
Augenentzündungen (eitrig) (z.B. Refobacin®- Augentropfen)
Haut- und Wunddesinfektion (z.B. Braunol®-Spray)
Verstauchung, Zerrung, Prellung (z.B. Diclofenac®-Gel zum Auftragen)

Nicht vergessen:

Verbandsmaterial (vergleichbar dem im Auto), größeres **Pflastersortiment**, Schere, Pinzette, Fieberthermometer, Wärmflasche, einige Einmalkanülen und –spritzen, Kühlgel-Päckchen, Ersatzbrille, Sonnenbrille, Kondome

Vorbeugen durch richtige Ernährung

Hierzu einige Grundregeln:

- generell viel trinken! Ist der Urin dunkel (konzentriert), fehlt Flüssigkeit.
- gegen den Durst helfen warme Getränke besser als kühle, am besten an den Trinkgewohnheiten des Reiselandes orientieren!
- keine Eiswürfel in Getränken akzeptieren, da meist Leitungswasser für die Herstellung benutzt wird!
- nur selbst zubereitete Salate essen! Obst und Gemüse gründlich nur mit eigenem Trinkwasser spülen!
- beim Kauf von Mineralwasser darauf achten, dass der Ver-

schluss unversehrt ist. Mitunter werden gebrauchte Flaschen mit Leitungswasser gefüllt und wieder verkauft.
- Eiscreme, auch abgepacktes Eis meiden. Nicht überall ist eine dauerhafte Kühlung garantiert.
- Milch nur abgekocht verwenden!
- alle Speisen, ob selbst zubereitet, im Restaurant oder am Imbiss-Stand, sollten gut gegart, gekocht bzw. durchgebraten und vor allem frisch zubereitet sein!
- Fisch und Schalentiere nur frisch gefangen und niemals roh oder halbroh verzehren!
- Eier sollten am besten selbst gut gekocht oder durchgebraten werden, da der Befall mit Salmonellen häufig vorkommt.

Bleibt noch etwas zu **Schlangen-, Spinnen bzw. Skorpionbissen** zu sagen. Auf unserer Reise ist uns bis auf einige Prachtexemplare von Spinnen keines der genannten Tiere begegnet. Auch haben wir kein Schlangenserum mitgenommen. Viel wichtiger ist auch hier das sinnvolle Vorbeugen. Diese Tiere sind nachtaktiv. Sie verstecken sich tagsüber meistens unter Steinen, Holz oder auch im hohen Gras, einige sonnen sich aber auch gern. Deshalb niemals barfuß laufen, sondern feste Schuhe oder Stiefel und lange Hosen tragen! In der Dämmerung und nachts mit der Taschenlampe ableuchten und mit einem Stock den Weg abklopfen. Auch tagsüber verjagt man sie in ruhiger Gegend am besten durch kräftiges Auftreten oder mit dem bewährten Stockschlagen.

3. Nützliche Adressen

(Die Angaben erfolgen ohne Gewähr; die aktuellen Vorwahlnummern der Städte im jeweiligen Land sollten vor Ort erfragt werden.)

Tropeninstitute

Institut für Tropenmedizin Berlin
Spandauer Damm 130
14050 Berlin
Tel. 030-301166

Institut für Tropenmedizin
Städtisches Klinikum Dresden - Friedrichstadt
Friedrichstraße 39
01067 Dresden
Tel.: 0351-4803805

Bernhard Nocht Institut für Tropenmedizin
Bernhard-Nocht-Str. 74
20359 Hamburg
Tel.: 040-42818-0

Abteilung für Infektions- und Tropenmedizin
Ludwig Maximillian Universität München
Leopoldstr. 5
80802 München
Tel. 089-2180-3517

Weitere Informationen unter den folgenden Internetadressen: www.travelmade.de und www.dtg.mnw.de

Iran

Botschaft der Islamischen Republik Iran:
Podbielskiallee 67
14195 Berlin
Tel. 030/843530

Generalkonsulate:
Babelalle 18
22299 Hamburg
Tel. 040-5144060

Eichendorffstr. 54
60320 Frankfurt am Main
Tel. 069-5600070

Botschaft der Bundesrepublik Deutschland im Iran
Xiaban-e Ferdosi 324
Teheran
Tel. 3114111, 303328

Pakistan

Botschaft der Islamischen Republik Pakistan:
Schaperstr. 29
10719 Berlin
Tel. 030/21244-0

Konsulate:

Präsident Kennedy Platz 1
28203 Bremen
Tel. 0421/323610

Warburgstr. 50
20354 Hamburg
Tel. 040/44111315

Lerchesbergring 23
60598 Frankfurt am Main
Tel. 069/421013

Lindenschmitstr. 37
81371 München
Tel. 089/534880

Botschaft der Bundesrepublik Deutschland in Pakistan:
Ramna 5
Diplomatic Enclave
Islamabad
Tel. 51-2279430

Generalkonsulat:
Clifton 90
Karachi 6
Tel. 21-5870234

Für die Haftpflichtversicherung:
Automobile Association of Pakistan
Shadman Market 8
Lahore
Tel. 42-488854

Syrien

Botschaft der Arabischen Republik Syrien:
Andreas Hermes Str. 5
53175 Bonn
0228/819920

Konsulat:
Brooktor 11
20457 Hamburg
Tel. 040/321861

Botschaft der Bundesrepublik Deutschland in Syrien:
Rue Ibrahim-Hanano 53
Damaskus
Tel. 332380-0

Konsulat
Rue de la Banque Centrale
Aleppo
Tel. 213243

Indien

Botschaft und Konsulat der Republik Indien
Tiergartenstr. 167
10785 Berlin
Tel. 030/25795-0
Fax: 030/25795-102

Botschaft der Bundesrepublik Deutschland in Indien:
Shantipath 6
Chanakyapuri
New Delhi
Tel. 6871831

Konsulate:
Hastings Park Road 1
Alipore
Kalkutta (Howrah)
Tel. 4791141

Hoechst House, 10 Stock
Vinayak K. Shah Road
Nariman Piont
Bombay (Mumbai)
Tel. 2832422

Commander in Chief Road
Madras (Chennai)
Tel. 8271747

Shivam House 14 F
Connaught Place
New Delhi
Tel. 3312323

Ausländerbehörden für Verlängerungen:
(Foreigner's Registration Offices)
Hans Bhawan, Tilak Bridge
Delhi
Tel. 3319489

Shastri Bhavan Annexe
Haddows Road 26
Madras (Chennai)
Tel. 8278210

Acharya J.C. Bose Road 237
Kalkutta (Howrah)
Tel. 2473301

Special Branch II, Annexe 2
Office of Commissioner of Police
Dadabhoy Naoroji Road
Bombay (Mumbai)
Tel. 2620446

Türkei

Da ein Visum für die Türkei nicht erforderlich ist, werden hier keine Adressen in Deutschland erwähnt. Informationen aller Art sind im Fremdenverkehrsamt in Frankfurt am Main und in Reisebüros reichlich zu erhalten.

Botschaft der Bundesrepublik Deutschland in der Türkei:
Atatürk Bulvari 114
06680 Ankara
Tel. 1265465

Konsulate:
Ayazpasa Gümüssuyu Caddesi 14
80073 Istanbul-Taksim
Tel. 1450705

Atatürk Caddesi 260
35220 Izmir
Tel. 216995

Automobilclubs (Turkiye Turing ve Otomobil Kurumu):

Halaskargazi Cad. 364
80222 Istambul
Tel. 1314631

Adahale Soh. No. 4/1
06680 Ankara Yenischir
Tel. 1317648

4. Finanz- und andere Tipps

In der Durchführung der Reise hat sich gezeigt, dass wir auf das finanzielle Handling nicht besonders gut vorbereitet waren. Zu schlecht waren die Informationen, die uns deutsche Banken gegeben haben. Aktuelle Recherchen, um in dieser Beziehung genaueste Erkenntnisse über jedes Land zu erhalten, gehörte nicht zu deren Service.

Deshalb möchte ich hier einige unserer konkreten Erfahrungen rund ums Geld erwähnen:

Eröffnen Sie ein US-Dollar Konto am besten bei der American Express-Bank in Frankfurt am Main. Tauschen Sie den größten Teil Ihrer bald in Euro geführten Reisekasse zu einem günstigen Zeitpunkt (schwacher Dollar, starker Euro) in US-Dollar um. Überweisen sie den Teil auf das o.g. Dollar-Konto, der Ihnen als American-Express-Traveller-Schecks zur Verfügung stehen soll. Wieviel das ist, hängt von den Ländern ab, durch die sie reisen möchten. Behalten Sie einen erheblichen Teil von US-Dollar in bar zurück.

Bare DM wollte uns in all den orientalischen Ländern so gut wie niemand abnehmen. Ich schätze, das wird mit dem Euro auch nicht viel anders sein.

<u>Die Länder des Balkan einschließlich der Türkei</u>

In allen Ländern fanden wir zumindest in den größeren Städten ausreichend viele Geldautomaten, an denen wir mit unserer EC- wie mit unserer VISA-Card die Landeswährung abheben konnten. Das Girokonto der Hausbank wird dabei immer in Euro belastet.

<u>Syrien</u>

Einige wenige Banken haben uns American-Express-Traveller-Schecks in syrische Pfund getauscht. US-Dollar in bar ist noch problemloser, die Zahl der Banken ist größer.

Iran

In diesem Land werden ausschließlich bare US-Dollar getauscht. Die Wechselkurse der Bank und der zahlreich davor stehenden Geldwechsler unterscheiden sich erheblich. Doch Achtung, bei Ein- und Ausreise muss man angeben, wie viel Dollar und wie viel Reiseschecks man bei sich hat. Wer schwarz tauscht sollte sich hier nicht verrechnen.

Pakistan

Nur große Banken haben uns US-Dollar-Reiseschecks abgenommen. Bare US-Dollar waren wesentlich begehrter. Nur in Lahore haben wir einen Geldautomaten gefunden, der die Landeswährung mit der VISA-Card ausspuckte.

Indien

In den größten Städten des Landes kann man an sehr wenigen Automaten mit der VISA-Card Bargeld abheben. US-Dollar Traveller-Schecks werden nur in größeren Banken oder in den Büros von American-Express, die es ebenfalls nur in einigen Großstädten gibt, getauscht.

Man sollte genau aufpassen, wenn man für längere Zeit in ländliche Gegenden fährt, dass das Geld nicht ausgeht.
Bare US-Dollar werden hingegen auch in kleineren Banken gern getauscht. Im Lande kann man mit dieser Währung allerdings wenig anfangen. Hier ist nur die indische Rupie heißbegehrt.

Man kann sich vorstellen, wie viel Bargeld und wie viel Traveller-Schecks man mitnehmen muss, um ein Jahr über die Runden zu kommen. Banküberweisungen von zu Hause sollte man ausschließen, sie sind ein umständliches und langwieriges Prozedere.

Hat man seine Schätze im Fahrzeug versteckt, haben sich mehrere Orte bewährt. Am besten fährt man mit einem eingebauten Auto-Safe, in dem aber nur sehr wenige Dollar und Reiseschecks liegen dürfen. Wird man überfallen, kann man wehklagend diesen kleinen Tresor öffnen. Meist geben sich die Diebe mit dem Inhalt zufrieden und es passiert nichts Schlimmeres. Das eigentliche Geld ist dann an anderen Verstecken untergebracht. Die Reise kann ohne größere Einbußen problemlos fortgesetzt werden.

Orientalische Taschendiebe sind Könner auf ihrem Gebiet. Es versteht sich von selbst, Geldgürtel oder umgeschnallte Geldtaschen unter dem Hemd oder dem T-Shirt zu tragen.

Wir werden immer wieder gefragt, wie viel wir in diesem einem Jahr ausgegeben haben. Ohne die Kosten der Vorbereitung, die nicht unterschätzt werden sollten, ohne Kamerasystem und ohne Fahrzeug haben wir für vier Personen inklusive Kraftstoff und einer ganzen Reihe kleinerer Mitbringsel reine Verbrauchskosten von etwa 44.000.- DM gehabt. Das ist ein Durchschnitt von rund 212.- DM pro Person und Woche und damit gar nicht so viel.

Erwähnen möchte ich noch die in Deutschland gesetzlich vorgeschriebene Haftpflichtversicherung für Kraftfahrzeuge:
Ist das Fahrzeug in Deutschland zugelassen, gilt die Haftpflichtversicherung ohne Probleme in ganz Europa. Die Gültigkeit in den Anrainerstaaten des Mittelmeeres, einschließlich des asiatischen Teils der Türkei muss man mit seiner jeweiligen Versicherung aushandeln, ist aber möglich.

Doch wenn von der Türkei aus die Grenze zum Iran überschritten wird, versagen deutsche Haftpflichtversicherer den Versicherungsschutz für Schäden durch die Benutzung eines Kraftfahrzeuges. Im Iran, in Pakistan und in Indien kann man die vorgeschriebene Haftpflichtversicherung für ein Fahrzeug abschließen, wenngleich man äußerst selten danach gefragt wird. Das ist nicht unbedingt teuer, doch muss man solch ein Versicherungsbüro erst einmal ausfindig machen (siehe Adressenteil).

Im Iran mit seinen hervorragenden Straßen haben wir uns diese Versicherung leichtsinnigerweise gespart. Doch in Pakistan und in Indien sollte man sie unbedingt abschließen, auch wenn man im Falle eines Sach- oder Personenschadens kaum auf eine Leistung an einen Geschädigten hoffen sollte.

Man selbst fühlt sich wohler, nicht ausbleibende Diskussionen mit Polizei und Behörden kann man vielleicht vereinfachen.
Im Falle eines Schadens helfen fast immer nur bare US-Dollars. Die Polizei ist im allgemeinen froh, wenn sich die Parteien finanziell einigen. Wir haben von einem Fall in Indien gehört, bei dem ein Overländer einen Fußgänger auf einer übervollen Straße überfahren hatte. Die Familie des Toten war mit 5.000.- Dollar zufrieden, die Polizei akzeptierte dies.

Wer vor hat, mit einem Fahrzeug den Landweg nach Indien zu absolvieren, dem empfehle ich neben diesem ein Buch, das uns in Vorbereitung und Durchführung unserer Reise fast wie eine Bibel begleitet hat. Schon die ausführlichen Ausführungen zur notwendigen Ausrüstung eines Fahrzeuges waren für uns unverzichtbar, auch wenn die beschriebenen Routen im Gegensatz zu uns auch Süd-Ostasien, Australien, Neuseeland sowie Süd- und Nordamerika einschließen: „Ratgeber für Auto-Fern-Reisen“ von Bernd Büttner. Zu beziehen ist es über Tel. 06203/180018 oder Fax 06203/180028. Das neueste Buch mit dem Titel „Fernreisen mit dem eigenen Fahrzeug“ ist im Buchhandel erschienen.

Platz für Ihre Notizen, Telefonnummern und Adressen: